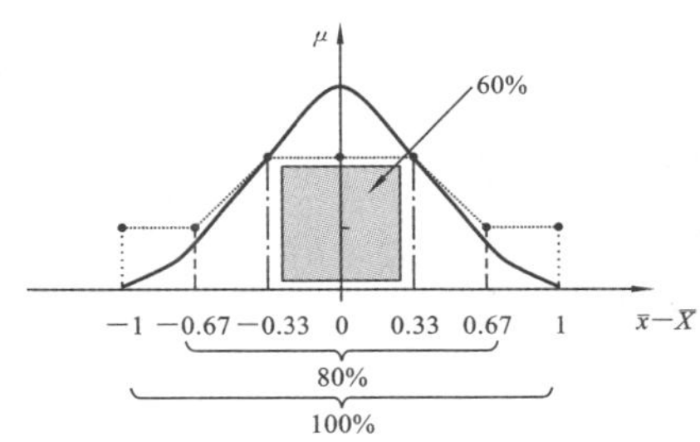

高等学校应用型本科经管类基础课"十二五"规划教材

社会经济统计学

SHEHUI JINGJI TONGJIXUE

▶ 主　编　陈　芬　孟晓华　马建新

▶ 参　编　邹顺华　杨绪忠　凌昌玉　王晓娟

中国·武汉

图书在版编目(CIP)数据

社会经济统计学/陈芬，孟晓华，马建新主编. —武汉：华中科技大学出版社，2013.12(2019.7重印)

ISBN 978-7-5609-9545-8

Ⅰ.①社… Ⅱ.①陈… ②孟… ③马… Ⅲ.①经济统计学-高等学校-教材 Ⅳ.①F222

中国版本图书馆 CIP 数据核字(2013)第 299902 号

社会经济统计学　　陈　芬　孟晓华　马建新　主编

责任编辑：史永霞
封面设计：龙文装帧
责任校对：于　涛
责任监印：朱　玢

出版发行：华中科技大学出版社(中国·武汉)　电话：(027)81321913
武汉市东湖新技术开发区华工科技园　邮编：430223

录　　排：华中科技大学惠友文印中心
印　　刷：武汉市洪林印务有限公司
开　　本：710mm×1000mm　1/16
印　　张：17
字　　数：312 千字
版　　次：2019 年 7 月第 1 版第 5 次印刷
定　　价：39.00 元

序

课本乃一课之“本”。虽然高校的教材一般不会被称为“课本”，其分量也没有中小学课本那么重，但教材建设实为高校的基本建设之一，这大概是多数人都接受或认可的。

无论是教还是学，教材都是不可或缺的。一本好的教材，既是学生的良师益友，亦是教师之善事利器。应该说，这些年来，我国的高校教材建设工作取得了很大的成绩。其中，举全国之力而编写的“统编教材”和“规划教材”，为千百万人的成才作出了突出的贡献。这些“统编教材”和“规划教材”无疑具有权威性；但客观地说，随着我国社会改革的深入发展，随着高校的扩招和办学层次的增多，以往编写的各种“统编教材”和“规划教材”，就日益显露出其弊端和不尽如人意之处。其中最为突出的表现在于两个方面。一是内容过于庞杂。无论是“统编教材”还是“规划教材”，由于过分强调系统性与全面性，以至于每本教材都是章节越编越长，内容越写越多，不少教材在成书时接近一百万字，甚至超过一百万字，其结果既不利于学，也不便于教，还增加了学生的经济负担。二是重理论轻技能。几乎所有的“统编教材”和“规划教材”都有一个通病，即理论知识的分量相当重甚至太重，技能训练较少涉及。这样的教材，不要说“二本”“三本”的学生不宜使用，就是一些“一本”的学生也未必合适。

现代高等教育背景下的本专科合格毕业生应该同时具备知识素质和技能素质。改革开放以后，人们都很重视素质教育；毫无疑问，素质教育中少不了知识素质的培养，但是仅注重学生知识素质的培养而轻视实际技能的获得肯定是不对的。我们都知道，在任何国家和任何社会，高端的研究型人才毕竟是少数，应用型、操作型的人才才是社会所需的大量人才。因此，对于“二本”尤其是“三本”及高职高专的学生来说，在大学阶段的学习中，其知识素质与技能素质的培养具有同等的重要性。从一定意义上说，为了使其动手能力和实践能力明显强于少数日后从事高端研究的人才，这类学生技能素质的培养甚至比知识素质的培养还要重要。

学生技能素质的培养涉及方方面面，教材的选择与使用便是其中重要的一环。正是基于上述考虑，在贯彻落实科学发展观的活动中，我们结合“二本”尤其是“三本”及高职高专学生培养的实际，组织编写了这一套系列教材。这一套教材与以往的“统编教材”和“规划教材”有很大的不同。不同在哪里？其一，体例与内容有所不同。每本教材一般不超过 40 万字。这样，既利于学，亦便于教。其二，理论与技能并重。在确保基本理论与基本知识不能少的前提下，注重专业技能的训练，增加专业技能训练的内容，让“二本”“三本”及高职高专的学生通过本专科阶段的学习，在动手能力上明显强于研究生和“一本”的学生。当然，我们的这些努力无疑也是一种摸索。既然是一种摸索，其中的不足和疏漏甚至谬误就在所难免。

中南财经政法大学武汉学院在本套教材的组织编写活动中，为了确保质量，成立了以主管教学的副院长徐仁璋教授为主任的教材建设委员会，并动员校内外上百名专家学者参加教材的编写工作。在这些学者中，既有曾经担任国家“规划教材”“统编教材”的主编或撰写人的老专家，也有教学经验丰富、参与过多部教材编写的年富力强的中年学者，还有很多博士、博士后及硕士等青年才俊。他们之中不少人都已硕果累累，因而仅就个人的名利而言，编写这样的教材对他们并无多大意义。但为了教育事业，他们都能不计个人得失，甘愿牺牲大量的宝贵时间来编写这套教材，精神实为可嘉。在教材的编写和出版过程中，我们还得到了众多前辈、同仁及方方面面的关心、支持和帮助。在此，对为本套教材的面世而付出辛勤劳动的所有单位和个人表示衷心的感谢。

最后，恳请学界同仁和读者对本套教材提出宝贵的批评和建议。

中南财经政法大学武汉学院院长

覃有土

2011.7.16

前　言

社会经济统计学是人们在社会经济生活中不可缺少的工具，是人们认识客观世界、探索数据内在规律的一套方法，是管理者进行明智决策的一门艺术。

“社会经济统计学”是高等院校和高职高专院校经济类、管理类、会计类和新闻类各专业的核心课程之一，是统计类专业的专业基础课。学习本课程的目的是使学生学到一些有关社会经济统计的基本理论、基本方法和技能，掌握搜集数据、整理数据、分析数据、运用数据所涉及的一些基本原理和技巧。

随着我国社会主义市场经济的发展和逐步完善，统计环境发生了很大变化。这对统计理论、统计实践工作以及统计教学提出了许多新课题和新要求。为适应变化了的新情况，体现理论联系实际的原则，我们组织编写了《社会经济统计学》这本教材。本教材在编写过程中注意了以下几个方面的问题。

（1）案例导入为先。本教材在每一章先给出实际案例，并根据实际数据提出本章的相关统计问题，期望读者通过对案例的剖析，将感性认识上升到理性认识的高度，并能举一反三，触类旁通，将所学的统计知识和方法用以解决实际问题。

（2）注重实践型和应用型人才的培养。本教材在编写过程中，加强了对统计方法的介绍，在写法上重点阐述统计思想和方法，对统计术语的介绍深入浅出，通俗易懂，语言准确精练，便于学生理解和掌握。在实践运用方面，编者运用较新的贴近社会经济生活的实际例子进行解析。

（3）与时俱进，贯彻改革创新理论。在编写过程中，编者吸收了多年的教学、科研实践，特别是近几年的教学实践经验，吸收了统计改革的最新成果，引用了最新的统计资料，尽量充实社会经济统计学的内容。

（4）内容体系完整。作为一门方法论学科，社会经济统计学的方法既适用于社会科学，也适用于自然科学。这就要求其内容体系完整、科学。本教材系统地介绍了统计数据的搜集和整理、统计数据的描述和分析、时间序列分析、统计指数理论与分析、抽样调查与估计和相关与回归分析等内容。

陈芬、孟晓华、马建新担任本教材的主编，邹顺华、杨绪忠、凌昌玉、王晓娟也参与编写工作。各章分工如下：第一章，邹顺华；第二章，马建新；第三章，陈芬；第四章、第五章，杨绪忠；第六章，凌昌玉；第七章，王晓娟；第八章，孟晓华。全书由邹顺华教授统稿。在本教材的编写过程中，杨绪忠教授、凌昌玉副教授提出了许多有益的建议，编委会对他们的辛勤劳动表示衷心的感谢！同时，也感谢中南财经政法大学武汉学院的各位领导和同仁的大力支持和无私帮助！

限于水平和经验，书中难免有不妥之处，欢迎广大读者批评指正。

编　者

2013年12月

目　　录

第一章 总 论

【案例】

我国2012年主要经济数据①

国内生产总值(GDP)519 322亿元,同比增长7.8%。

全国城镇居民人均可支配收入24 565元,同比增长12.6%。

社会消费品零售总额210 307亿元,同比增长14.3%。

固定资产投资(不含农户)364 835亿元,同比增长20.6%。

进出口总额38 668亿美元,同比增长6.2%。

广义货币供应量余额97.4万亿元,同比增长13.8%。

居民消费价格指数为102.6%,同比上涨2.6%。

粮食产量58 957万吨,同比增产3.2%。

发电量49 377.7亿千瓦小时,同比增长4.8%。

根据以上资料,回答以下问题:

(1) 这些统计数据是怎么搜集来的?

(2) 这些统计数据能说明什么问题?

(3) 这些统计数据中含有哪些有关统计的术语?

本章将讨论统计的含义、社会经济统计学的研究对象、统计的职能和作用、统计指标和指标体系。

第一节 统计的含义、研究对象

一、统计的含义

当今社会,从各级领导至平民百姓都非常关心统计数字。如国内生产总值

① 国家统计局网站,《中华人民共和国2012年国民经济和社会发展统计公报》,2013-2-22.

(GDP)的总量和增长率、固定资产投资额、社会商品零售额、失业率、人口出生率、人口死亡率、居民消费价格指数(CPI)、进出口贸易额等,都是各级管理者和管理部门非常关心的数据。普通老百姓最关心的主要统计数据是居民收入、食品价格、房屋价格。股民最关心股票指数、上市公司的财务数据等。那么,统计的含义是什么呢?

统计的英文单词是 statistics,它包括三个方面的含义:统计工作、统计资料、统计学。

(一)统计工作

统计工作是指国家行政机关(主要是统计机构)、企事业单位为满足社会、经济、政治、科技等方面的管理需要或从事科学研究的需要,而对社会经济现象的数量方面进行调查研究的认识活动。它包括数据资料的搜集、整理和分析工作。案例中的统计数据就是统计工作成果的体现。

(二)统计资料

统计资料是指统计工作过程中所产生的原始或加工过的统计数据。如统计报表、统计图、统计分析报告以及与之相联系的其他资料的总称,又如中国统计年鉴、各行业的统计年鉴等,都是统计资料。案例中的主要经济数据,就是统计资料之一。

(三)统计学

统计学是指系统阐述统计实践活动的基本原理和研究方法的理论,它是一门研究如何搜集、整理和分析统计资料的理论和方法论科学。统计方法是社会、经济、科学技术等各研究领域与工作部门必要的基本数量分析手段,是从大量数据资料中提取主要的有用信息的重要工具。

统计的三个方面的含义有着密切联系。统计工作和统计资料是过程与结果的关系。统计资料是统计工作的成果和结晶,它来源于统计工作又服务于统计工作。统计工作和统计学是理论与实践的关系。统计学是统计活动发展到一定阶段的产物,是统计实践经验的理论概括,用于指导统计实践,为统计工作提供理论依据。统计工作有正确的理论为指导,搜集到的统计资料就更加符合客观实际,用符合客观实际的统计资料认识客观的世界,就能达到对客观世界正确认识的目的。统计工作的发展,会不断完善和丰富统计理论,而统计理论的丰富又会促进统计工作的发展,使之更有效,更科学。总之,统计的三个方面的含义是辩证统一的关系。

二、社会经济统计学的研究对象和特点

社会经济统计学和数理统计学构成了统计学的两大学科。它们既有共同点也

有区别。它们的共同点在于两者的研究对象都具有数量性和总体性的特征。然而数理统计学的研究对象是现象的随机性，主要研究自然现象的变化规律；社会经济统计学研究对象的范围仅限于社会经济现象。本书所用的概念、名词术语、方法，都是以社会经济统计学的要求为依据而展开讨论的。虽然社会经济统计在搜集、整理和分析数据时，也涉及某些数理统计方法，但仅限于应用，而不阐述和研讨数理统计本身。

社会经济统计学是统计学的一个分科，它的研究对象是社会经济总体的数量特征和数量关系。社会经济统计学的研究对象具有如下特点。

（一）社会性

客观世界包括自然现象和社会现象。社会经济统计的研究对象是社会现象。列宁说："统计应当说明由全面的分析所确定的社会经济关系"。[①] 它包括生产力和生产关系及其相互关系，经济基础和上层建筑及其相互关系；它包括生产、分配、交换、消费、积累社会再生产的全过程；它包括社会、政治、经济、军事、法律、文化、教育、科研等全部社会现象的数量方面。这些现象都是客观存在的，具有明显的社会特征。社会经济统计就在于确定社会经济现象发展的基本情况，分析它们的数量关系和数量界限。

（二）数量性

任何社会现象都是质量和数量的统一。数量方面是客观存在的、极为重要的现实。对社会现象认识的一个比较有效的方法，就是掌握它们的数量方面。例如人口调查、出生和死亡的登记、国内生产总值的计算等，随着人类社会实践活动的发展，各个领域都要研究事物的数量方面，通过对事物数量方面的研究来认识事物的本质。毛泽东同志说："胸中有'数'。这是说，对情况和问题一定要注意到它们的数量方面，要有基本的数量的分析。任何质量都表现为一定的数量，没有数量也就没有质量。"[②]统计的语言是数字。社会经济统计密切联系事物质的方面，研究其现象的数量多少、大小、高低，研究现象之间的数量关系，研究决定事物质量变化的数量界限。具体地说，研究社会经济现象的规模、水平、结构、比例关系、差异程度、普遍程度、平均规模和水平、平均速度等。案例中的统计数据，就是一种事物质的数量表现。

（三）总体性

社会经济统计学研究的是社会现象总体的数量特征、数量关系及其数量分布规律。总体是由许多个体组成的，各个个体在数量特征上，必然受到偶然因素的影

---

① 《列宁全集》第三卷，第 464 页，北京：人民出版社，1984.

② 《毛泽东选集》第四卷，第 1442 页，北京：人民出版社，1991.

响，呈现出数量的差异。如果仅研究社会现象的个体特征，而不是对足够大量个体进行全面考察，社会规律就不能充分显示。当然，要了解总体的数量特征和分布规律离不开搜集个体的数据，但这仅仅是研究总体的一种手段，其目的是通过个体数量特征研究综合个体现象去认识总体，把握社会现象的总规模、总水平，研究总体的数量特征及其规律性。

三、社会经济统计学的性质

在统计学界，对社会经济统计学的性质的判断存在实质性科学和方法论科学之争。社会经济统计学的性质可以从统计的含义及统计学的研究对象的内容和目的来考察。统计工作要求社会经济统计学根据统计活动的实践经验加以理论上的概括，对社会经济活动的规律和方法进行总结，以指导统计工作的实践，以便通过统计工作更好地提供关于社会经济数量方面的认识成果——统计资料。社会经济统计所阐述的内容是研究和总结统计这种调查研究活动是怎么进行的，怎样做才能达到对社会现象数量方面的正确认识。社会经济统计研究的目的，并不在于反映各种社会现象客体本身，反映各种社会规律本身，而是为了进一步从认识方法上加以提炼和概括，为统计工作如何从数量方面正确反映各种社会现象的特征和分布的规律性提供完整的认识方法。所以，我们认为社会经济统计学是实用性很强的科学，是一门方法论科学。列宁曾指出，社会经济统计是“社会认识的最有力武器之一”[①]。这是对社会经济统计性质的高度概括。统计学根据其研究对象的特点，逐步形成了一系列专门研究方法和认识方法，如大量观察法、统计分组法、综合指标法、动态分析法、指数分析法、抽样推断法、相关回归分析法、平衡法(包括投入产出法)、统计图示法、统计预测法等。这些方法和原理构成了社会经济统计学的基本内容。目前统计方法已成为科学研究和各种管理的重要工具。

第二节　统计的职能和作用

一、统计的职能

所谓统计职能，是指统计本身特有的功能。它是客观存在的，它能否充分有效地发挥作用，主要取决于它是否满足客观需要及人们对它的认识和开发利用程度的高低。

统计是现代国家管理系统中的重要组成部分，其主要的职能是提供信息、进行

① 《列宁全集》第十九卷，第 326 页，北京：人民出版社，1989.

咨询、实行监督，也即统计具有信息、咨询、监督三大职能。

（一）统计信息职能

统计的信息职能，是指统计运用一套科学统一的指标体系和统计调查方法，采集和提供大量综合反映客观事物总体数量特征和社会经济信息的职能。

统计信息与其他信息相比较，具有以下重要特征。

(1) 统计信息具有广泛性。统计信息的对象范围包括了人类社会经济活动中涉及的各个方面，有丰富的内涵和广阔的外延。不仅社会经济活动需要统计反映，而且各领域及其实质性学科对其规律性的研究也需要运用统计方法，借助于统计信息，揭示其发展变化的必然性。

(2) 统计信息具有严密性。统计信息是根据一套反映社会再生产规律的、科学统一的国民经济核算和统计指标体系，采用大量观察和抽样推断等科学的调查方法，有目的、有组织地采集、加工而成的。它既能连续不断地反映事物过去的发展过程，又能客观如实地描述事物的现状，还能科学地预测事物未来的发展趋势。

(3) 统计信息具有社会标准化特征。社会标准统一化，是经济信息真实可靠的基本条件。按照统计信息自动化建设的要求，统一表式设计、统一指标口径、统一指标分类、统一编码分组、统一数据格式、统一信息管理，然后再由计算机根据各个不同层次和不同方面的需要进行加工整理，便能生成各种有用信息。

(4) 统计信息具有总体性。统计总是以社会经济总体的数量特征作为对象进行研究的，反映的是社会现象总体的综合特征。众所周知，反映和描述社会经济现象运动状态的，不仅有统计信息，还有会计信息、审计信息、其他业务核算信息等。会计、审计、业务核算信息侧重于微观、个体的信息，然而，对整个国民经济和社会发展的认识，依靠孤立个别的微观信息是难以实现的，只有依靠统计才有可能从总体上反映和把握国民经济和社会运行的状态和进程。

以上特征，决定了统计信息是社会经济信息的主题。为了更好地发挥统计信息职能，必须改革和完善各专业统计制度方法，按照精简、效能的原则，科学合理地组织统计调查；必须进一步加强国家统计信息自动化系统建设，特别是统计信息数据库体系的建设；进一步建立健全以政府统计部门为主体，纵贯国家、省市、县区、乡镇和企业，横联各业务主管部门的，上下贯通，左右协调，运行高效的全国统计信息网络。

（二）统计咨询职能

统计咨询职能，是指利用已掌握的丰富的统计信息资源，运用科学的分析方法和先进的技术手段，深入开展综合分析和专题研究，为科学决策和管理提供各种可供选择的咨询建议与对策方案。

统计部门因其所具有的优势，有可能并且应该承担这项工作。首先，统计部门具有其他部门无可比拟的信息资源优势。如前所述，统计信息是社会经济信息的主体，是认识社会、改造社会的有力武器，是认识国情国力最有力的工具。其次，统计部门是一个由多专业、多学科专家有机结合而成的智力型单位，具有良好的统计分析基础，它可以通过加工提炼和分析研究，迅速将数字信息转化为政策信息和咨询建议。最后，统计部门处于相对超脱的地位。与其他职能部门相比较，统计部门对社会经济活动的反映较为客观，一般不直接承受物质利益和政治荣誉得失。它能超脱部门利益的局限，从全局、综合的角度客观地观察和分析问题，并提出比较公正的、没有部门偏见的咨询意见。

为了切实有效地充分发挥统计的咨询职能，真正把统计部门建设成为国家重要的咨询机构，还必须注意以下几点。

(1) 坚持实事求是的科学态度。统计咨询建议或方案，在任何时候、任何情况下，都必须服从科学、服从真理，而不能迎合某种需要，随波逐流。

(2) 在咨询研究的内容上，应根据统计的特点，把重点放在国民经济和社会发展全局的战略性、综合性问题上。

(3) 在咨询方式上，应坚持定量分析与定性分析相结合、以定量分析为主的原则，使咨询建议或方案建立在科学性和可行性的基础上。

（三）统计监督职能

统计监督职能，是指根据统计调查和统计分析，及时、正确地从总体上反映社会、经济、科技的运行状态，并对其实行全面、系统的定量检查、监测和预警，以促进国民经济按客观规律的要求持续、稳定、协调发展。

统计监督在国家宏观调控与微观管理中的重要作用，主要体现在以下两个方面。

第一，它是决策不断修正、不断调整的重要依据。决策并不是一个静止、一次完成的过程，而是一个多因素相互影响、相互制约的不断修正、不断调节、不断完善的过程。决策者或决策部门由于客观条件和主观认识的局限，难以完全预料决策在执行过程中可能出现的不确定性因素。统计可以用其特有的方法，进行全面、系统的定量检查与检测，并及时将原决策方案与客观环境间存在的偏差或矛盾传送给决策部门，以便适时调整决策方案，保证决策目标的实现。

第二，它是判断和检验决策正确与否的重要尺度。决策方案是否正确、科学，要依靠实践检验，而实践的结果则需要统计去追踪、反映。利用统计信息的反馈来评判和检验决策方案的正确程度及其科学性，并从中不断总结经验和教训，以便更好地进行下一个决策行为。

统计部门切实承担起监督职能，充分有效地发挥作用，一方面需要提高全民，特别是各级管理干部对统计监督作用的认识；另一方面，各级统计部门和广大统计工作者也要克服畏难情绪,自觉地增强统计监督意识,牢固树立统计职业道德观念及对党、国家、人民高度负责的精神,勇敢地负担起这一光荣使命,切实有效地对社会、经济和科技运行实施严格的统计监督,做到既勇于监督,又善于监督。

(四)三种职能的关系

统计的信息、咨询、监督职能,是相互作用、相辅相成的。其中:统计信息职能,是保证统计咨询和监督职能得以有效发挥的基本前提;统计的咨询职能,是统计信息职能的延续和深化;统计监督职能,是在统计信息、咨询职能基础上的进一步拓展。而统计监督职能的强化,又必然对统计信息职能和统计咨询职能提出更高的要求,从而进一步促进统计信息职能和统计咨询职能的优化。

从科学决策过程来考察,统计的三大职能是与其相伴而行的。这是因为,在决策前,为了科学预测和决定决策目标,就必须对该项活动及其所处的状况进行详细的了解,于是就需要统计及时、准确地采集、整理和提供各种有用信息,发挥统计信息职能的作用。在决策过程中,为了保证决策的正确性和科学性,又需要统计利用已经搜集、整理的信息资源进行归纳、推断、评价、判别,并据此提出各种可供选择的咨询建议和对策方案,发挥统计咨询职能作用。在决策之后,为了及时掌握决策的执行情况,以便补充完善,纠正偏差,防止失误,还需要统计进行跟踪,及时反馈,有效地监督检查决策的贯彻执行情况,发挥统计监督职能,从而保证整个决策顺利完成。

从认识论角度考察,统计的三大职能是由感性认识到理性认识逐步深化的过程。这是因为采集、加工、整理信息资料就是对客观世界的"实事"性反映,是进行咨询和监督的可靠基础,属于感性认识阶段;提供咨询是对客观世界的"求是"性反映,是对统计信息的综合开发利用,属于理性认识阶段;而实施统计监督则是对认识世界和改造世界正确与否的判断和检验,是统计信息职能和统计咨询职能的有机结合和进一步深化,是理论回到实践的过程,是更深层次更高级的"求是"。

统计信息、咨询、监督职能的有机结合和运用,共同构成了统计的整体功能。也只有将这三大职能凝集成一个合力,发挥其整体效应,才能充分体现和发挥统计工作在现代国家管理系统中的重要地位和作用。

二、统计的作用

(一)统计是了解社会、认识社会最有力的武器之一

我们生活的世界是一个充满统计的世界。在社会经济生活和日常生活中,人们在不同的行业,从不同的角度,以不同的方式应用统计数据和统计方法去了解世界、认识世界。例如:居民根据消费品价格指数决定自己的消费和储蓄的取向,让自己的收入跑赢物价的上涨;股票投资者根据股价变动趋势决定股票的买卖;企业

根据产品的销售情况和市场占用率决定产品的生产量；银行利用统计数据确定货币投放量；人们利用国家统计部门发布的社会经济统计公告，了解一个部门、地区、国家的社会经济发展现状。总之，人们总是有意识和无意识地使用统计去了解周围所发生的事情，从而使统计变成认识世界的武器。

（二）统计是各级管理部门编制规划，制定发展纲要，实行宏观调控的依据

我国是社会主义国家，正处于社会主义初级阶段，实行社会主义市场经济。社会主义的市场经济并非完全的自由经济，所以对国民经济和社会的发展仍需要进行宏观管理和调控，从基层单位到整个社会都要编制规划，制定发展纲要，以指导经济建设和文化教育事业发展。各企业、部门、地区、国家等发展纲要的出炉，就必须以正确的统计资料为依据，使规划工作建立在科学可靠的基础上。规划和纲要制定后，在执行过程中，还需要进行检查，做好经济预测，进行宏观调控，这些也要以统计为依据。统计不仅要反映规划和纲要的执行结果，更重要的是在执行的过程中，以科学发展观为依据做好经济监测和预警，及时发现问题，提出解决的办法和建议，进行宏观调控，使社会经济得以顺利发展。

（三）统计是实行科学管理的工具

各基层企业和事业单位为了提高管理水平，实行科学管理，必须利用统计全面掌握企业的有关数据，充分利用现有的人力、物力、财力，注意经济核算，讲求经济效益，充分发挥市场调节的积极作用，增强企业活力。

各级管理部门要对企业进行宏观管理与调控，就必须充分利用统计数据，经常注意观察社会经济发展运行情况，分析社会经济各部门、各行业的发展水平、发展速度与比例关系，并及时采取必要的措施，保证社会经济各部门能持续、稳定、协调地向前发展。总之，无论是宏观管理或是微观管理，都需要统计，统计是科学管理的重要工具。

（四）统计是从事科学研究的一种方法

在科学研究领域中，没有一门科学可以完全离开统计方法。因为不论是自然科学、工程技术、农学、医学、军事科学还是社会科学、经济领域都离不开数据，要掌握和分析大量有关信息就必然要用到统计方法。由于客观现象千差万别，它们相互联系、相互制约的关系十分复杂，因此更加需要以大量的实际资料和信息为依据。这些资料和信息的取得，除了利用现有资料外，研究人员还需熟练掌握统计这一有力武器，运用统计手段去调查搜集有关数据，经过分析研究，得出立论有据、有说服力的研究成果。例如：人口学家如何预测未来某一时间世界人口数量？经济学家如何对国家宏观形势进行分析预测，以提出现行政策？财务管理人员如何确定一项投资的风险大小？营销管理者如何根据市场行情制订营销决策？对于这些

领域规律性的研究都离不开统计。

第三节　统计指标和指标体系

统计要达到对社会经济现象总体数量方面的认识，就必须根据研究对象的性质和研究目的，设计出反映这个对象的统计指标和统计指标体系，而后围绕其向调查对象搜集统计资料，再通过这些资料的整理和综合分析，得到反映这个对象总体的具体统计数据，以反映现象的规模、水平、速度、比例和效益等。同时在运用统计推断法时，也要根据样本指标去推断总体指标。因此，统计指标和统计指标体系是统计理论和统计实践中十分重要的基本范畴之一。但要了解统计指标和统计指标体系的基本理论，又必须熟悉与其密切相关的统计学的几个基本概念。

一、统计学的几个基本概念

（一）统计总体和总体单位

统计总体，简称为总体，它是由统计研究目的所决定的、具有某种共同性质的许多个体而构成的集合体。构成总体的个体即为总体单位。对于这两个概念的理解，需要把握以下几点。

（1）总体和总体单位是由统计研究目的决定的。例如，统计研究目的是调查全国国营工业企业职工队伍的基本情况，则全国国营工业企业全体职工就构成了总体，而全国国营工业企业的每个职工就是总体单位。如果统计研究的目的是了解全国国营工业企业生产经营状况，则这时的总体是全国所有的国营工业企业，每一个国营工业企业则是总体单位。可见，总体和总体单位的称谓，不是绝对的，是根据统计研究目的来确定的。此外，统计研究目的不同，总体范围的大小、总体单位的多少也不同。假如前两例是调查了解全国工业企业职工队伍的基本状况，了解全国工业企业生产经营状况，则总体的范围就扩大了，总体单位就增加了。这时总体中不仅包括了国营工业企业的职工和国营工业企业，还包括非国营工业企业的职工和非国营工业企业。

（2）构成总体的个体（或总体单位）必须具有某一方面的共同特征或性质。例如，构成“全国国营工业企业”这个总体的各个工业企业的共同点，就是它们的所有制形式都属于国家所有并从事工业生产经营活动，向社会提供工业产品或劳务。这种共同点就称为总体的同质性。可见，确定总体首先需要做定性分析：一是定出现象同质性的标准，例如城乡划分标准、工业与非工业标准、企业与非企业标准等；二是对照具体事物分析其是否符合所定的标准，如乡村农民进城办工厂算不算工业企业，森林采伐是否是工业生产，屠宰是不是工业生产活动等；三是确定总体范围,是以地域为范围还是以某种标准划分总体范围等。

(3) 构成总体的个体(或总体单位)除具备同质性外,还必须具有差异性。差异性是指总体中的各个个体(或总体单位)的具体表现不同。如每个国营工业的行业性质、生产的品种、职工人数、资金总量、利润、生产总值等都存在差别。正是这种差别的存在,才需要统计对其进行综合概括、抽象分析,从而揭示总体的数量特征。可见,差异性是统计的前提条件,没有差异,便没有统计。

(二) 统计标志和标志表现

统计标志,简称为标志,它是说明总体单位属性或特征的名称。不同的总体单位,从不同的角度考察,均具有许多不同的属性或特征。例如,以每个工业企业为总体单位,每个工业企业的经济类型、生产品种、工人人数、工业增加值、工资总额、生产成本、利润、劳动生产率等,这些属性或特征的名称,就称为统计标志。总体单位的属性或特征的名称是广泛意义上的,有的是指自然属性或社会属性,有的则是指隶属关系或经济类型,有的是指工作条件、生产成果、服务收入等。

统计标志的标志表现,是指各种属性和特征在总体单位上的具体表现。如上例中每个工业企业的经济类型为国营、中外合资、股份制等,生产品种为钢材、木材、煤炭等,工人人数为100人、110人、300人等,工业增加值为1500万元、3800万元、15 600万元等,都是标志的表现。统计研究就是通过对总体单位的标志表现进行登记,然后综合、整理、汇总来认识所研究总体的数量特征或数量变化规律的。

标志可按其表现形式不同分为数量标志和品质标志两种。如上例中,每个工业企业的工人人数、工业增加值、生产成本、利润、劳动生产率等属于数量标志,而经济类型、生产品种等属于品质标志。简言之,用数量来表现的标志为数量标志,用文字来表现的标志为品质标志。

(三) 变异、变量和变量值

在总体单位中,不管是品质标志还是数量标志,它们的具体表现在所有单位都是相同的,这种标志称为不变标志。例如,国营商业企业总体中,每个商业企业的所有制性质都是相同的,均为国营企业,这里企业的“所有制性质”就是不变标志,这是构成总体的必要条件和确定总体范围的依据。

在总体各单位之间存在着差异的标志称为可变标志。例如,每个国营商业企业的职工人数不同,零售额不同,经营品种不同等。这里的“职工人数”“零售额”“经营品种”等就是可变标志。这种可变标志在总体单位中表现出来的差异,就称为变异。如前所述,变异是统计研究的基础和条件。无变异也就无须用统计方法去测度它们的数量特征或数量关系。

变量就是可变数量标志的名称。例如上例中的职工人数、零售额就是变量。又如,进行某市职工家庭生活状况调查,而每户职工家庭这一总体单位中的家庭人口数、月工资收入、生活费用支出、耐用消费品拥有量、住房面积等均为变量。

变量值,即变量的具体表现。例如,上例中不同职工家庭人口数具体表现为3人、4人、5人等,月工资收入具体表现为3800元、12 000元、25 000元等,生活费用月支出额具体表现为2000元、8000元、15 000元等,这些都是变量值。

变量按取值的特征,可分为连续型变量和离散型变量。连续型变量的取值是连续不断的,相邻两值之间可以无限取值,可以表现为小数。如上例中的月工资收入、生活费用支出等。又例如,人的身高、体重,零件尺寸,棉花产量、收购量等。这些变量的取值可以为小数点后的任意数,它们都是连续型变量。

离散型变量的取值可以按一定的次序一一列举,它只取整数值。如上例中的职工家庭人口数。又如,职工人数、设备台数、企业个数、学生人数、中小学校数等,都是离散型变量。它们的变量值可以用计数的方法取得,且只能取整数值。

变量按其性质不同,又可分为确定性变量和随机变量。确定性变量,是指数值的变化受某种或某几种确定性因素的影响,其变化是沿着一定的方向呈上升或下降变动的变量。例如:医疗卫生统计中,某种疾病的发病率受医学科学研究成果影响,呈不断下降趋势;人口统计中,随着社会经济发展和人民生活水平的提高,人口平均预期寿命不断上升。这些都属于确定性变量。

随机变量指的是变量值受某种或某几种不确定性因素影响,变化没有一个确定方向,带有很大的偶然性的变量。例如,产品质量统计中,在可控制的质量范围内,由于受偶然因素(如温度、电压、车速、人的加工技术等)影响,产品质量的数据不是绝对相同的,如零件尺寸这个变量就是随机变量。由于社会经济现象既包括确定性变量又包括随机变量,因此认识它们,须运用社会经济统计学的方法,也须借助于数理统计学方法。

二、统计指标

(一)统计指标的概念及其构成要素

统计指标是指反映社会经济现象总体数量特征的概念和数值。由于使用方法不同,对统计指标有两种不同的理解。一种为统计指标是指反映社会现象总体的数量概念。例如,本章案例中的国内生产总值、全国城镇居民可支配收入、社会消费品零售总额、固定资产投资额、进出口总额、粮食产量等。按照这种理解,统计指标包括三个构成要素:指标的名称、计量单位、计算方法。统计指标的这种含义,一般在统计理论和统计设计中使用。

统计指标的另一种含义是指反映社会经济现象总体数量特征的概念和具体数值。例如,本章案例中的那些指标数值,都是统计指标。按照这种理解,统计指标除了包括上述三个构成要素外,还包括指标所属的时间、空间和指标数值。统计指标的这种含义,一般在统计工作实践中使用。

统计指标的这六个构成要素可以归纳为两个组成部分,即统计指标的名称和统计指标的数值。这两个组成部分体现了事物质的规定性和量的规定性两个方面的特征。

统计指标的上述两种理解都是成立的,它们分别在不同的情况下使用。在统计设计时,只能先设计统计指标的名称、内容、口径、计量单位和计算方法,不可能包括指标的具体数值。然后经过搜集资料、汇总整理、加工计算,便可得到统计指标的具体数值,用以说明总体现象在数量方面的现状及其数量发展变化趋势。从不包括数值的统计指标到包括数值的统计指标,反映了统计工作的过程。

(二)统计指标的特点

统计指标的主要特点是数量性和综合性。

1. 数量性

统计指标是反映社会经济现象总体的数量特征和数量关系的,所以它一定可以用数值表现,不存在不能用数值表现的统计指标。如案例中的所有统计指标都表现为数值。对于无法用数值描述或其数量表现没有差异的现象,是不能运用统计指标的。

2. 综合性

统计指标不仅是同质总体大量单位的总计,而且是大量单位标志值差异的综合。确定了统计总体、总体单位及其标志后,就可以根据一定的统计方法对各单位及其各种标志的具体表现进行登记、分组、汇总而形成各种说明总体数量特征的统计指标。例如,以某地区全部商业企业为总体,经过对每个商业企业进行调查登记、汇总,可以得到全地区的商业企业数、商品零售额、职工人数、工资总额、销售利润等指标。这些指标就把各个商业企业的规模差异、销售额的差异、销售利润额的差异掩盖了,而显示的是该地区全部商业企业的销售成果的总规模、总水平。可见,统计指标的形成都必须经过个别到一般的过程,通过个别单位数量差异的抽象,以体现总体的综合数量特征。所以,所有的统计指标都是综合指标。

(三)统计指标和统计标志的区别与联系

从以上关于统计指标的概念和特点的阐述中可以看出,统计指标和统计标志既有区别,又密切联系。

1. 两者的主要区别

(1)描述的对象不同。指标是说明总体特征的,而标志是说明总体单位特征的。

(2)表现形式不完全相同。标志的表现形式有数值和非数值两种,而指标的表现形式都为数值,没有不能用数值表现的统计指标。

2. 两者的主要联系

(1) 汇总或计算关系。统计指标的数值一般由总体单位的数量标志值汇总计算而来。

(2) 变换关系。由于统计研究目的变化,原来的统计总体如果变成了总体单位,则其指标名称和指标数值也必然相应地变为标志和标志值;反之亦然。

(四) 统计指标的分类

统计指标从不同的角度有各种各样的分类,其主要的分类有以下几种。

1. 按统计指标所说明的内容分类

统计指标按其所说明的内容不同可分为数量指标和质量指标。

数量指标是反映总体规模大小、数量多少的统计指标,说明的是事物的广度。例如,人口总数、劳动力资源拥有量、耕地面积、国内生产总值、国民收入总额等。数量指标所反映的是总体的绝对量,其指标数值用绝对数表现,具有实物的或货币的计量单位。数量指标值的大小随总体范围大小而增减。它是认识总体现象的出发点,是计算质量指标和进行统计分析研究的基础指标。

质量指标是说明总体内部数量关系和总体单位平均水平及其工作质量或效益的统计指标,说明的是事物的深度或内涵。例如,人口的性别比例、人口的年龄构成、人口密度、社会劳动生产率、国内生产总值增长速度、单位产品成本、平均工资等。质量指标所反映的是总体内部或总体与总体之间的数量关系。质量指标是数量指标的派生指标,其表现形式均为相对数或平均数。计量单位多为无名数,也有有名数。质量指标数值的大小不随总体范围的大小而增减,其主要从质量、效益、强度、效率等方面对客观现象进行描述和比较,深刻地反映现象的本质及现象之间的固有联系。

2. 按统计指标的表现形式分类

统计指标按其表现形式不同分为总量指标、相对指标和平均指标。

总量指标是反映现象总体规模的统计指标。如案例中的国民生产总值、社会消费品零售总额、固定资产投资额、进出口总额、广义货币、粮食产量、发电量等。

相对指标是两个有联系的统计指标之比,它反映事物之间的数量关系或联系程度。如案例中的居民消费价格指数、国民生产总值增长率。又如人口年龄构成、人口性别比例、人口密度、人口出生率、人口增长速度等,都是相对指标。

平均指标是说明总体单位某一数量标志一般水平的统计指标。例如粮食亩产、单位产品成本、平均工资、商品平均销售价格等,都是平均指标。总量指标、相对指标、平均指标在本书的有关章节做详细介绍。

3. 按统计指标的功能分类

统计指标按其功能不同分为描述性指标、评价性指标和预警性指标。

描述性指标是反映社会经济现象总体的现状、活动过程和结果的统计指标。例如:土地面积、人口总数、劳动力资源拥有量、科技人员数、自然资源拥有量等指标,反映社会经济条件;国民生产总值、社会总产值、国民收入、全社会固定资产投资额、利润总额、财政收入与支出额、进出口贸易额、社会商品零售额等指标,反映社会生产经营的过程和结果;居民收入和消费额、文化娱乐设施数、医疗床位数等指标,反映社会物质文化生活状况。这些都是描述性指标。描述性指标为人们提供对社会经济现象的基本认识。

评价性指标是对社会经济活动的成果进行比较、评估、考核、衡量工作质量和经济效益的统计指标。例如,工业增加值发展速度、工业劳动生产率、工时利用率、资金利润率、流动资金周转速度等,即为对工业企业经济活动进行评价的统计指标。又如,国民生产总值增长率、国民收入增长率、社会劳动生产率、社会积累率、社会消费率、投资使用率等就是对国民经济活动进行评价的指标。

预警性指标是对宏观的社会经济活动进行监测,通过数值的变化向人们发出警报的统计指标。如,就业率与失业率、储备和投资率、外债率、通货膨胀率、物价指数、汇率和利率等指标,就可以对经济增长、经济周期波动、失业与通货膨胀、物价水平、国际收支等宏观经济活动进行监测,并对某些结构性障碍发出预警。

（五）设计统计指标的基本要求

统计工作的中心任务就是要设计一套科学的统计指标,并用一套科学的调查方法搜集统计指标的数值来认识社会经济现象的数量特征和数量关系,以正确反映社会经济现象总体的状况,并进而认识现象的变化趋势或数量规律。所以设计统计指标是统计工作的中心任务之一。科学的统计指标应该具备以下几点基本要求。

(1) 要有正确的理论依据。统计指标含义的确定不仅是个技术问题,更是个理论问题。指标的含义随着所依据的理论基础不同而异,所以必须根据统计研究目的和任务,寻求相应的理论作为确定统计指标的依据。例如,社会总产值、国内生产总值、国民生产总值、国民收入、工资、利润、劳动生产率等统计指标的含义,就离不开政治经济学的有关理论。但是,某些学科的概念是通过科学抽象的理论概念,而统计指标的概念是反映客观现实数量特征的概念,它不可能完全按照理论来确定,而应该在统计实践中加以“改造”。也即,在设计和构造统计指标时,凡借用其他学科的理论概念,必须结合统计对象、目的及统计指标的特点,对其指标概念的内涵和外延加以界定,使其成为可以计量的数量概念。

(2) 要明确统计指标的内容和计算范围。制定统计指标,除了有正确的理论依据外，还必须对指标所包含的内容做具体明确的规定，以确定统计指标应该计算的范围。例如，政治经济学对劳动生产率这个经济范畴做了一般的概括，指出它是表示单位劳动时间所提供的劳动成果。但劳动生产率作为一个统计指标就必须进一步将其内容具体化，否则就不能确切反映这一经济现象的数量关系。诸如劳动生产率所用的劳动时间是技术工人还是全体职工的劳动时间，劳动成果是用实物量还是用价值量表示等。只有解决了这些实际存在的复杂问题，才能明确规定统计指标的计算范围，从而获得准确的统计指标数值。

(3) 要有一个科学的计算方法。科学的计算方法是保证统计指标数值质量的重要条件。用什么方法计算统计指标取决于统计指标的内容。统计指标的计算方法也有简单和复杂之分。有的统计指标（如产品产量、工业企业数、生猪存栏头数、图书册数等）在确定了统计总体范围和指标口径之后，不需要再规定具体的计算方法，只需要通过登记、点数、测量和简单的加总就可取得指标值。而有的统计指标（如社会总产值、国内生产总值、社会劳动生产率、国民收入等）的计算方法则比较复杂。因而，必须根据指标的具体内容设计出能够准确综合反映指标数量特征的计算方法（具体计算方法的设计，可以参见有关国民经济统计学的知识）。从理论上讲，科学的计算方法应该做到：能正确反映计算对象的实际内容和对象本身的特点；能满足统计研究目的；能反映现象之间的联系和关系；符合数学的基本原理。

三、指标体系

（一）指标体系的概念

客观世界的各种现象是一个复杂的总体，并且各类现象之间存在着相互依存和相互制约的关系。一个统计指标只能反映一个复杂现象的某一方面的数量特征，为了更全面更深刻地了解某一客观现象的现状或发展全过程，就必须将一系列相互联系的数量指标和质量指标结合起来运用，建立指标体系。所谓指标体系，就是将反映社会经济现象数量特征的一系列相互依存、相互联系的统计指标有机结合所组成的整体。

例如，案例中的那些指标就是反映我国 2012 年主要经济发展状况和经济增长速度的指标体系。

又如，要了解某地工业企业的生产经营状况，就可以设置包括人、财、物和产、供、销等方面活动的一系列指标。例如，主要产品产量、净产值、增加值、主要原材料消耗、主要生产设备和动力设备拥有量、成本、销售收入、利润、劳动生产率等统计指标联系起来分析，才能对该地区工业企业的生产经营状况做出全面正确的评价。

（二）指标体系的分类

由于社会经济现象的相互联系是多种多样的，人们的认识目的也各不相同，反映这种相互联系的统计指标体系也是多种多样的，有不同的种类。

(1) 按内容划分，指标体系可分为社会、经济、科技指标体系。社会指标体系是反映或描述社会及人口基本特征和变动情况的指标体系。它由社会生活环境、社会生活主体、社会物质生活、政治与社会管理、精神文化生活等方面的有关统计指标组成。经济指标体系是反映或描述国民经济的基本特征及其运行情况的指标体系。它由经济活动的基本条件、经济活动的过程和结果以及经济活动的评价等方面的统计指标所组成。科技指标体系是反映或描述科学技术特征及其发展变化情况的指标体系。它由社会科技条件、科技投入、科技活动、科技产出及影响等方面的统计指标所组成。

(2) 按反映的范围，指标体系可分为宏观、中观、微观统计指标体系。宏观指标体系是全面反映国民经济和社会、科学技术发展的指标体系。它所反映的对象是整个国民经济、全社会。案例中的那些指标即为宏观经济指标体系。中观指标体系是反映各个地区、各部门社会生产、经营活动过程和结果的统计指标体系。微观指标体系是反映各个企业和事业单位基本情况的指标体系。基层企业和事业单位，也是整个社会统计工作的基础。微观指标体系具有双重任务，既为本单位的管理服务，同时也为地区、部门乃至整个国民经济宏观指标体系提供基础数据。

(3) 按研究目的，指标体系可分为基本指标体系和专题指标体系。基本指标体系的内容主要是反映各生产、经营、服务单位、各部门及整个国民经济的社会再生产过程。它的主要目的是为国家或地区或各部门制定发展纲要、考核和分析规划完成情况提供依据，为研究社会再生产提供依据。专题指标体系是为研究某种专门问题的需要而设置的指标体系。这类指标体系的目的具体，针对性强，指标较细，在设置上有较大的灵活性。例如专门研究我国人口生产、再生产和发展状况的指标体系就属于专题指标体系。

（三）指标体系的设置原则

设计指标体系是一项科学性很强的复杂工作。设计时要通盘考虑设置哪些指标，这些指标的内涵和外延是什么，时间、空间、计算方法、计量单位如何等。

指标体系设置的基本原则如下。

1. 目的性原则

在设计统计指标体系之前，必须明确研究目的。因为，从客观认识对象本身来讲，可以设计许多指标来反映它，选择哪些指标来进行考核或描述，都要考虑到管理的要求和统计研究或评估的需要。对同一个统计总体，依不同的研究目的需设计不同的统计指标体系。例如,同是以全部工业企业为总体,为调查对象,由于研究目的不同,工业统计报表制度和工业普查中的统计指标体系就有很大的区别。

2. 科学性原则

统计指标体系是一个有机的系统,要从研究目的出发,抓住重点,突出基本指标,以综合性评价指标为主,而不是面面俱到。所设计的指标要能正确揭示社会经济现象的本质与特征,各指标要规范化,有明确的内涵和外延,统计方法唯一,统计口径一致。在指标形式上,应将绝对指标、相对指标和平均指标相结合,这样就既有描述客观条件的指标,又有反映成果的指标,既有反映工作总量的指标,又有反映质量和效益的指标,互相结合,形成有机整体。

3. 可比性原则

统计指标体系应符合动态可比和横向可比要求。动态可比是指标体系在时间上的可比,对于同一指标体系可适用于过去、现在和将来的比较,反映事物发展速度和变动趋势。横向可比是指标体系可以用于各地区、各部门之间的相互比较和排序,以便总结经验、找出差距,促进事物的科学发展。宏观指标体系必须符合通用的国际核算方法,以便在各国之间进行对比。

4. 可操作性原则

统计指标体系中的每一个指标都应该设置可量化的指标,利用现有的统计系统规范化。统计指标体系选择的统计指标的多少、统计项目的繁简和要求的粗细,都必须与企业、部门、国家的实际管理水平、统计手段现代化水平,统计部门现有的人力、物力、财力等客观条件相适应。由于条件的限制,目前不可能一次性建立起完全理想的指标体系,而只能以可操作性为原则,构建一套不断完善、相对稳定合理的指标体系。

思考与练习

1. 简述“统计”一词的三种含义及其关系。
2. 社会经济统计学的研究对象是什么?它具有哪些特点?
3. 统计具有哪些主要职能?这些职能有什么样的关系?
4. 简述统计的主要作用。
5. 什么是统计总体和总体单位?统计总体形成的主客观条件有哪些?
6. 什么是统计标志?统计标志和统计指标有什么区别与联系,试举例说明。
7. 什么是变量、变量值?变量按取值的特征不同可分为几种?举例说明。

8. 试述统计指标的含义及其构成要素。

9. 举例说明统计指标的各种分类。

10. 设计科学的统计指标的基本要求有哪些?

11. 什么是指标体系?设置统计指标体系应遵循的基本原则有哪些?

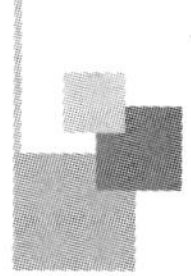

第二章　统计数据的搜集

【案例】

某超市服务质量问卷调查

超市逐渐成为人们的重要购物场所。我国加入 WTO 后，国外的一些大型零售商也在我国的一些城市开设了连锁超市，这无疑加剧了零售业的竞争态势。2012 年，某超市面对世界新形势，除了在硬件设施上加大投入外，还希望在服务质量上下工夫。为了解顾客对服务质量的要求，这家超市随机抽取了 100 名前来购物的顾客，让他们填写一份简单的调查问卷，对本超市的服务质量进行评价。其中的一个问题是："您认为本店服务质量如何？请在下面列出的选项上打√"。

A. 好　　B. 较好　　C. 一般　　D. 差　　E. 较差

根据以上资料，请思考以下几个问题：

(1) 统计数据搜集除了上述的一种方法外，还可用哪些调查方法？

(2) 在搜集统计数据之前，应该做些什么准备工作？

(3) 统计数据的来源有哪些？

本章将讨论统计数据的主要来源——统计调查，包括统计调查方案的设计和统计调查的组织形式。

第一节　统计调查概述

一、统计数据的来源

统计数量规律性的确认与识别依赖于大量的统计数据，获得统计数据是统计数据整理与分析的前提。那么，统计数据如何获得呢？

从统计数据本身的来源看，最初都是来源于直接的调查或实验，我们称之为第一手数据。它也是统计数据的直接来源。数据的直接来源主要有两个渠道：一是统计调查或观察，二是科学实验。科学实验是取得自然科学数据的主要方法，如医学、生物学、化学等的数据都是通过实验取得的。而统计调查或观察是取得社会经济数据的重要手段，其中包括政府统计部门进行的调查，如人口普查、统计报表制度等，也有其他部门或机构组织的专门调查，如市场调查等。

统计数据也可以来源于其他人的调查或实验的数据。例如，引用公开发表或出版的统计数据。如中国统计年鉴、世界经济统计年鉴，以及在报刊、杂志、电视及网络上看到的一系列统计数据，这是数据的间接来源，我们称之为第二手数据或间接数据。作为社会经济数据的主要直接来源的统计调查，是我们集中讨论的主要问题。

二、统计调查的意义和要求

统计调查是指根据统计研究的目的和要求，利用各种调查方式和方法，向社会搜集统计数据的工作过程。

统计调查所搜集的统计数据，包括原始数据，也包括进行了初步加工的次级资料，如企业内部统计报表资料。统计调查一般指的是对原始资料的搜集。在整个统计工作中，统计调查担负着提供基础资料的任务。所有统计整理、汇总和统计计算和研究，都是在原始资料搜集的基础上建立起来的。可见，统计调查属于感性认识阶段，它不仅为资料的整理提供了丰富的原始材料，而且也为统计分析奠定了基础。

毛泽东同志说："只有感觉的材料十分丰富（不是零碎不全）和合于实际（不是错觉），才能根据这样的材料造出正确的概念和论理来。"[①]为了保证调查资料的质量，使其正确反映客观事物，对统计资料的搜集，要求做到准确、及时和完整。

准确性，就是如实地反映客观实际，这是保证统计资料质量的首要环节，是统计工作的生命线。如果统计资料不真实，必然给统计各个阶段的工作带来不良影响。用虚假的统计数据得出的分析结果来指导实际社会经济工作，将会给国家和人民造成不可估量的损失。

及时性，就是时效性，即要求统计数据要按照统计调查方案规定的时间，尽快提供资料。如果统计资料搜集不及时，就会耽误统计整理和分析的时间，就会使统计资料的信息价值降低或完全丧失。

完整性，是指在搜集资料的过程中，保证使调查单位不重复、不遗漏，所列调查项目资料搜集完整。若统计数据残缺不全，就不能反映所研究对象的全貌和正确认识社会经济现象总体的数量特征，最终难以对社会经济现象的规律性做出明确

① 《毛泽东选集》（第一卷），第290页，北京：人民出版社，1991.

判断，甚至会得出错误的结论。

三、统计调查的分类

由于社会经济现象具有复杂性，统计研究任务具有多样性，因此在组织统计调查时应根据不同的调查对象和调查目的灵活运用不同的调查方式和方法。统计调查常见的分类如下。

（一）按搜集资料的组织方式分类

按搜集资料的组织方式不同，统计调查可分为统计报表和专门调查。

统计报表是按照国家有关法规的规定，自上而下统一布置，自下而上地逐级提供统计数据的调查方式，如工业统计报表、商业统计报表等。

统计报表是搜集统计数据的重要方式。在我国几十年的政府统计工作中，已形成了一套比较完备的统计报表制度。统计报表成为国家和地方政府部门统计数据的主要来源。

专门调查是指为了研究某些专门问题，由进行调查的单位专门组织的一种调查方式，如普查、重点调查、抽样调查等。案例中的调查就属于一种专门调查。

（二）按调查对象包括的范围分类

按调查对象包括的范围不同，统计调查可分为全面调查和非全面调查。

全面调查是指对调查对象中的全部单位，无一例外地都进行登记或观察。如人口普查就属于一种全面调查。全面调查能掌握所有单位的全面情况，但它需要耗费较多的人力、物力和财力，且只适用于对有限总体的调查。因而，全面调查的调查内容应限于搜集基本国情国力的重要指标。

非全面调查是指对调查对象中的部分单位进行登记或观察。例如，为了了解居民社会购买力的情况，只需对部分居民家庭的支出情况进行调查就能推算出居民的社会购买力。案例中的问卷调查也属于一种非全面调查。这种调查方式的优点是，调查单位少，可以用较少的人力、物力、财力和时间调查较多的内容，搜集到较为深入、细致的情况和数据。抽样调查、重点调查均属于非全面调查。

需要指出的是，全面调查和非全面调查的划分，是以调查时是调查全部单位还是部分单位来区别的，而不是根据最后获得调查对象的数据来判断的。

（三）按调查资料登记时间是否具有连续性分类

按调查资料登记时间是否具有连续性，统计调查可分为经常性调查和一次性调查。

经常性调查是指随着调查对象中调查单位的数据不断变化而进行经常性、连续不断的登记或观察。例如工业产品产量、原材料消耗量、燃料消耗量、商品销售额、人口的出生数和死亡数等数据的变化，通常采用经常性调查来搜集统计数据。

一次性调查是指对调查对象中调查单位的数据进行间断性的登记或观察。例如，工业企业固定资产总量，原材料、燃料库存量，商品库存额，人口总数等数据，通常采用一次性调查。一次性调查可以定期进行，也可以不定期进行。

统计调查的分类不是相互排斥的，而只是从不同角度对一种调查方式进行不同的归类。在实际组织调查时到底采取什么样的调查方式，必须根据调查的具体任务和调查对象本身的特点而定，并随客观情况和工作条件的变化而有针对性地选用。我国的统计调查工作多采用非全面调查，特别是抽样调查。同时，也要注意各种调查方式的结合运用，如把全面调查和非全面调查结合运用。我国现有的人口普查工作就采用全面调查和抽样调查（属非全面调查）相结合的方式。

第二节　统计调查方案

在搜集直接统计数据时，无论采用什么样的调查方式，都需要制订出一个周密、完整的调查方案，以指导整个调查工作，使之能够顺利地实施和完成，取得预期的效果。调查方案的好坏，直接影响到调查数据质量的高低。

不同调查方式的调查方案在内容和形式上会有一些差异，但结构大体上都一致。一份完整的调查方案通常包括调查目的和任务、调查对象和调查单位、报告单位、调查项目和调查表、调查时间和调查方法、调查工作的组织计划等。

一、调查目的和任务

调查目的和任务就是指为什么要进行调查，即通过调查要解决些什么问题。因为社会经济现象是比较复杂的，任何现象都可以根据人们的需要从不同的方面、不同的角度来搜集资料。只有目的明确，才能做到有的放矢，从而正确确定调查对象、调查单位、调查内容及调查方法等。调查目的和任务的确定，通常是根据国家、各级政府或各管理部门在各个时期政治经济任务所提出的要求来确定的。例如，我国 1953 年第一次人口普查，目的是做好选民登记，配合召开全国人大，选举人民代表，为国家制定国民经济的第一个五年计划提供确实的人口数字，所以调查项目很简单，当时只有姓名、性别、年龄、民族等四个调查项目。我国的第三次人口普查是在改革开放，确定社会主义市场经济的形势下进行的，所以第三次人口普查的目的是："为了准确地查清我国人口数字，查清我国人口的地区分布和社会经济构成情况，为有计划地进行社会主义现代化建设，统筹安排人民的物质文化生活，制定人口政策和规划提供可靠的材料。"所以这次调查内容较多，以户为单位的调查项目 23 项，以人为单位的调查项目有 26 项。总之，调查目的和任务的确定没有千篇一律的公式，主要是根据管理的需要和调查对象本身的特点而确定的。

二、调查对象、调查单位和报告单位

调查对象就是根据调查目的和要求，在统计调查时所需要调查的总体或范围，它是由许多性质相同的调查单位所组成的。确定调查对象，首先要根据调查目的，对研究现象进行认真分析，掌握其主要特征，科学地规定调查对象的含义；其次要明确调查对象总体的范围，划清它与其他社会经济现象的界限。只有调查对象的含义确切、界限清楚，才能避免调查登记的重复或遗漏，保证统计资料的准确性。

调查单位是指调查对象中需要调查登记其具体特征的单位，也即调查项目和调查内容的承担者或载体，也是统计要搜集数据、分析数据的基本单位。

在实际调查中，调查单位可以是调查对象中的全部单位，也可以是调查对象中的一部分单位。若采用全面调查方式，如普查，调查对象中的每个单位都是调查单位；若采用非全面调查方式，如抽样调查，调查单位只是调查对象中的一部分单位。例如，案例中某超市服务质量的调查，在调查期间，所有来超市购物的顾客都是调查对象，但调查单位仅仅是随机接受了调查的 100 名顾客。

报告单位又称填报单位，它是负责向上级报送调查资料的单位。调查单位和报告单位有时一致，有时不一致。例如工业企业普查，调查对象是全部的工业企业，而每个工业企业既是调查单位，也是报告单位。如果是工业企业生产设备普查，则调查对象是工业企业的全部生产设备，而调查单位是工业企业每台生产设备，报告单位则是每个工业企业，这时调查单位和报告单位就不一致。报告单位通常是在行政上、经济上具有一定独立性的单位；而调查单位可以是人、企事业单位，也可以是物。只有确定了调查对象、调查单位和报告单位，才能明确向谁调查、由谁承担调查项目、由谁负责填报调查资料，从而保证调查工作顺利进行。

三、调查项目和调查表

调查项目就是在调查中需要向调查单位调查的具体内容，也即统计标志。确定调查项目，就是根据调查目的拟定向调查单位调查什么，向调查单位搜集什么样的资料。拟定调查项目是设计调查方案的核心。确定调查项目时必须注意以下几点。

第一，调查项目必须而且只能列出满足调查目的所必需的，可有可无的项目不应列入。

第二，调查项目的含义必须明确、易懂，不能有两种以上的解释，避免引起误解或出现登记的差错。

第三，有些调查项目的答案要明确具体，还要确定答案的表现形式，如文字式、是非式等。

第四,各调查项目之间应该彼此联系和衔接,以便核对答案的正确性,提高调查资料的质量。

第五,同类调查项目尽可能前后一致,保持相对稳定,以便进行动态对比和分析。

调查表就是将所设计的调查项目,按照一定的逻辑顺序和答案所需空格大小,合理安排在一份表格中。它是容纳调查项目、搜集原始资料的基本工具。利用调查表进行调查,不仅能够条理清晰地填写需要搜集的资料,还便于调查后对资料进行汇总整理。

调查表一般由表头、表体和表脚三部分构成。表头就是调查表的名称,用于说明调查内容及被调查单位的名称、性质、隶属关系等。表体是调查表的主要部分,包括调查所需登记的调查项目及调查项目的具体表现、计量单位等。表脚通常有填表人签名、填报日期、填表说明及要提示被调查者应注意的事项,还可以说明调查中有关调查项目的含义、所属范围、计算方法等。

调查表有两种形式:单一表和一览表。单一表是一张调查表格只登记一个调查单位的资料,它可以容纳较多的调查项目。一览表是一张调查表格上可以登记若干个调查单位的资料,它容纳的调查项目不宜过多。表 2-1 和表 2-2 是两种调查表的简单例子。

表 2-1　某公司职工家庭就业人口调查表(单一表)

家庭人口________人　就业人口________人

姓名	与职工的关系	性别	工作单位	职业	行业	职务或职称	月工资	备注

被调查者姓名:　　填表人:　　填表时间:

表 2-2　某公司职工身体状况调查表(一览表)

编号________

检查序号	姓名	性别	出生年月	身高/cm	体重/kg	胸围/cm	有何种慢性病	备注

填表人:　　填表日期:

四、调查时间与调查方法

(一) 调查时间

调查时间包括调查数据所属的时间、调查登记工作进行的时间和调查期限。

关于调查数据所属的时间，如调查数据属于时期资料，调查时间即为数据所属的时期长度。例如，国内生产总值、工业产品产量、商品销售额、国民收入等，是随着时间变化而变化的。对时期资料的调查就要规定资料所属时期的长短，即是月份数据还是季度数据，或是一年的数据等。如调查数据属于时点资料，调查时间即为数据所属的时点。例如，人口总数、工业原材料库存量、商品库存额、城市居民储蓄余额等都是指现象在某一时点上的数据，对这些数据的调查就必须规定统一的调查时点，即是月末数据还是季末数据，或是年末数据等。对于普查，则统一规定普查的标准时点。如我国第五次、第六次人口普查的标准时点均为普查当年的11月1日零时，所统计出来的人口数就是在这个时点上的人口总数。

调查登记工作进行的时间，即为向调查单位登记资料的起止时间。例如，人口普查在全国范围内什么时间开始登记，什么时间结束登记。一项统计调查尽可能在调查范围内同时进行，并能尽快地完成登记工作。

调查期限，即为整个调查工作所需要的时间，包括搜集资料和报送资料的时间。为了保证统计资料的时效性，必须尽量缩短调查期限。

（二）调查方法

调查方法是指具体搜集数据时所采用的方法，具体采用什么调查方法要根据调查对象和调查单位的性质和特征而定。我国统计调查中常用的方法有直接观察法、采访法、报告法、问卷法、卫星遥感法和互联网调查法等。

直接观察法就是指调查人员亲临现场对调查单位的数据进行清点、登记、测定、计量，并一一登记取得统计数据的一种统计方法。例如，农产量调查时，调查人员亲自参加抽选样本、实割实测、晾晒、脱粒、保管、过秤、计量、登记等，就属于一种直接观察法。这种调查方法获得的数据具有较高的准确性，但需要大量的人力、财力、物力和时间，因此，它的应用受到很大限制。

采访法是指调查人员向被调查者进行个别访问或开调查会，根据被调查者的答复或发言而获得统计数据和情况的一种调查方法。例如，进行居民购买力的调查，调查人员深入被调查的居民户，通过询问家庭主要成员而获得数据就是一种采访法。这种调查方法对调查人员的素质要求较高。做得好，可以搜集到详细而深入的信息，准确程度也比较高。但这种方法难度较大，需要被调查者密切配合。

报告法是指被调查单位根据有关的原始记录、统计台账，依据统计报表的格式和要求，按隶属关系，逐级向有关部门提供统计数据的一种调查方法。例如，我国政府统计部门向有关企业颁发的统计报表中的调查项目就是采用的报告法。如果调查单位的有关核算制度比较健全，原始记录、统计台账比较完善，采用报告法就可以取得比较准确的统计数据。

问卷法是指调查人员将事先设计好的问卷发给被调查者，由被调查者自愿回答，调查人员根据答案汇总而搜集统计数据的一种调查方法。例如现代企业的市场营销调查，就广泛采用问卷法，本章案例就是问卷调查。采用问卷法的关键是精心设计问卷，提问要简明扼要，答案要标准化，便于选择和汇总。这种方法省时省力，但问卷设计的好坏和回收率的高低会直接影响数据质量的高低和分析结论的正确与否。

卫星遥感法是用卫星高度分辨率辐射提供地面统计资料的一种调查方法。这种方法主要用于测量农作物面积、估计农作物产量、进行科学研究、实现气象统计等方面。

互联网调查法是指利用网络技术所提供的各种工具，搜集传输有关统计数据的一种方法。目前我国编制的居民消费价格指数(CPI)就是利用特制手机采集、上报和管理价格数据的一种互联网技术。这种方法具有数据传输的及时性、信息形式的多样性、信息发布范围的广泛性等优点。随着互联网技术的发展，我国许多专门调查和统计报表的统计数据将广泛运用互联网调查法。

五、调查工作的组织计划

为了保证整个统计调查工作的顺利进行，在调查方案中还应该有一个周密考虑的组织实施计划。其主要内容应包括调查工作的组织领导机构和办事机构、调查队伍的建立和培训、调查经费的预算与开支办法、调查实施步骤和试点调查等。

第三节 统计调查的组织方式

统计调查是整个统计工作的基础，只有通过切实的统计调查取得真实的客观的统计数据，才能充分发挥统计的作用。所以，必须科学地选择统计调查的组织方式。而统计调查组织方式的确定，要适应客观形势的要求。在市场经济条件下，我们面对的是多种成分、多种经济体制、多种生产经营方式等复杂多样的调查对象，在经济结构复杂化和利益主体多元化的格局下，必须充分考虑各种调查方式的特点和局限性，总结统计调查的实践经验，借鉴国际成功的做法，建立一套科学的调查方法体系，形成一个"以周期性普查为基础，以经常性抽样调查为主体"①，同时辅之以重点调查、科学推算和全面报表综合运用的统计调查方法体系。这样才能充分发挥各种调查方式的优势，使统计调查阶段的工作做到经济、科学、时效性强、数字准、情况明。下面将我国采用的主要调查组织方式进行简单论述。

---

① 国家统计局网站，《中华人民共和国统计法(2009 年修订)》.

一、普查

（一）普查的概念与特点

普查是指为了某种特定目的而专门组织的一次性全面调查。如人口普查、经济普查、第三产业普查、科技人员普查等。

普查是适合于特定目的、特定调查对象的一种调查方式，主要用于搜集处于某一时点上的社会经济数量，目的是掌握特定社会经济现象的全貌，详细了解重要的国情、国力，为国家制定有关重大的方针政策或措施以及制定长远的国民经济发展规划提供详细的统计数据。

普查是一种重要的调查方式，是其他调查方式不可取代的。因为有些社会经济现象，不需要经常性地组织全面调查，而又要掌握它们的全面的详细资料，就需要通过普查来解决，用周期性的普查方式来获得基础资料。

综上所述，普查作为一种特殊的数据搜集方式，具有如下特点。

(1) 普查通常是一次性的调查，具有一定的周期性。

由于普查涉及面广，调查单位多，需要耗费大量的人力、物力和财力，通常需要间隔较长的时间进行一次，且具有一定的周期性。通常每隔 10 年或 5 年搞一次。我国分别在 1953 年、1964 年、1982 年、1990 年、2000 年、2010 年进行过六次人口普查。根据实践结果，我国普查制度基本形成。每逢年份末尾数字为“0”的年份进行人口普查；每逢“3”的年份进行第三产业普查；每逢“5”的年份进行工业普查；每逢“7”的年份进行农业普查；基本单位普查每隔 5 年进行 1 次，在逢“1”“6”的年份进行。

(2) 普查一般需要规定统一的标准时间。

所谓标准时间，就是调查人员向调查单位登记普查项目所统一遵循的时刻。如我国前四次人口普查标准时间定为普查年份的 7 月 1 日零时，第五次、第六次人口普查的标准时间为普查年份的 11 月 1 日零时。第二次全国农业普查的标准时点为 2006 年 12 月 31 日。2007 年 10 月国家发布了第 508 号国务院令，公布的《全国污染源普查条例》规定，每 10 年进行 1 次全国污染源普查，标准时点为普查年份的 12 月 31 日。普查规定统一的标准时间，是为了避免调查数据的重复或遗漏，保证普查资料的准确性、时效性。

(3) 普查是一次性全面调查。

普查由于它的全面性，通常在全国或较大范围内进行。因此，普查涉及面广，工作量大，调查内容要求高，时效性强，组织工作繁重，需要投入大量的人力、物力、财力，不可能年年搞普查，更不可能事事搞普查。所以普查适用范围比较窄，只能调查最基本、最主要的调查项目的数据，也只有了解重大的国情和国力的情况时才进行普查。

(二) 普查的办法和组织原则

普查的办法主要有两种：一种是通过专门组织的普查机构，配备一定数量的普查人员，对调查单位直接进行登记，如人口普查；一种是利用调查单位的原始记录和核算资料，颁发普查表格，由调查单位核实填报，采用报告法进行，如工业普查、第三产业普查等。

普查一般规范化程度高。为了保证普查资料的质量，必须严格遵循以下原则。

(1) 要有严密的组织和高质量的普查队伍。

普查是一项群众性的工作，通常需要一个强有力的普查机构来指导。为保证普查机构的威信，其成员通常由统计、计划、财政、劳动、卫生和宣传教育单位的负责人及专家、学者等组成。另外，应及时抽调和培训大批的普查人员。其培训内容主要有普查的目的和要求、普查项目的内容及规定、普查登记的技能及注意事项等。

(2) 正确选择普查的调查时间、登记时间。

普查工作进行的具体时间一般应选择调查单位变动小，调查登记、填报较为方便的时候。这样，既有利于工作的顺利进行，也有助于提高资料的准确性。调查时还应注意，各调查点须同时进行登记并在尽可能短的时间内完成，以保持步调的一致性，提高资料的可靠性。

(3) 调查项目应简明，且项目一旦确定不能任意增减。

一方面，普查的范围广，普查项目不能过于复杂。调查项目越多，调查难度就越大，误差的可能性也会相应增加。另一方面，调查项目应明了，对各调查项目应有统一的规定和解释，有明确的操作定义，有统一的计算公式。而且这些内容规定以后，不得任意增减变动。这样，才能使整个调查保持高度的一致，从而提高资料的质量。

(4) 普查尽可能按一定周期进行。

周期性地进行普查有利于资料的对比分析，提高资料的利用率。目前，多数国家的人口普查都是有周期地进行的，英国、美国人口普查的周期是 10 年，德国、法国人口普查的周期是 5 年。我国一般每十年进行一次重大国情国力(人口、工业、农业、建筑业、服务行业等)的普查。

二、重点调查

(一) 重点调查的概念与特点

1. 重点调查的概念

重点调查是指在调查对象中，只选择一部分重点单位而进行的一种非全面调查。所谓重点单位，是指这些被调查单位可能数目不多，但这些单位的某个或某几个标志值在总体标志总量中占有很大比重，能够反映总体的基本情况。例如，要及时掌握全国原油生产的基本情况，只要调查原油产量较多的大庆油田、大港油田、胜利油田等的原油产量即可。这就属于重点调查，虽然调查单位不多，但这些单位的原油产量占全国原油总产量的绝大比重。再如，调查全国的棉花、茶叶的生产情况，就可以采用重点调查，只要对全国的几个重点产棉、产茶地区进行调查便可以满足需要。可见，重点调查中的重点单位并非是从战略目标的重点建设项目、重点工程的角度来选择的，而是从现象数量方面来考虑的，即这些单位的标志值之和占总体全部单位标志值总量的绝大比重。

2. 重点调查的特点

重点调查作为统计调查方法体系中的一种，具有如下特点。

(1) 重点调查只能掌握调查对象的基本情况。

由于重点调查的调查单位的选择是从数量标志值的角度考虑的，所以重点单位和非重点单位的标志值差异较大，故不能借助于重点调查所搜集的统计数据去推算总体标志总量指标，只能掌握总体基本情况和统计数据。

(2) 重点调查中的调查单位的选择有客观标准。

重点单位的选择，一般来说，选出的单位要尽可能少，而其标志值在总体标志总量指标中所占的比重则尽可能大些。因此，只有总体中确实存在标志值相对集中的重点单位，才适宜用这种调查方式。如果调查总体中各单位的标志值差异不大，就不宜用这种调查方式。

(3) 重点调查中的重点单位不是固定不变的。

重点调查中的重点单位的选择可以根据调查任务的需要灵活选择。当调查任务只要掌握总体的基本情况、基本趋势，调查对象又有明显的重点单位时，一般可以采用重点调查方法。重点单位可以是一些单位，也可以是一些城市或地区。随着统计研究任务的改变和经济形势的发展，重点单位也会相应地发生变化。

(二) 重点调查的意义

重点调查由于调查单位较少，因此比全面调查省时、省力，能用较少的代价及时搜集到反映总体基本情况和趋势的统计数据。它既可以用于一次性调查，即对重点单位的某些数量标志值组织专门机构进行调查，也可以用于经常性调查，即对重点单位布置统计报表，经常取得资料，以便做系统的观察和研究。

重点调查中的重点单位，虽然不完全等于工作重点，但这些单位的基本情况对全局工作的影响有举足轻重的作用。因此，重点调查对于领导和各级管理部门及时了解情况、掌握基本趋势以指导全局有着重要的意义。

三、统计报表

（一）统计报表的概念与优点

统计报表是指以基本调查单位的原始记录和统计台账为基础，按照政府有关部门制定的统计调查的内容、表式、报送时间、报送程序等自下而上逐级报送统计数据的一种调查方式。

统计报表与其他各种调查方式相比，具有以下优点。

(1) 统计报表可以根据统计研究目的和任务事先布置到基层，因此，基层填报单位可以根据报表的要求，建立健全各种核算的原始记录和统计台账。这一方面可以使统计报表资料来源建立在可靠的基础上，保证统计数据的准确、及时和完整；另一方面基层企事业单位也可以利用统计报表的资料，对生产、经营活动进行科学管理。

(2) 统计报表是为各级政府、各主管部门提供国民经济运行的基本情况，以及有关生产、经营各方面统计信息的重要的、稳定的资料来源。它既有利于各级政府和管理部门系统了解社会经济发展变化的情况，又有利于对企业进行宏观调控。

(3) 统计报表的内容相对稳定，便于完整地积累资料，用于动态对比，较有系统地分析研究社会经济发展趋势或变化规律。

（二）统计报表的局限性

统计报表这种调查方式有许多优点，但也有不少缺点。所以，在充分认识统计报表优点的同时，要科学地对待统计报表，认识统计报表的局限性。

(1) 统计报表需层层布置，层层上报，要消耗大量人力、物力、财力和时间，影响统计数据的时效性。

(2) 统计报表的工作程序比较固定，调查内容一经确定，不能改变，因此适应性、灵活性差。

(3) 统计报表逐级上报，层层汇总整理，环节多，易出现差错，且不易检查出现差错的原因。

(4) 随着市场经济的发展和改革的深入，经济成分、经济结构日趋复杂，利益主体多元化，各调查单位对统计报表调查的支持与合作程度越来越差，统计资料搜集的阻力越来越大。

综上所述，为了适应变化了的情况，我国对统计报表这一调查组织方式进行了全面改革，1993 年开始实施新的统计报表制度。新的统计报表制度统一规范了基本统计单位、统计分类标准和编码，并按照统一规定的基层调查单位设计不同行业的一套表，这样，改变了以前统计标准混乱、分类不一、专业分割、重复交叉的现象，使这种调查能适应变化了的形势，充分发挥其长处。

(三) 统计报表的种类

从不同角度可以对统计报表进行各种分类。

(1) 按调查范围不同,统计报表可以分为全面调查的统计报表和非全面调查的统计报表。全面调查的统计报表要求调查对象中的每一个单位都填报。如国营企业的统计报表,每个国营企业都要填报,就属于全面调查的统计报表。非全面调查的统计报表只要求调查对象中的一部分单位填报。如重点调查,要求重点单位利用统计报表填报统计数据,就属于非全面调查的统计报表。

(2) 按统计报表的性质不同,统计报表分为基本统计报表和专业统计报表。国民经济基本统计报表是由国家统计部门统一制定的。这类统计报表是从整个国民经济角度出发,并按国民经济部门划分,分为工业、农业、商业、基本建设、物质、交通运输、劳资、外贸等部门的报表。它包括这些部门的基本统计指标,为中央和各级领导了解情况、制定政策、指导工作、编制社会经济发展规划提供必要的依据。专业统计报表是由各业务部门制定的,是从业务主管部门的业务管理出发,在各部门系统内实施的报表。这类报表主要用来搜集本部门系统内的统计资料,满足业务管理的需要,它是国民经济基本统计报表的补充。

(3) 按统计报送周期不同,统计报表可分为日报、旬报、月报、季报、半年报、年报等。报送的周期越短,花费的人力、物力、财力就越多。因此一般要求:报送周期短的,指标的项目应该少一些,粗一些;报送周期长的,指标的项目可以多一些,细一些。年报的周期长,因此它的调查内容比较详细。故凡是半年报或年报能满足需要的,就不要布置日报、季报,尽量减轻基层的负担。

四、抽样调查

抽样调查是指从调查对象的全部单位中随机抽取一部分单位作为样本进行调查,并根据样本调查的结果来推断总体数量特征的一种非全面调查。

抽样调查的一个最显著的优点是调查的样本单位通常是总体中的很少一部分,调查工作量小,因而可以节省大量的人力、物力、财力。

抽样调查由于调查单位少,调查的准备时间、调查时间、数据处理时间等都可以大大缩短,从而提高数据的时效性。抽样调查适用范围广,它适用于各个领域、各种问题的调查。它可以用于对有限总体的调查,特别适合对一些特殊现象进行调查,如产品质量检验、农产品实验、医药临床试验、市场调查等。案例中的调查就是一种抽样调查。

在市场经济条件下,抽样调查是非全面调查中最完善、最有科学依据的一种调查组织形式。有关抽样调查的理论和方法将在后面专章详细讨论。

以上介绍了各种不同的统计调查方式,这些方式各有其特点和作用。在实际统计工作中，并非单用一种方式，而要根据实际需要灵活运用不同的调查方式，将各种调查方式结合运用。如我国人口普查就采用了普查和抽样调查相结合的形式。只有这样，才能充分发挥各种调查的优势，使统计调查阶段的工作做到经济、科学、时效性强、数字准、情况明。

思考与练习

一、思考题

1. 统计数据的来源有哪些？
2. 什么是统计调查？统计调查有哪几种分类？
3. 统计调查方案包括哪几个方面的内容？
4. 简述普查的特点和组织原则。
5. 统计报表有什么优点和局限性？
6. 简述重点调查的特点和重点单位的含义。

二、练习题

假定我们要研究本校大学生的时间分配状况，请写出你的研究调查方案。

第三章　统计数据的整理与显示

【案例】

某班 30 名学生参加统计学的考试，考试成绩如下：

学号	姓名	性别	成绩	学号	姓名	性别	成绩	学号	姓名	性别	成绩
1	蓝天	女	73	11	张鹤	男	82	21	刘柳	女	49
2	张珊	女	70	12	黄佳佳	女	73	22	王畅	男	67
3	黄小花	女	90	13	夏秋	男	50	23	朱阳	女	75
4	王一	男	74	14	白荷	女	86	24	汪星	男	70
5	陈华	男	54	15	卢少	男	92	25	颜珠	女	78
6	文意	男	65	16	李阳	男	79	26	杨燕	女	63
7	赵大明	男	78	17	黄东	男	74	27	吴帅	男	93
8	李根	男	80	18	艾利	女	88	28	吴刚	男	86
9	刘丽	女	65	19	甘甜	女	76	29	丁玉	女	61
10	韦雨	女	77	20	吴海	男	95	30	李勇	男	88

根据以上数据，回答以下问题：

(1) 在这次考试中，有多少学生通过了考试？

(2) 考试分数在 70～80 分之间的比重是多少？

(3) 在这次考试中，是男生成绩优异些，还是女生成绩优异些？

(4) 该班学生在这次考试中的考试成绩是否正常，符合正态分布吗？

从上面的资料中，我们能大体看出学生的考试分数有高有低，而很难看出这 30 名学生考试成绩的总体情况及特点。本章将围绕上述问题讨论如何整理统计数据，以及整理后的数据将用什么方式显示，以便揭示数据中所包含的有用信息和数据的分布特征。

第一节 统计数据整理概述

一、统计数据资料整理的必要性

统计调查取得的原始数据是分散的、杂乱的、不系统的，只能表明各个被调查单位的具体情况，反映事物的表面现象或某个侧面，不能说明事物的全貌、总体情况。因此，只有对这些数据进行加工整理，才能认识事物的总体及内部联系。统计数据整理就是根据统计研究的目的把统计调查搜集到的原始数据进行科学加工，使之系统化、条理化、科学化，从而得出能够反映事物整体特征的资料，为统计分析做好准备工作的过程。例如，工业普查的每个工业企业资料，只能说明每个工业企业的情况，诸如企业所有制类型、资金多少、设备状况、职工人数、销售收入与利润等。必须通过对所有企业资料进行整理、汇总、分组等加工处理后，才能得到全国工业的综合情况，从而分析工业的构成、经营状况、规模水平等，达到对全国工业的全面、系统的认识。

统计数据资料整理，是统计调查的继续，也是统计分析的前提，起着承前启后的作用，在整个统计工作中具有重要的作用。因此，统计数据资料整理得好，会使综合的资料十分丰富，说明更多的问题；否则，会使资料内容贫乏，使调查得来的大量原始数据不能发挥其应有的效用。

二、统计数据资料整理的内容

统计数据整理的主要内容包括：对调查的原始资料和次级资料进行审核、订正或调整；对审核处理后的数据进行科学的分组；按分组的结果进行归类、汇总、整理；将整理的数据用适当的方式加以描述或显示。其中，统计分组是核心。下面将按照整理的内容进行讨论。

（一）对原始数据资料进行审核检查与订正

由于统计数据来源于不同的渠道，经过许多环节，加之主客观因素的影响，都有可能使统计数据产生差错。因此，在对统计数据进行整理前，有必要对统计数据进行审核与处理。对原始数据资料进行审核检查，应主要从完整性和准确性两个方面去进行。完整性审核主要是检查应调查的单位或个体是否有遗漏，所有的调查项目或指标是否填写齐全等。

准确性审核主要是检查统计数据包括的范围、计算口径、计算方法及计量单位是否符合要求，资料是否真实可靠。审核的方法主要有逻辑检查和计算检查两种。

逻辑检查主要审核数据是否符合逻辑，内容是否合理，各项目或数字之间有无相互矛盾的现象。例如，人口调查中，少年、儿童年龄段的居民，不应有婚姻情况，文化程度不应是大学以上，职务不应是工程师以上等。如果出现已婚、本科生、高级工程师等，显然在逻辑上是不可能的，要进一步查实、更正。

计算检查主要是复核调查表中的各项数字有无差错，检查各项数据的计算方法是否恰当，数据的平衡关系是否得到保持等。例如，各分项数字的和是否等于相应的合计数，各结构之和是否等于1或100%，出现在不同表格上的同一指标数值是否相同等。

（二）对次级资料的检查与处理

统计次级资料是指通过书、刊、互联网等途径获得的由别人调查的数据资料。它已经成为经济研究资料的形式，在使用前需对其进行审核与处理。对次级资料的审核，应着重审核数据的适用性和时效性。

适用性就是审核数据的来源、数据的口径及其有关的背景材料，以便确定这些数据是否符合使用者的需要，是否需要重新加工整理等。

时效性就是审核获得的数据是否已经滞后，特别是对有些时效性很强的数据，应尽可能使用最新的统计数据，以免失去研究的意义。对次级资料审核，如不适合研究者的需要，就应该按研究者的研究目的进行调整。

对于在审核中发现的问题或错误应及时予以查询、纠正与处理。具体办法有以下几种。

第一种，对于可以肯定的错误，可以代为更正，并向所属单位核对和通报。

第二种，对于可疑之处或无法代为更正的错误，应通知原单位复查更正。

第三种，如果所发现的错误，估计在其他单位也可能发生的，应将错误情况通报尚未报送资料的单位，以免发生类似的错误。

第四种，对于严重的错误应发还报送单位重新填报，并查明原因。若是由于某些不正之风引起的，应予以适当处理。

第二节　统计分组

在统计数据整理过程中，一项重要的复杂的数据整理工作是将数据进行科学的分组。

一、统计分组的概念与原则

统计分组就是根据统计研究的需要，选择某个或某几个重要标志将总体划分为性质不同的若干部分或组的一种统计方法。例如，将参加考试的学生作为总体，按成绩这一标志将学生划分为及格与不及格两组。

统计分组具有两个方面的含义：对于总体而言是“分”，即将总体区分为性质不同的若干部分；对于总体单位而言是“合”，即将性质相同的单位合并在一个组内。通过统计分组，要保持组内各单位具有同质性，组间各单位具有差异性。这就是互斥原则。换言之，将总体分组后，各组包含的范围应该互不相容，互相排斥，每个总体单位在特定的分组标志下只能归属于某一组，而不能同时出现在几个组内。违背互斥原则的统计分组是毫无意义的。再次就是穷尽原则，即统计分组的结果必须使总体中所有的单位都能划归到自己所属的组，不出现遗漏的情况或有的总体单位无法归类的现象。例如，将某单位的全体员工视为总体，按学历标准将总体划分为高中、本科和本科以上三组就违背了穷尽原则，因为那些学历为高中以下和专科的员工就无归属了。

二、统计分组的作用

统计分组在统计分析中有重要作用，可以归纳为以下三个方面。

（一）区分不同事物的性质

统计分组的根本作用就在于区分事物之间质的差别。社会经济是多种多样、复杂多变的，在发展的过程中表现出来的特征也是各不一样的。统计研究通过对社会现象的分组，才能区别事物不同的质，才能具体而深入地研究事物的本质特征及其在数量上内在变化的规律性。例如，在人口统计中，将人口按职业、经济收入、受教育程度、性别、年龄、民族等标志分成不同的组，就可以研究人口的社会构成状况以及各组之间存在着的质的差异性。

（二）研究事物内部的结构

统计总体经过分组后，被划分为若干性质不同的组成部分，就可以研究社会经济现象是由哪些部分构成的，进而认识事物的主要部分和总体变异性特征。具体做法就是通过分组，计算结构相对指标或比例相对指标，就可以揭示各部分在总体中所占比重大小、重要程度以及总体中各部分的比例关系和内在联系。例如，表3-1反映了全国2011年就业人员的结构。

表 3-1　全国 2011 年就业人员结构

产业类别	人数/万人	比重/(%)
第一产业	26 594	34.8
第二产业	22 544	29.5
第三产业	27 282	35.7
合计	76 420	100.00

资料来源：国家统计局网站。

(三) 研究现象之间的数量依存关系

任何现象都不是孤立的,现象之间客观存在相互联系、相互依存、相互制约的关系。通过统计分组将性质上有关联的统计资料联系起来分析,便可以研究不同现象总体之间数量上的联系和依存关系。例如,劳动生产率与利润之间、商品销售额与流通费用之间、吸烟者与肺癌患者之间等都存在着密切的依存关系,都可以用统计分组的方法来研究彼此在数量上的内在联系。例如,表 3-2 列举了某企业在不同生产规模情况下,产量与单位成本的数据。

表 3-2　某企业产量与单位成本的情况

按产量分组/万件	单位成本/(元/件)
2 以下	12
2～4	11.5
4～6	10.8
6～8	10
8 以上	8.9

从表 3-2 可以看出,产量越大,产品单位成本越小,表明产品单位成本随产量增加而降低。这种依存关系,只有通过分组才可以观察到。

上述统计分组的三个方面的作用往往是相互联系、相互补充的,在分析某个具体问题时,可以同时实现。

三、统计分组的方法

统计分组的关键在于正确选择分组标志和划分各组界限。

(一) 分组标志的选择

进行统计分组,需要有分组的依据。确定分组依据就是正确选择分组标志,它是分组时划分组别的标准。反映总体单位特征的标志很多,选择不同的标志对总体分组会得出不同的结果。标志选择不当,分组结果就不能正确反映总体的性质特征。因此,正确选择分组标志,是科学分组的前提,也是统计数据整理的关键。正确选择分组标志,需要注意以下几点。

(1) 根据统计研究的目的选择分组标志。统计总体中各个单位有许多标志,应该选择什么标志作为分组依据,这与统计研究的目的与任务有关,目的不同分组选择标志也不一样。例如:如果研究的任务是分析职工的文化素质或业务素质的高低,一般选用职工的文化程度作为分组标志或选用技术水平等级作为分组标志;如果研究的目的是分析职工的劳动能力状况,应选用职工的年龄作为分组标志,观察职工中老年、壮年、青年的比例各为多少。可见,分组标志是随任务和目的的不同而变化的。

(2) 选择最能够反映事物本质或主要特征的标志。事物的标志多种多样,有些标志是带有根本性的、主要的标志,能够反映事物的本质,而有些标志是非本质的、次要的。在选择分组标志时,根据被研究对象的特征,选择最主要的、能抓住事物本质的标志进行分组。例如,研究职工生活水平高低时,可以用职工的工资水平作为分组标志,也可以用职工家庭成员平均收入水平作为分组标志,究竟选择哪个分组标志更能充分反映职工生活水平呢?

我们知道,职工的工资水平并不能反映职工的生活水平,还要看他赡养的家庭人口数。如果他赡养的人口数很多,即使他的工资很高,其生活水平也不会高,因此,选用工资水平这个标志不恰当,只能将按家庭成员计算的人均收入水平作为分组标志。

(3) 根据现象所处的具体历史条件或经济条件,选择最恰当的分组标志。这一点与上一点是联系在一起的,因为在许多可供选择的标志中,衡量哪一两个是本质的或主要的,往往离不开研究现象所处的具体条件。比如在工业企业中,为了研究企业的规模与其他因素之间的关系,就需要将企业按规模分组,但反映企业规模的标志很多,如生产能力、职工人数、固定资产价值、增加值等。究竟选择什么标志来划分企业的规模呢? 这要根据具体条件,对于劳动密集型产业,应采用职工人数作为分组标志;对于技术密集型产业,采用固定资产价值或生产能力作为分组标志才比较恰当。即使在同一历史条件下,不同的经济部门,或生产性质、生产特点不同,也必须分别对待。

(二) 分组标志的类型与组限的划分

统计分组是否科学,不仅取决于分组标志的选择是否恰当,还要看组限的划分是否合理。运用已选定的分组标志进行分组时,把总体中的各个单位分到哪一组为好,这就是组限的划分问题。根据分组标志的类型,可做以下处理。

1. 按品质标志分组

按品质标志分组是指选择反映事物属性差异的标志作为分组依据,并在品质标志的变异范围内划定各组界限,将总体划分成若干个性质不同的组成部分。

按品质标志分组又有不同的情况。一种是按简单的品质标志分组,也就是说,在这种分组条件下,不管组数多少,总体单位归属哪一个组的界限明确,比较容易确定。例如,人口按性别分为男、女两组,某个人属于男还是女,简单明了。再如人口按民族分组,虽然可以划分为 56 个组,但张三是汉族、李四是回族、王五是苗族等是确定的,界限比较清楚。另一种是按复杂的品质标志分组。在这种分组条件下,无论组数多少,总体单位归属哪一个组都不容易确定。例如,将物质资料分为生产资料和生活资料两组,组数不多,但有些物质既可以用于生产消费,也可以用于生活消费，实际归组时就要根据具体情况而定。再如将工业产品按用途分组、工业企业按行业或部门分组，不仅组数多，而且也不容易确定将总体单位归属到哪一个组。对于这些复杂的品质标志分组，要做专门的研究。

在实际统计工作中，常常需要对社会经济现象按照复杂的品质标志分组。这种复杂的品质标志分组也称分类，如国民经济行业分类、产品分类、人口职业分类等。它们不仅涉及复杂的分组技术，而且也涉及国家的政策和有关科学理论，因而在分组时要十分慎重。为了避免因认识不同而造成混乱，保证分组的统一性和可比性，国家统计部门印发了统一的分类目录，作为划分组别的统一标准。如《统计用产品分类目录》《国民经济行业分类》(GB/T 4754—2011)等。

2. 按数量标志分组

按数量标志分组是选择反映事物数量差异的数量标志作为分组依据，并在其变动范围内划定各组的界限，将总体分成性质不同的部分。例如，企业按固定资产价值分组、按职工人数分组、按生产能力分组，工人按技术等级分组，高考的学生按考试成绩分组等，都是按数量标志分组。按数量标志分组能够准确反映现象在数量上的差异，但按数量标志分组，其目的并不是单纯确定各组的数量差异，而是通过数量差异来区别各组的不同性质和类型。例如，人口按年龄分组，就可以通过人口年龄的数量差异来划分幼儿组、少年儿童组、青年组、中年组和老年组的差别。按数量标志分组也称编制变量数列，将在下节专门介绍。

（三）统计分组的种类

根据统计分组所选用的分组标志多少和各标志排列方式的不同，统计分组可以分为简单分组、复合分组和平行分组三种类型。

1. 简单分组

简单分组就是指按一个标志进行分组，只反映总体某一方面的数量状态和结构特征。如职工按性别分组、企业按经济类型分组、人口总体只按民族分组等，这些都是简单分组。

2. 复合分组

复合分组是指按两个或两个以上的标志对研究总体进行重叠式分组。复合分组能对总体做出更加全面和深入的分析，更能反映其内部类型和结构特征。比如，将全国某年在校大学生按文理科分组后，又将文理科两组大学生按性别进行分组，就是一种复合分组。但是，随着分组标志的增加，组数将成倍增加，因此也不宜采用过多的标志进行复合分组。究竟采用几个标志进行复合分组，要根据统计研究的目的和任务来决定。例如，表 3-3 就是对某高校教师情况的复合分组。

表 3-3 某高校教师队伍情况表

性别	助理教师	中级教师	副高级教师	正高级教师	合计
男	20	35	30	28	113
女	16	20	15	10	61
合计	36	55	45	38	174

3. 平行分组

平行分组是指选择两个或两个以上标志对研究总体进行并列式分组。例如，将工业企业按经济类型、企业规模和工业部门三个标志进行并列式分组，就是平行分组。这种分组可以从多方面说明总体的构成状况。但也需注意，所用的分组标志不能太多。如将表 3-3 中某高校的全体教师按性别分为男、女两组和按职称分为四组并列排列就是平行分组。

第三节 次数分布

一、次数分布的概念与构成要素

将总体按某一标志进行分组，并按一定顺序排列出每组的总体单位数，所得到的数列称为次数分布数列，又称为分配数列。分布在各组的单位数称为次数，又称为频数。各组次数与总次数之比，称作频率。可见，次数分布由两大要素构成：一是由分组标志分成的各个组；二是总体中各单位在各组间的分布，即次数。次数分布数列实质上是反映统计总体中所有单位在各组间的分布状态和分布特征的一个数列，因此也可以称次数分布数列为分布数列。

二、次数分布数列的分类

根据分组标志的性质不同，次数分布数列可以分为品质分布数列和变量分布数列两大类。

（一）品质分布数列

按品质标志分组形成的次数分布，称为品质分布数列。它用来观察总体单位中不同属性的单位分布情况。它有两个构成要素：一是以品质标志表现的各组的名称；二是各组的次数或频率。表 3-4 所示为 2010 年我国人口性别构成情况。

表 3-4　2010 年我国人口性别构成情况

人口按性别分组	人口数/万人	占总人口的比重/(%)
男性	68 688	51.27
女性	65 284	48.73
合计	133 972	100.00

资料来源:国家统计局网站。

对于品质分布数列,如果分组标志选择得当,则事物性质的差异就表现得比较明显,总体中各组如何划分较容易解决。因而,品质分布数列一般比较稳定,通常能准确反映总体的分布特征。

(二) 变量分布数列

按数量标志分组形成的分布数列称为变量分布数列,简称变量数列。变量数列是一种区别数量差异的分组数列。它反映了总体在一定时间上的量变状态或量变过程。但它往往也可以从量的差别中反映质的特点或质的差别。例如:将某公司所属的企业按某年利润规划完成程度分组,可以看出先进企业、一般企业和落后企业之间的质的差别;对某大学本科学生按某学科考试分数分组,可以反映优、良、中、及格、不及格的构成状况。

根据编制变量数列所用数量标志的取值特征不同,变量数列可分为连续型变量数列和离散型变量数列。例如:对人口总体按身高、体重、年龄等连续型变量分组所形成的数列就是连续型变量数列;对工业企业总体用职工人数、生产设备台数进行分组形成的数列即为离散型变量数列。

离散型变量数列可以是单项变量数列和组距变量数列,组距变量数列可分为等距变量数列和不等距变量数列。连续型变量都是组距变量数列,组距连续型变量数列可以分为等距连续型变量数列和不等距连续型变量数列,这样的分类可以用图 3-1 所示的框架图表示。

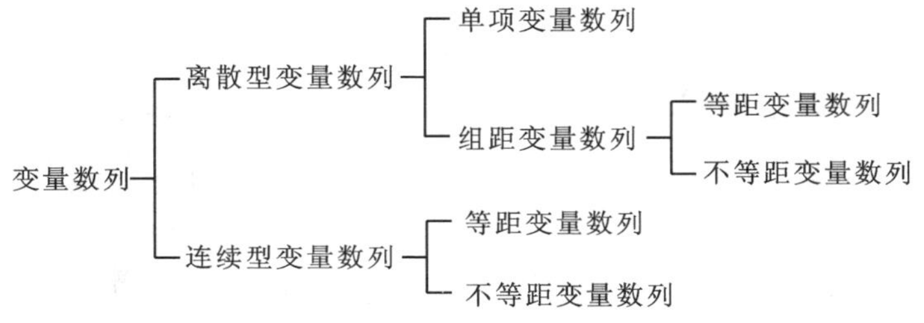

图 3-1　变量数列分类框架图

单项变量数列是指按数量标志分组时,每个组用单个的变量值来表示所形成的变量数列。例如，某市进行家庭人口数的抽样调查，抽到的100户家庭中家庭人口数最多的是5人，具体家庭人口数如表3-5所示。

表3-5　某市100户家庭按人口数多少分组表

家庭人口数/人	1	2	3	4	5	合计
家庭数/户	6	18	41	25	10	100

单项变量数列能准确反映出变量值在总体中的分布情况。但是，它只适合于总体中各单位标志值比较集中、变动范围不大的情形。若标志值的变动范围大，不同的变量值很多，采用这种数列形式，就会形成许多组，使数列显得十分烦琐，就难以反映出总体中变量值的分布特征和分布规律。当总体单位变量值变动范围较大时，编制组距变量数列较好。

组距变量数列是按数量标志分组后，用变量值变动的一定范围（即组距）代表一个组所形成的分布数列。如案例中的某班30名学生按考试成绩分组，即为组距变量数列，如表3-6所示。

表3-6　某班30名学生考试成绩分组表

按成绩分组/分	学生数/人	占总人数的比重/(%)
60以下	3	10
60～70	5	16.7
70～80	12	40
80～90	6	20
90以上	4	13.3
合计	30	100

组距变量数列根据每组的组距是否完全相等，又可分为等距变量数列和不等距变量数列。若组距变量数列中每组的组距完全相等即为等距变量数列，如表3-8所示；若每组的组距不完全相等就是不等距变量数列，如表3-6所示。

三、变量分布数列的编制

在编制变量分布数列时，是采用单项变量数列还是采用组距变量数列，需要根据统计调查数据的具体情况而定。

若统计数据是离散型变量，且变量值的变动幅度很小，项数也少，就可以编制成单项变量数列，如表3-5所示。

若统计数据是连续型变量或虽是离散型变量，但变量值的变动幅度很大，项数很多，分组时就要设立组距，编制组距变量数列。

（一）单项变量数列的编制

例 3-1　某生产车间 50 名工人日加工零件数(单位:个)如下:

117　122　124　129　139　107　117　130　122　125
108　131　125　117　122　133　126　122　118　108
110　118　123　126　133　134　127　123　118　112
112　134　127　123　119　113　120　123　127　135
137　114　120　128　124　115　139　128　124　121

试编制单项变量数列。

首先,将总体各单位变量值由小到大排列:

107　108　108　110　112　112　113　114　115　117
117　117　118　118　118　119　120　120　121　122
122　122　122　123　123　123　123　124　124　124
125　125　126　126　127　127　127　128　128　129
130　131　133　133　134　134　135　137　139　139

其次,以总体各单位变量值为各组变量值,以总体各单位变量值出现的次数为各组次数,编制单项变量数列,如表 3-7 所示。

表 3-7　某生产车间 50 名工人日加工零件数分组表

零件数/个	频数/人	零件数/个	频数/人	零件数/个	频数/人
107	1	119	1	128	2
108	2	120	2	129	1
110	1	121	1	130	1
112	2	122	4	131	1
113	1	123	4	133	2
114	1	124	3	134	2
115	1	125	2	135	1
117	3	126	2	137	1
118	3	127	3	139	2

通过所给资料我们编制了单项变量数列,但却很难看出 50 名工人日加工零件数的分布特点。因为该资料中,变量值不但多达 27 个,而且变量值 107～139 的变动范围也比较大,即使能一一列举,也不适宜编制单项变量数列。如果编制成组距变量数列,又会是什么结果呢?

（二）组距变量数列的编制

例 3-2　应用例 3-1 中的资料数据,试编制组距变量数列,并计算频数、频率。

第一步，计算全距。

将总体各单位变量值由小到大排列，找出最大变量值与最小变量值，二者之差就是全距。上例中全距＝139 个－107 个＝32 个，即表明 50 名工人日加工零件数的变动范围在 107～139 个之间。

第二步，确定组数和组距。

在组距变量数列中，各组的界限称为组限。组限分为上限和下限。下限是每组最小的变量值，上限是每组最大的变量值。每组上限与下限的距离称为组距。如果各组的组限都齐全，称为闭口组；如果组限不齐全，即最小组缺下限或最大组缺上限，称为开口组。

在同一变量数列中，组数与组距相互制约。组距大，组数就少；组距小，组数就多。组数与组距的确定，原则上讲，应力求通过分组后，将总体各单位的分布特征充分显示出来，既能反映客观事物的规律性，又能保持客观事物的真实性。但这两者又有一定的矛盾，这与确定的组数与组距有关。组距愈小，组数愈多，虽然客观事物的真实性较好，但不易显示事物的分布特征和数据内在的规律性；反之，组距愈大，组数愈少，客观事物的真实性就愈差，但可以较容易显示事物的分布特征和数据内在的规律性。在统计分组时，应认真分析在已确定的数量标志下总体有多少性质不同的部分，科学地处理好组数与组距的关系。总之，组数和组距的确定并没有一条绝对准确的原则，而应根据统计研究的目的，全面研究原始数据所反映的社会经济内容、变量值的分散程度以及总体单位数目的多少等方面的实际情况，决定组数和组距，决定采用等距还是不等距的形式，最小组和最大组是采用开口组还是闭口组表示。在开口组中，由于第一组只有上限而缺少下限，最后一组只有下限而缺少上限，此时组距不明确。一般情况下，当掌握的统计数据出现极大值或极小值时，往往在首末两组使用开口组。如果总体中变量值分布比较均匀，就采用等距分组，如收入水平分组、单位面积农产品产量分组等；但变量值分布不均匀，且变动幅度大或是为了特定的研究目的时，常常采用不等距分组，如人口的年龄分组常采用不等距分组形式。在不等距变量数列中，可以用次数密度来反映各组实际次数的分布情况，即

$$次数密度=\frac{次数}{组距}$$

一般来讲，组数确定为 5～7 为宜。

采用等距编制变量分布数列有利于进行统计计算和分析，一般多编制等距变量数列。若编制等距变量数列，组距＝全距÷组数。上例中，如先确定组数，那么组距＝全距÷组数＝32÷7＝5；如先确定组距，那么组数＝全距÷组距＝32÷5＝7。

第三步，确定组限和组限的表示方法。

当组数和组距确定后，还要确定组限和组限的表示方法。关于组限的表示方法，要视所研究的变量的性质而定，综合起来应考虑以下几点。

第一，最小组的下限（起点值）要小于或等于最小变量值，最大组的上限（终点值）要大于或等于最大变量值，但不能过于悬殊，这样才能保证每个单位有所归属。

第二，组限的确定应尽可能是引起事物质变的数量界限，有利于表现总体的分布特征。

第三，如果是连续型变量，划分组限时，相邻组的组限必须重叠。这种组限的表示法，在实际工作中，通常把达到每组上限的总体单位数归到下一组内。

如果是离散型变量，各组的上下限都可以用确定的数值（整数）表示，即相邻两组上下限衔接但不重叠。但在实际工作中，有时为了工作方便，确定离散型变量的组限时也按连续型变量的组限确定方法处理。如本例就是按这种方法处理离散型变量的，即相邻组的组限重叠。

组距式分组掩盖了各组变量值的分布情况，为了反映各组变量值的一般水平，通常用组中值作为各组的代表值。利用组中值的前提是：假定各组变量值的分布是均匀的或对称的。但在实际工作中大多数资料并非如此，因此，组中值作为各组的代表值只是一个近似值。

在闭口组中，每组下限与上限之间的中点数值称为组中值，即

$$\text{组中值}=\frac{\text{上限}+\text{下限}}{2}$$

在开口组中，假设开口组的组距按邻组组距来计算，即

$$\text{缺下限组的组中值}=\text{该组上限}-\frac{\text{邻组组距}}{2}$$

$$\text{缺上限组的组中值}=\text{该组下限}+\frac{\text{邻组组距}}{2}$$

第四步，计算各组频数、频率，编制变量数列。

频数表明各变量值在总体中出现的次数，频率表明各标志值出现的次数在总次数中所占的比重。组数、组距、组限都确定好了以后，将所有的变量值归类到各组，并按顺序排列，就编制成了组距变量数列。根据例 3-1 中的资料编制的组距变量数列如表 3-8 所示。

从组距变量数列中可以看出，50 名工人日加工零件数主要集中在 115～130 个，占 64％。低于这一水平的有 8 人，占 16％，高于这一水平的有 10 人，占 20％。50 名工人日加工零件数的分布呈“两头小，中间大”的形状。

在某一变量数列中变量值构成的数列表示变量值的变动幅度，而频数构成的数列则表示相应变量值的作用程度。频数愈大，相应组的变量值对全体标志水平所起的作用也愈大；反之，则相应组的变量值所起的作用愈小。因此，在整理和分

表 3-8　某生产车间 50 名工人日加工零件数分组表

按零件数分组/个	频数/人	频率/(%)
105～110	3	6
110～115	5	10
115～120	8	16
120～125	14	28
125～130	10	20
130～135	6	12
135～140	4	8
合计	50	100

析的时候，不但要注意各组变量值的变动范围，而且也要注意各组变量值的作用大小，即频数的大小。将各组单位数和总体单位数相比，既可以表明各组变量值出现的频率的大小，也可以表明各组变量值对总体的相对作用程度。

第四节　统计整理数据的显示

统计数据经过前面的系统加工和整理，最后以指标及指标体系出现，那么如何显示和表现这些整理好的数据，揭示总体的分布特征和数据的内在规律呢？统计图示法和统计表示法是两种主要的方法。

按顺序列出各组变量值的范围（或以各组组中值来代表）和相应的频率形成的次数分布，又称统计分布。统计分布是统计描述的一种重要方法，任何一个统计分布都必须满足：各组的频率大于 0，各组的频率总和等于 1（或 100%）。

一、图示法

图示法就是用统计图形来表示次数分布。图示法给人们以清晰、直观的印象，很容易看出总体的分布特征。图示法可以表明总体的规模、水平、结构、对比关系、依存关系、发展趋势和分布状况，有利于进行统计分析和研究。统计图形的种类很多，如直方图、折线图、累计次数分布图、洛伦茨曲线图、饼形图、环形图、圆形图、雷达图、鱼刺图、统计地图、形象图等。这里仅介绍常用的前四种图形。

（一）直方图

直方图是用矩形的宽度和高度（即面积）来表示次数分布的图形。

在等距变量分布数列的条件下，在平面直角坐标系中，用横轴表示分组数据，纵轴表示频数或频率，这样各组与相应的频数就形成了矩形，即直方图。根据表3-8的资料，可以绘制直方图，如图3-2所示。

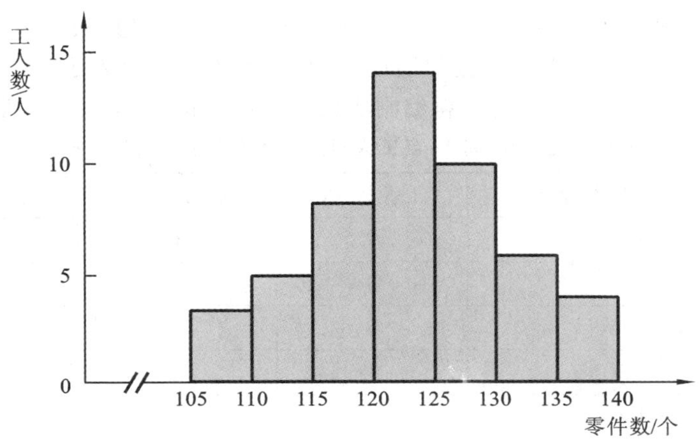

图3-2　某生产车间50名工人日加工零件数直方图

从图3-2可以直观地看出50名工人日加工零件数的分布呈“两头小，中间大”的形状，大部分工人的日加工零件数主要集中在115～130个，占64%。

（二）折线图

在直方图的基础上，将各条形顶端中点用线连接形成的一条曲线，称为折线图。折线图和直方图一样，也可以反映总体的次数分布情况。

根据表3-8的资料，可以绘制次数分布折线图，如图3-3所示。

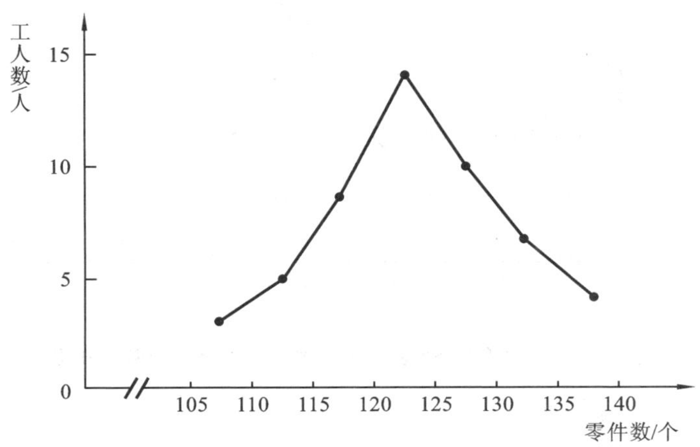

图3-3　某生产车间50名工人日加工零件数分布折线图

（三）累计次数分布图

累计次数分布图是根据累计次数分布数列表绘制的图形。累计次数的计算方法有两种:较小制累计次数和较大制累计次数。较小制累计次数表是从最小的一组的次数起逐项累计,每组累计次数表明小于该组上限的次数共有多少;较大制累计次数表是从最大的一组的次数起逐项累计,每组累计次数表示大于该组下限的次数共有多少。如将表 3-8 的资料编制成累计次数分布表,如表 3-9 所示。

表 3-9　某生产车间 50 名工人日加工零件数累计次数分布表

按零件数分组/(个/人)	工人数/人	较小制累计	较大制累计
105～110	3	3	50
110～115	5	8	47
115～120	8	16	42
120～125	14	30	34
125～130	10	40	20
130～135	6	46	10
135～140	4	50	4
合计	50	—	—

依据表的累计次数分布资料可以绘制累计次数分布图,如图 3-4 所示。

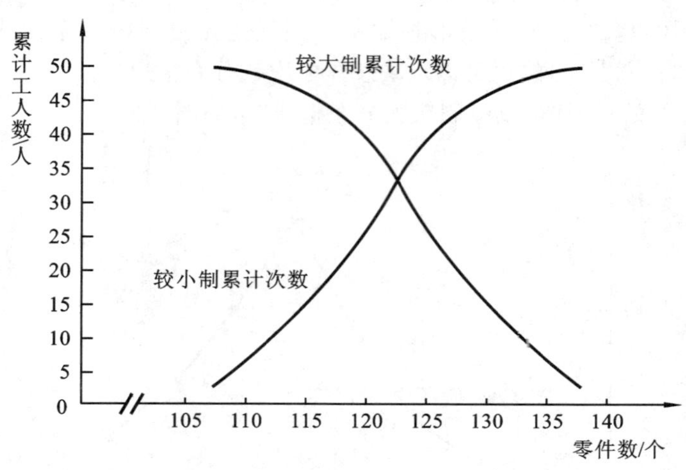

图 3-4　某生产车间 50 名工人日加工零件累计次数分布图

（四）洛伦茨曲线图

为了研究国民财富、国民收入、土地和工资收入在国民之间的分配是否公平,美国统计学家洛伦茨(M. O. Lorenz)提出把累计次数(或累计频率)分布曲线图和国民之间的分配收入联系起来,显示不同国民收入的差别程度,这种累计曲线又称为洛伦茨曲线图。其绘制方法如下。

用横轴 OH 表示居民人口(按收入由低到高分组)的累计百分比,用纵轴 OM 表示居民收入累计百分比。假如收入绝对平等,人口累计百分比等于收入累计百分比,洛伦茨曲线图为对角线 OL。当收入绝对不平等时,1%的人口占有100%的收入,洛伦茨曲线图为折线 OHL。实际上,每个国家不同地区、不同阶层的收入分配曲线都介于 OL 和 OHL 之间,为一条上凹形曲线,如图 3-5 所示。

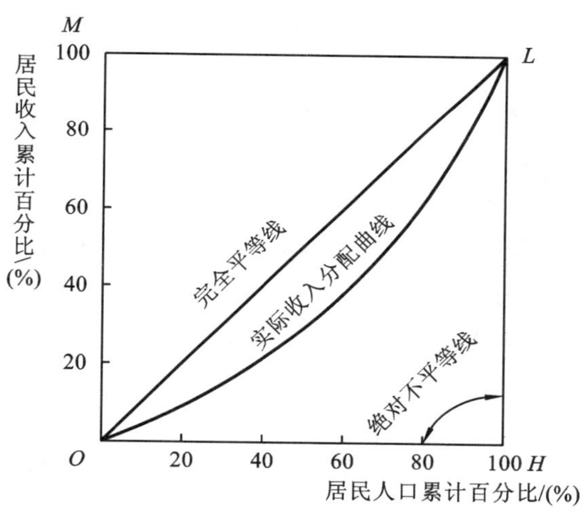

图 3-5　洛伦茨曲线示意图

可见,洛伦茨曲线图可以显示不同居民收入分配的差别程度,而且易于测量和比较,可以作为观察收入分配平等度的一种方法。图 3-5 显示:实际收入分配曲线越靠近 OL(完全平等线),收入分配差距就越小;实际收入分配曲线越靠近 OHL(绝对不平等线),收入分配的差距就越大。实际收入分配曲线与完全平等线所包围的面积除以实际收入分配曲线与绝对不平等线所包围的面积,称为基尼系数。换言之,基尼系数值越小,则收入分配越平等;反之,基尼系数值越大,则收入分配越不平等。

(五) 次数分布的主要类型

在社会经济统计中,不同性质的社会经济现象有着不同的分布特征。常见的次数分布主要有三种:钟形分布、U 形分布和 J 形分布。

1. 钟形分布

钟形分布的特征是“两头小,中间大”,即较大变量值和较小变量值分布的次数较少,靠近中间的变量值分布的次数较多。依据此变量分布数列绘制的曲线图,宛如一口古钟,如图 3-6 所示。

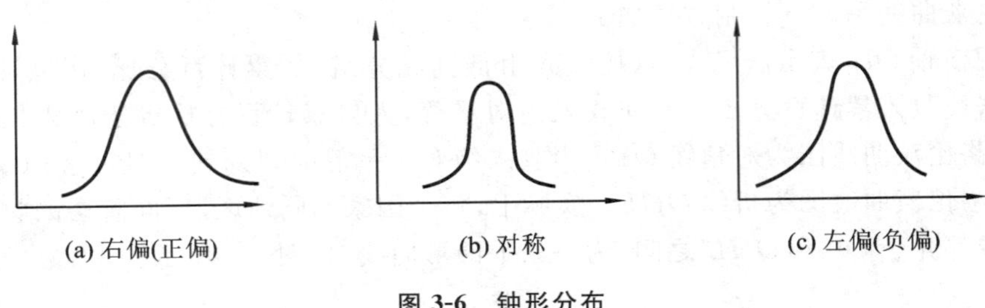

图 3-6 钟形分布

钟形分布的种类很多,其中具有重要意义的正态分布如图 3-6(b)所示。

在自然界和社会现象中,有许多统计分布是属于正态分布的。正态分布的特征是:中间变量值分布的次数最多,两侧变量值分布的次数则随着与中间变量值距离的增大而逐渐减少,因而形成中间隆起、左右两侧对称徐徐下降的完全对称分布,故又称为对称钟形分布。例如人的体重、身高,单位土地面积的农产品产量等,这类分布以变量的平均值为中心,沿着对称轴向两边发展,愈接近中心,分配的频率愈高,愈远离中心,分配的频率愈低,形成"两头小,中间大"的分布曲线。正态分布是描述统计分布中的一种主要分布,它在社会经济统计分析中具有重要的意义。

在非对称分布中,有着不同方向的偏态。若较大变量值一侧的分布次数明显多于较小变量值的分布次数,则为右偏,如图 3-6(a)所示;反之,若较小变量值一侧的分布次数明显多于较大变量值的分布次数,则为左偏,如图 3-6(c)所示。

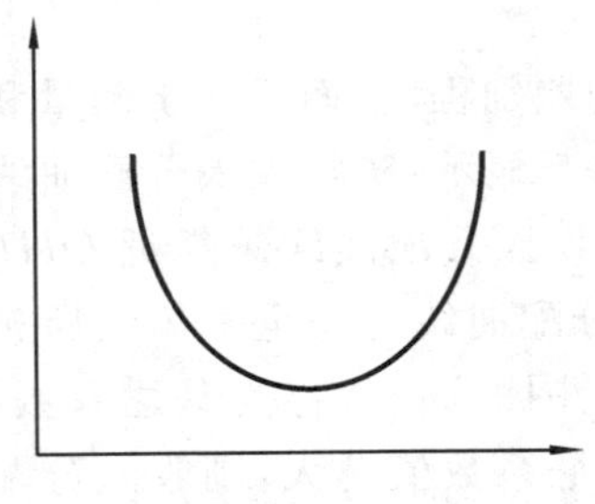

图 3-7 U 形分布

2. U 形分布

U 形分布的特征与钟形分布正相反,靠近中间的变量值分布次数少,靠近较大和较小的两端变量值分布次数多,形成"中间小,两头大"的分布。这种分布绘制成曲线图类似英文字母"U",如图 3-7 所示。

社会经济统计中有很多社会经济现象的总体分布近似于 U 形分布。如人口按年龄分组的死亡率,按年龄分布如下:0～4 岁,特别是未满 1 岁的婴儿,死亡率最高,从 5 岁起死亡率逐渐下降,至 10～14 岁时,达到最低水平,从 15 岁起又缓慢上升,50 岁以后上升显著增快,到 60 岁以后又达到最高水平。

3. J 形分布

J 形分布有两种类型:正 J 形分布和反 J 形分布。正 J 形分布,即从左端的低点开始,随着变量值的增大,分布次数也随之按某种规律增多,若依此变量分布数列绘制曲线图，形如英文字母“J”，故称正J形分布，如图3-8(a)所示。例如，投资按利润率大小分布，老年人口组按年龄分组的死亡率等均呈正J形分布。

从左端的高点开始，随着变量值的增大，分布次数也随之按某种规律减少，若依此变量分布数列绘制曲线图，形如反写的英文字母“J”，故称反J形分布，如图3-8(b)所示。例如，随着产品产量的增加产品单位成本下降，婴幼儿组按年龄分组的死亡率等均呈反J形分布。

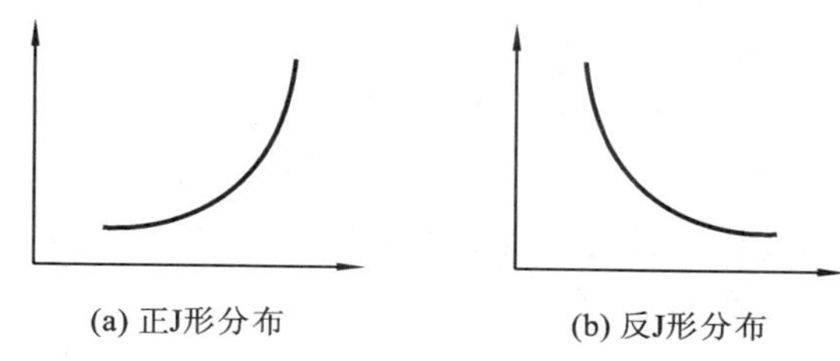

(a) 正J形分布　　(b) 反J形分布

图3-8　J形分布

二、统计表

（一）统计表的概念

统计调查所得来的原始资料，经过汇总整理，得到说明社会现象及其发展过程的数据，将这些数据按一定的逻辑顺序排列在表格里，就形成了统计表。

从广义上看，任何用以反映统计资料的表格都是统计表，包括统计工作各个阶段中所用的调查表、汇总表、统计分析表、原始记录等。本节将侧重讨论统计数据整理结果所用的统计表。统计表能使大量数字系统化、条理化，简明易懂，一目了然，便于分析现象的规模、速度和比例关系。统计表是表现统计资料的最常用的形式，也是统计分析的重要工具。

（二）统计表的构成

统计表的构成，可以从表式和内容两个方面来认识，如表3-10所示。

表3-10　2008—2011年私营工业企业主要指标 ←总标题

年份	企业单位数/个	工业总产值/亿元 ←纵列标题
2008	245 850	136 340.33
2009	256 031	162 026.12
2010	274 259	213 338.57
2011	180 612	252 325.74

横行标题→（年份各行）；指标数值（工业总产值各值）

主词栏（年份、企业单位数列）　　宾词栏（工业总产值列）

资料来源：国家统计局网站。

1. 从表式上看

从统计表的形式上看,统计表是由总标题、横行标题、纵列标题、指标数值等四个部分构成的。

(1) 总标题:统计表的名称,它放在统计表格的正上方,用以概括统计表中全部统计资料的内容,并指明时间和范围。

(2) 横行标题:或称横标题,是横行的名称,一般放在表格的左方,在统计表中通常用来表示各组的名称,它代表统计表所要说明的对象。

(3) 纵列标题:或称纵标题,是纵列的名称,一般放在表格的上方,在统计表中通常用来表示统计指标的名称。

(4) 指标数值:列在横行标题与各纵列标题的交叉处,说明总体数量特征的各项指标数值,它是统计表的核心部分。

(5) 计量单位。

2. 从内容上看

从统计表的内容上看,统计表由主词栏和宾词栏两个部分组成。

(1) 主词栏:或称主题栏,是指统计表所要说明的总体,它可以是各总体单位的名称或者是总体的各个分组,一般都列在表的左半部分。

(2) 宾词栏:或称叙述栏,是指统计表所要说明的总体数量特征的各个统计指标及其数值,一般都列在统计表的右半部分。

通常统计表的主词栏排列在横行标题的位置,宾词栏中指标的名称排列在纵列标题的位置,但有时为了编排合理和阅读方便,也可以互换位置,如表 3-10 所示。

(三) 统计表的分类

1. 按主词进行分类

统计表根据主词是否分组及其如何分组,可分为简单表、分组表和复合表。

(1) 简单表。简单表是指表的主词未经任何分组的统计表,仅按总体各单位的名称或按时间顺序排列形成的统计表,如表 3-11 所示。

表 3-11 2011 年直辖市国内生产总值统计表

地区	北京	天津	上海	重庆
国内生产总值/亿元	16 251.93	11 307.28	19 195.69	10 011.37

资料来源:国家统计局网站。

(2) 分组表。分组表是指表的主词按一个标志分组形成的统计表。利用分组来区分事物的不同类型,研究总体的内部结构,分析现象之间的依存关系。对案例中的资料,按性别这一分组标志进行分组,得到简单分组表,如表 3-12 所示。

表 3-12　某班级 30 名学生性别构成表

按性别分组	学生人数/人	频率/(%)
男	16	53.3
女	14	46.7
合计	30	100

(3) 复合表。复合表是指主词按两个或两个以上标志分组形成的统计表。在一定分析任务要求下,复合表可以把更多的标志结合起来,更深入地分析社会经济现象的特征和规律,如表 3-13 所示。

表 3-13　全国人口普查资料表

单位:万人

总人口数		第四次	第五次	第六次
		113 368	126 583	133 972
按性别分	男	58 495	65 355	68 685
	女	54 873	61 228	65 287
按民族分	汉族	104 248	115 940	122 593
	少数民族	9120	10 643	11 379

资料来源:国家统计局网站。

2. 按统计数列的性质进行分类

统计表根据统计数列的性质的不同,可分为空间数列表、时间数列表、时空数列表。

(1) 空间数列表。空间数列表是指反映同一时间不同空间范围内社会经济总体内部情况的统计表,如表 3-11 所示。

(2) 时间数列表。时间数列表是指反映同一空间不同时间社会经济总体变动情况的统计表,如表 3-14 所示。

表 3-14　湖北省国内生产总值统计表

年份	2007	2008	2009	2010	2011
国内生产总值/亿元	9333.40	11 328.89	12 961.10	15 967.61	19 632.26

资料来源:国家统计局网站。

(3) 时空数列表。时空数列表是指反映不同时间、不同空间范围内社会经济现象变动情况的统计表。它既说明现象总体在不同空间内的数量分布情况,也表明现象在不同时间上的数量变动状况,如表 3-15 所示。

表 3-15　直辖市国内生产总值统计表

地区	国内生产总值/亿元			
	2008 年	2009 年	2010 年	2011 年
北京	11 115.00	12 153.03	14 113.58	16 251.93
天津	6719.01	7521.85	9224.46	11 307.28
上海	14 069.86	15 046.45	17 165.98	19 195.69
重庆	5793.66	6530.01	7925.58	10 011.37

资料来源：国家统计局网站。

思考与练习

一、思考题

1. 简述统计数据整理的意义。

2. 什么是统计分组？简述统计分组的基本原则和作用。

3. 什么是分组标志？如何选择分组标志？

4. 次数分布数列由哪几个要素构成？举例说明次数分布数列的种类。

5. 统计表由哪几个主要部分组成？统计表有哪些种类？

6. 某管理局对其所属企业按生产计划完成程度进行以下四种分类：

第一种	第二种	第三种	第四种
80%～89%	80%以下	90%以下	85%以下
90%～99%	80.1%～90%	90%～100%	85%～95%
100%～109%	90.1%～100%	100%～110%	95%～105%
110%以上	100.1%～110%	110%以上	105%～115%

请指出上述四种分组中哪几组是错误的？为什么？

二、练习题

2011 年某市外商直接投资签约批准项目如下表所示。

项目代号	合作形式	投资金额/万美元	项目代号	合作形式	投资金额/万美元
01	独资	500	06	独资	80
02	合作	200	07	合资	2000
03	独资	300	08	独资	800
04	合资	1000	09	独资	1200
05	独资	699	10	合作	60

续表

项目代号	合作形式	投资金额/万美元	项目代号	合作形式	投资金额/万美元
11	合资	300	21	独资	145
12	独资	1200	22	合资	350
13	独资	600	23	合资	400
14	合作	80	24	独资	260
15	合资	200	25	合资	180
16	独资	100	26	合资	800
17	合资	420	27	合作	90
18	合作	86	28	独资	145
19	独资	700	29	合作	120
20	合资	260	30	独资	330

根据以上原始统计资料回答下列问题。

1. 分别按投资金额(对投资金额不等距分为 5 组)和合作形式进行简单分组，编制简单分组表。

2. 根据投资金额分组表绘制直方图、折线图，描述总体的分布特征。

3. 根据投资金额的简单分组，计算频率、累计频数、累计频率，并绘制累计次数(或频数)分布图。

4. 按投资金额(对投资金额不等距分为 5 组)和合作形式两种标志进行复合分组，用统计表反映项目的分布和投资的结构状况。

第四章　统计数据的描述与分析

【案例】

我国面临严重的资源形势

我国人口众多，底子薄，工业不发达，科技教育、医疗卫生落后；东西部和南北方差距大，地区差异大；自然资源总量大，人均占有量少，资源分布不平衡，开发利用不合理。因此，我国面临严重的资源形势。

一、2000 年全国人口普查，我国总人口（不包含香港、澳门和台湾）为 12.6583 亿。由于人口基数大，尽管实行计划生育政策，每年净增人口仍达 1000 万左右，这样的人口趋势还将持续一个相当长的时期。同时，我国人口分布还极不平衡，城市化水平低，老龄化发展速度很快。

二、我国可耕地面积只占全国土地面积的 10%，人均大约 1.4 亩，而世界人均 5.5 亩。我国只是世界人均的 25%。与我国相比较，印度也是人口众多的发展中国家，国土面积 300 万平方公里，不到中国的 1/3，但可耕地面积占 57%，约 25.43 亿亩，高于中国的耕地总面积，每人平均耕地是中国的 2.5 倍。我国人均耕地资源少，住房、坟地占用耕地，致使耕地面积减少。

三、我国现有森林面积约为 17.25 亿亩，只占世界总耕地面积的 2.8%，森林覆盖率也只占有 12%，而全世界平均约为 27%。我国按人均每人只占有森林面积约 1.7 亩，而全世界人均占有面积 12 亩，我国仅为世界人均占有面积的 1/7。

四、我国是一个草原面积较大的国家，现在全国现有草原面积 5 万亿亩，占国土总面积的 34.7%，人均面积居世界人均草原面积的 1/2 不到。

五、从工业开发角度看，我国大部分矿产资源分布在山地高原和荒漠集中的西部，交通不便，人口稀少，开发难度较大。从农业开发角度看，我国东部降水量较多，气候条件很好，人口、耕地、林地均占全国 90% 以上，农业总产值占 95%，但水资源分布不均衡，与耕地资源“搭配”得不理想。长江以北耕地占全国 60%，人口占 46%，但河川径流量只占全国的 17%，地下水资源严重缺乏，地多水少，其中粮食增产潜力最大的淮海地区耕地占全国的 41.8%，水量却不到 5.7%；长江以南水资源占全国的80%，而耕地只占36%，地少水多。从时间上看，全国60%的雨水集中在夏秋季的三四个月，很容易导致严重的水土流失和洪涝灾害。

我国目前拥有的人力、土地、森林、草原、工业生产、农业生产等多种资源，与我国实现全面小康的战略目标相比，相差甚远。上述分析中的各种数据充分有力地说明，我国面临着严重的资源形势。

根据以上案例资料回答下列问题：

(1) 以上案例中的统计数据是一些什么性质的统计指标？

(2) 这些统计数据是怎么计算的，它们有什么作用？

本章将讨论统计数据描述与分析方法，包括总量指标、相对指标、平均指标、标志变异指标的计算和分析方法。

在对大量社会经济现象的数据进行整理后，就要对这些数据运用综合指标进行描述与分析。

综合指标是反映社会经济现象的规模、数量、对比关系与比率和一般水平的综合性指标，它是统计分析中最常用的分析指标。综合指标按其反映社会经济现象总体数量特征的不同，分为总量指标、相对指标和平均指标、标志变异指标等。

第一节　总量指标

一、总量指标的概念与作用

总量指标是指在一定时间和空间范围内社会经济现象总体所达到的总的规模和水平的统计指标。总量指标通常是把总体中的各总体单位相加或单一总体单位的标志值累计而得到的，大多数为统计整理的直接成果，一般用绝对数形式表示，因此，也称为统计绝对数。如一个国家或一个地区在某一时间上的人口总数、耕地面积、粮食产量、工农业总产值、国民收入等，这些都是总量指标。

总量指标是认识社会经济现象总体数量特征的基础指标，是经济分析和管理的依据，是计算相对指标和平均指标的基础。

首先，总量指标是认识社会经济现象总体特征的起点。

社会经济现象总体的基本情况与特征总是首先表现为一定的总量，即总的规模、总的水平。一个国家的国情国力，一个地区或一个企业的人力、科技实力、财力、物力的基本状况，往往总是以总量指标显示出来。我们对之认识，就必须从这些总量指标开始。如我国2011年国内生产总值为471 564亿元，全年粮食产量

57 121万吨，年末国家外汇储备 31 811 亿美元，全年公共财政收入 103 740 亿元，年末全国就业人员 76 420 万人，全年全社会固定资产投资 311 022 亿元，全年社会消费品零售总额 183 919 亿元，全年货物进出口总额 36 421 亿美元，年末全国大陆总人口 134 735 万人。这些数据说明了我国国民经济的总体规模和水平。对这些数据进行盘点，就会对我国的经济形势和发展变动有一个基本的认识，并可在此基础上进一步分析和展望我国国民经济发展的前景。

其次，总量指标是制定政策、编制计划、实行管理的依据。

无论宏观调控还是微观管理，一切都必须从实际出发，首先了解和把握客观实际情况，在此基础上才能制定出合理、科学的政策与计划，与时俱进地推进经济与社会的发展。而总量指标是最具体、最实际的客观数量的反映，从各种经济和社会条件到现有生产力、生产水平都是制定政策和计划必须认识清楚的首要内容。只有认识和掌握了这些总量指标，从国家的宏观调控到企业的微观管理，我们才有了真实可靠的依据。

再次，总量指标是计算相对指标和平均指标的基础。

为了深度开发统计数据的功能，我们必须计算相对指标和平均指标及其他指标。而反映现象相互联系程度的相对指标和反映总体一般水平的平均指标大都是由两个总量指标相对比而来的，是在总量指标的基础上派生出来的。总量指标的概念是否科学、计算是否正确，直接关系到相对指标和平均指标的计算是否准确与质量的优劣。

二、总量指标的种类

（一）按其反映的内容分类

按其反映的内容不同，总量指标可分为总体单位总量和总体标志总量。总体单位总量即总体单位数，即一个总体中所拥有的全部总体单位，它由每一个总体单位加总而得到。总体标志总量即总体各单位在某一数量标志上的标志值的总和。例如，研究全国工业企业的生产情况，“全国工业企业总数”为总体单位总量，“全国工业企业总产值”为总体标志总量。又如，研究某地区工业企业职工工资情况，全地区“职工人数”为总体单位总量，全地区工业企业“职工工资总额”为总体标志总量。

一个总量指标是总体单位总量还是总体标志总量，不是永远固定不变的，它是随着研究目的和研究对象的不同而发生变化的。例如：研究全国工业企业生产情况时，全国工业企业为总体，每个工业企业为总体单位，“全国工业企业职工人数”为各个工业企业职工人数之和，为总体标志总量；而当研究全国工业企业职工工资情况时，全国工业企业职工为总体，每一个职工为总体单位，此时“全国工业企业职工人数”就成了总体单位总量。由于研究目的不同，总体单位总量与总体标志总量既有联系，又有区别。分清它们的区别与联系，对于我们正确计算和运用总量指标、相对指标、平均指标具有重要意义。

（二）按反映现象的时间状况分类

按反映现象的时间状况分类，总量指标可分为时期指标和时点指标。

1. 时期指标

反映总体在某一段时间内发展过程中的总数量的总量指标称为时期指标。它反映的是一段时间内连续发生变化的过程的结果，如一年内的国内生产总值、工资总额、产品产量、商品销售额等都是时期指标。时期指标具有以下特点。

(1) 时期指标可以累计相加。连续的、各个不同时期的总量指标相加，会得到一个新的更长时期的累计总量，表现出现象在较长时期总的发展水平，这一结果仍然是总量指标。如一个商店一年中 12 个月的销售额加总就会得到全年的总销售额。

(2) 时期指标数值的大小与时期长短有直接关系。一般情况下，时期指标所包含的时间越长，指标数值就越大；时期越短，时期指标数值就越小。通常，一个商场一个月的销售额比该商场一个季度的销售额少。

(3) 时期指标数值是连续登记累加的结果。一个月的销售额是每天的销售额累计而成的，一年的销售额是每月的销售额累计而成的。

2. 时点指标

反映总体在某一时点(某一时刻或某一瞬间)的数量状况的总量指标称为时点指标。例如，某一时点上的人口总数、商品库存额、银行储蓄存款余额、土地面积等。时点指标有如下特点。

(1) 时点指标不能累计相加，即使相加，其结果也不具有实际意义。如人口数，每时每刻由于生老病死都在发生变化，某一时点上(如年末)的人口数只是反映在该时点上人口数量的水平。如果把不同时点上的人口数相加，不仅脱离实际，其结果也是毫无意义的。若把 2012 年与 2013 年某地区的年末人口数相加，其结果究竟说明什么问题呢？有什么意义吗？

(2) 时点指标数值的大小与其时点间隔的长短没有直接关系。时点指标的数值是某一时点或时刻或一瞬间发生的，时点间的时间间隔长短对其没有任何作用，不会影响时点指标数值的大小变化。如：某商店今年年初库存额为 100 万元，今年年末库存额只有 90 万元；某企业年初职工人数为 2000 人，年末职工人数为 1800 人。

(3) 时点指标数值是间断计数，通过一次性调查而取得的。不可能对每一个时点上的数值表现连续登记,而只能隔一段时间登记一次。

三、总量指标的计量单位

总量指标反映总体在一定时间、空间条件下的总的规模和水平,都具有一定的经济和社会内容及其计量单位。总量指标的计量单位包括实物单位、价值单位和劳动量单位。

(一) 实物单位

实物单位是反映总体的使用价值总量的计量单位,它根据经济社会现象的自然属性和特点采用自然物理计量单位,有自然单位、度量衡单位、双重单位、复合单位和标准实物单位等。

(1) 自然单位。自然单位是根据现象的自然状态来度量的,如人口以“人”、汽车以“辆”、电视机以“台”、房子以“幢”为单位。

(2) 度量衡单位。度量衡单位是以长度、面积、重量等度量衡制度规定的单位来计量的。例如,钢铁产量以“万吨”、粮食产量以“千克”、耕地面积按“公顷”、公路长度用“千米”计量。

(3) 双重单位。双重单位是同时以两个单位分别反映事物的现实规模和水平。如轮船按“马力/艘”计量。

(4) 复合单位。复合单位是把两种计量单位有机结合在一起表示事物的数量。如发电量用“千瓦时”、运送旅客量用“人次”表示等。

(5) 标准实物单位。标准实物量是按照统一计算的标准度量被研究数量的一种计量单位。在利用实物单位计算产品产量时,对于同一类产品,由于品种、规格、效能或化学成分不同,其使用价值就不同,因而产品的混合量往往不能准确客观地反映生产成果。如两种煤,发热值一种为每千克 5000 大卡,一种为每千克 8000 大卡,两种煤加起来为 2 千克,但其发热值不同,混在一起计量显然是不准确不客观的。如果我们按标准实物量折算,每千克标准煤的发热值为 7000 大卡,这 2 千克不同发热值的煤,其实只相当于 1.86 千克标准煤。这样计算就比较准确客观了。因此,我们制定出统一的标准实物量的折算标准,计算实物量就客观准确了。如氮肥中的硫酸氢铵、碳酸氢铵,其中的含氮量不同,如果把它们其中的含氮量均折换成 100%的氮肥来计算其总量,就做到准确和客观了。拖拉机有多种,其工作能力有很大不同,我们将其以 15 匹牵引马力为一个标准台,这样就可以统计所生产的全部各种不同工作能力的拖拉机了。

按实物单位计量实物量指标,可以直接反映产品的使用价值或现象的具体内容,反映各种商品的流通量和物质的消费量,因而能够具体表明事物的规模和水平。按实物单位计算的实物量指标,是掌握国民经济基本情况、制定政策、进行国民经济综合平衡分析及编制国民经济计划的基本依据。实物量指标还是计算价值指标的基础。但实物量单位不能综合不同使用价值的数量，这主要是由于不同产品的使用价值和计量单位各不相同，内容性质也各不相同，因此，不同产品的实物量不能直接相加。这就使反映现象的总体规模和水平的实物量指标的应用受到限制。如全国所有工业品的产量、所有不同商品的销售量，显然无法用同一个实物量指标来计量。

（二）价值单位

价值单位是以货币来度量社会财富或劳动成果的一种计量单位。如国民生产总值、国内生产总值、产品销售总额、利润总额、成本总额、工资总额等，都是以货币计量的。由于不同现象总体的价值量不存在质的差异，只存在数量多少的区别，因此，价值指标具有广泛的综合性，它能把不能直接相加的不同使用价值的量过渡到能够直接相加的量，用以综合说明具有不同使用价值的产品总量或商品销售量等的总规模或总水平。价值指标广泛运用于统计研究和经营管理中，但正因为价值指标具有较强的综合性，因此，它又掩盖了具体的物质内容，比较抽象。所以在实际工作中，应把实物指标和价值指标结合起来使用，以便全面认识客观事物。

（三）劳动量单位

劳动量单位是以劳动时间为单位计量产品产量或完成的工作量的计量单位。通常用工日或工时表示；如果劳动者与机器设备结合进行生产劳动，则以台时、台班表示。如全年某劳动者完成劳动工日 260 个，完成劳动工时 2080 个；又如某劳动者用车床加工产品共完成 50 个台班或 400 个台时。劳动量单位也具有综合性，它可以把不同种类、不同规格的产品产量或作业量以劳动时间的形式进行加总。劳动量单位在生产企业中应用普遍，主要用于编制和检查企业的生产作业计划和核定劳动者的工作成果。

第二节　相对指标

一、相对指标的概念与作用

总量指标为认识社会经济现象总体提供了最基本和最基础的统计数据，但它不能说明事物之间的相互联系，也不能说明事物发展变化的态势与结果。要想充分认识社会经济现象，从社会经济现象的相互联系和发展变化等各个方面进一步研究现象的现状、性质、特征及规律性，使从总量指标的感性认识上升到理性认识，对客观现象总体做出全面的分析判断和评价，就要研究新的指标。而要反映社会经济现象的相互联系，首先要研究的就是相对指标。

相对指标就是两个有联系的反映社会经济现象的统计指标的数据相互对比而得到的一种比值，用以反映社会经济现象间的数量对比关系和联系的密切程度。

相对指标的一般计算形式为

$$相对指标=比较数/基数$$

相对指标在统计研究中具有重要作用。

第一，相对指标可以反映社会经济现象发生发展变化的程度、事物之间的关联程度或差别程度，以及强度、密度和普遍程度、社会效益和经济效益等。如：规划完成相对数可以反映规划完成程度；不同时间的同类指标对比，可以反映现象的发展程度；同时不同空间的同类指标对比，可以反映同性质现象间的发展差异。

第二，相对指标是经济管理、指标考核和经济活动分析的工具。如劳动生产率、资金利润率、产值资金率、成本利润率、万元产值能耗、人口出生率、人口死亡率、社会人口就业率，等等，都是常见的一些分析考核指标。

第三，相对指标通过不同指标数值的对比，将现象总体上的差异抽象化，使那些条件不同、规模不同的不能直接对比的现象找到了比较的基础。不同的企业，由于行业不同，生产和销售产品不同，其生产经营质量与效益无法直接对比。如果计算它们各自的人均产值、生产中的规划完成程度、成本利涯率、资金利润率等指标，就可以直接比较了。

二、相对指标的表现形式

（一）无名数

相对数的分子分母的数值对比时，其计量单位相同，计算结果无计量单位了，用无名数表示。常见的无名数有系数、倍数、成数、百分数、千分数及翻番等。

1．系数和倍数

系数和倍数是将对比的基数抽象为1计算出来的相对数。当两个指标数值对比时，其分子分母差别不大，就用系数示之；如果差别很大，就用倍数示之。

如生产同种产品的甲、乙两企业的单位成本分别为12元/件和10元/件，则两企业的同种产品的单位成本系数为12/10＝1.2。

如某地区工业产品万元产值能耗为4吨标准煤/万元产值，另一地区工业产品万元产值能耗为1吨标准煤/万元产值，前地区为后地区的4倍（即$\frac{4\text{吨标准煤/万元产值}}{1\text{吨标准煤/万元产值}}$）。

2．成数

成数是将对比基数抽象为10计算出来的相对指标。如某地区小麦产量增产1成，即增产1/10。

3. 百分数和千分数

百分数是将对比基数抽象为100计算出来的相对数，用符号“%”表示，它是相对数中最常见的形式。千分数是将对比基数抽象为1000而计算出来的相对数，用符号“‰”表示。分子分母相差不大时，采用百分数；分子分母差别很大时，则用千分数形式；分子分母差别特别大时，还可采用万分数形式。如规划完成相对数、结构相对数多采用百分数形式，而人口出生率、人口死亡率则多用千分数形式表示。

在这里还要谈到一个“百分点”的概念。百分点相当于百分数的单位，一个百分点，就是1%。百分点多用来比较两个百分点的多少。

本期实际单位成本降低了10%，本期规划单位成本降低8%，实际单位成本比规划单位成本多降低了10%－8%＝2%，即多降低了2个百分点。

4. 翻番

翻番表示基期数值按几何数量成倍增长，它是发展速度的一种特殊表现形式。翻一番就是在基数的基础上增加一倍，翻两番就是在前面基数增加一倍的基础上再增加一倍。

我国1981—2000年经济战略发展目标就是要在1980年的基础上把国民生产总值翻两番，即到2000年时，国民生产总值为1980年的400%。

(二) 有名数

相对指标在计算中，如果分子分母的两个指标的计量单位不同，就需要将分子分母的计量单位结合起来使用，作为该相对指标的计量单位。如“人/平方千米”、“商业网点/万人”及“床位/万人”，分别说明人口密度、商业网点密度及医院病人床位强度。

三、相对指标的种类及计算方法

相对指标按其构成和说明问题的不同及计算方法的特点，基本上可以分为6种：规划完成程度相对指标、结构相对指标、比例相对指标、比较相对指标、动态相对指标、强度相对指标。

(一) 规划完成程度相对指标

规划完成程度相对指标又称为规划完成相对数和规划完成百分比，它是指在某一时期内实际完成的指标数值与规划完成的指标数值对比的比率。其基本的计算公式为

$$\text{规划完成程度相对指标}=\frac{\text{实际完成指标数值}}{\text{规划完成指标数值}}\times 100\%$$

其计算结果一般用百分数表示。分子为客观实际完成数，分母为主观规划完

成数；分子分母的指标含义、计算口径、计算方法、计算单位、时间长短、空间范围应该一致，且不能互换；分子分母可同时为总量指标、相对指标、平均指标；分子分母相除，表现为相对效果，相减则表现为绝对效果；分子分母为并列关系。

规划完成程度相对指标主要用来检查、监督、考核规划的完成与执行情况。

规划完成任务指标的具体数值有绝对数、相对数和平均数三种表现形式。因此，规划完成程度相对指标的计算分析形式也有三种。

1. 规划完成任务指标为绝对数

规划完成任务指标为绝对数时，其计算公式为

$$\text{规划完成程度相对指标}=\frac{\text{实际完成的总量指标}}{\text{规划完成的总量指标}}\times 100\%$$

（1）若规划完成任务指标的性质为投入型、消耗型、成本型的指标，则规划完成程度相对指标的计算结果等于100%为完成，小于100%为超额完成，大于100%为没有完成。

某企业规划本月的总成本降到100万元，实际执行降到了90万元，则总成本规划完成程度相对指标$=\frac{90\text{ 万元}}{100\text{ 万元}}\times 100\%=90\%$，总成本降低规划任务不仅完成了，而且还比规划规定的多降低了10%。

（2）若规划完成任务指标的性质为产出型、效益型的指标，则规划完成程度相对指标的计算结果等于100%为完成，小于100%为没有完成，大于100%为超额完成。

如果企业本月规划完成利润总额2000万元，实际完成利润总额2200万元，则企业总利润规划完成程度相对指标$=\frac{2200\text{ 万元}}{2000\text{ 万元}}\times 100\%=110\%$。规划完成利润总额不仅完成了，而且还超过规划任务10%完成了。

2. 规划完成任务指标为相对数

规划完成任务指标为相对数时，其计算公式为

$$\text{规划完成程度相对指标}=\frac{\text{实际完成相对数}}{\text{规划完成相对数}}\times 100\%$$

（1）若规划完成任务指标的性质为投入型、消耗型、成本型的指标，则规划完成程度相对指标的计算结果等于100%为完成，小于100%为超额完成，大于100%为没有完成。

例 4-1 某企业规划将本月总成本比上月降低8%，实际降低了10%，则总成本规划完成程度相对指标$=\frac{100\%-10\%}{100\%-8\%}\times 100\%=\frac{90\%}{92\%}\times 100\%=97.83\%$。总成本降低的规划任务不仅完成了，而且还超过规划任务2.17%完成了。

（2）若规划完成任务指标的性质为产出型、效益型的指标，则规划完成程度相对指标的计算结果等于100%为完成，小于100%为没有完成，大于100%为超额完成。

例4-2　某企业规划将本月的销售利润比上月提高5%，实际提高了8%，则企业利润规划完成程度相对指标$=\frac{100\%+8\%}{100\%+5\%}\times 100\%=\frac{108\%}{105\%}\times 100\%=102.86\%$。规划利润提高的任务不仅完成了，而且还超额了2.86%。

如果规划完成相对数在计算中，没有以上期水平作为比较基础而规划提高率或降低率，则可以将其实际完成的相对数与规划完成的相对数直接进行比较计算。

例4-3　某企业规划第二季度利润率为15%，实际完成的利润率为18%，则企业第二季度利润率规划完成程度相对指标$=\frac{18\%}{15\%}\times 100\%=120\%$。这说明该企业利润率规划完成程度相对指标超额20%完成了。

例4-4　某商场第一季度规划流通费用率为4%，实际为4.5%，则商品流通费用率规划完成程度相对指标$=\frac{4.5\%}{4\%}\times 100\%=112.5\%$。说明该商场还差12.5%未完成流通费用率规划。

在实际工作中，有时也采用相减的办法计算规划完成相对数，即用实际增减率来说明规划完成情况。如上面的例4-3中，某企业利润率规划完成相对数，用相减的方法计算为18%－15%＝3%，表明某企业第二季度利润率规划提高了3个百分点或多提高了3%。如例4-4中，规划完成相对数为4.5%－4%＝0.5%，还有0.5%没有完成，表明某商场第一季度商品流通费用率多了0.5个百分点。上述计算结果表明，这种计算方法只能说明实际完成数比规划完成数提高了多少或减少了多少，并不能确切反映规划完成的程度。

这两种计算方法是有严格区别的，不能互相替代。

3. 规划完成任务指标为平均数

规划完成任务指标为平均数时，其计算公式为

$$\text{规划完成程度相对指标}=\frac{\text{实际平均水平}}{\text{规划平均水平}}\times 100\%$$

它一般适用于考核以平均指标表示的各项技术经济指标的规划完成情况。如企业生产经营中的劳动生产率、单位产品成本、平均工资、平均产量等的规划完成情况。

（1）若规划完成任务指标的性质为投入型、消耗型、成本型的指标，则规划完成程度相对指标的计算结果等于100%为完成，小于100%为超额完成，大于100%为没有完成。

例 4-5 某企业全部产品的单位成本规划为 10 元/件，实际完成为 9.5 元/件。单位成本规划完成程度相对指标$=\frac{9.5}{10}\times 100\%=95\%$，实际比规划降低了 5%，完成得比较好。

(2) 若规划完成任务指标的性质为产出型、效益型的指标，则规划完成程度相对指标的计算结果等于 100%为完成，小于 100%为没有完成，大于 100%为超额完成。

例 4-6 某企业规划每天每个工人平均完成某种产品的生产任务为 100 件，实际每个工人每天生产该产品 105 件，则某产品规划完成程度相对指标$=\frac{105}{100}\times 100\%=105\%$，实际超过平均规划水平 5%完成了规划任务。

从以上的计算与分析中看到，在计算规划完成相对数并对之进行分析时，一定要根据指标的具体经济内容的性质特点做出计算与评论。

4. 规划执行进度的检查与考核

为了保证规划执行过程中均衡地完成任务，避免前松后紧赶进度现象的发生，还必须对规划的执行进度进行检查，考核规划完成进度的均衡性和及时性。其计算公式为

$$规划执行进度=\frac{期初到报告期止累计实际完成数}{全时期规划数}\times 100\%$$

例 4-7 某企业某年规划完成工业总产值 6000 万元，至六月底实际已完成工业总产值 3300 万元，则该企业上半年规划执行进度$=\frac{3300}{6000}\times 100\%=55\%$，上半年已完成全年规划任务的 55%，说明执行进度完成一年的一半外，还超额了 5%。

表 4-1 所示为某商场某年上半年销售额的完成情况。

表 4-1 某商场某年上半年销售额完成情况

	一月	二月	三月	四月	五月	六月	全年
规划任务/万元	5000	5000	5600	5600	5800	6000	65 000
实际完成/万元	5200	5100	5500	5620	5700	6000	—

$$\begin{aligned}第一季度完成全年规划的执行进度&=\frac{5200+5100+5500}{65\ 000}\times 100\%\\&=\frac{15\ 800}{65\ 000}\times 100\%=24.31\%\end{aligned}$$

第一季度未完成全年规划的$\frac{1}{4}$(即 25%)的进度。

$$上半年完成半年规划的执行进度=\frac{5200+5100+5500+5620+5700+6000}{5000+5000+5600+5600+5800+6000}\times 100\%$$

$$=\frac{33\ 120}{33\ 000}\times 100\%=100.36\%$$

$$上半年完成全年规划的执行进度=\frac{33\ 120}{65\ 000}\times 100\%=50.95\%$$

上半年完成了全年规划任务的 50.95%，不仅完成了全年任务的一半，还超额了 0.95%。

（二）结构相对指标

1. 结构相对指标的概念

同性质的总体由有差异的各个部分组成，将其不同的组成部分分组，形成不同的各个组成部分，将各个组成部分的总量指标的数值与总体的总量指标的数值进行对比得到的比率或比重，就是结构相对数。其计算公式为

$$结构相对指标=\frac{总体中某一部分总量指标}{总体总量指标}\times 100\%$$

例 4-8　某地区 2012 年全年国内生产总值为 15 675 亿元人民币，其中，第一产业为 5172.75 亿元，第二产业为 5016 亿元，第三产业为 5486.25 亿元。

$$第一产业国内生产总值所占比重=\frac{5172.75}{15\ 675}\times 100\%=33\%$$

$$第二产业国内生产总值所占比重=\frac{5016}{15\ 675}\times 100\%=32\%$$

$$第三产业国内生产总值所占比重=\frac{5486.25}{15\ 675}\times 100\%=35\%$$

结构相对指标的计算结果都表现为无名数，一般用百分数表示。结构相对指标的分子分母都是总量指标：如果分子为部分总体单位总量，则分母必定是总体单位总量；如果分子为部分总体标志总量，则分母必定是总体标志总量。二者为从属关系，不能互换。结构相对指标各个组成部分的比重之和等于 100%。

2. 结构相对指标的作用

结构相对指标在社会经济分析中有着重要的作用。

(1) 探求现象总体内部的最优比率和固有比率。如：社会参保率、新出生婴幼儿成活率这两个指标越大越好，最好是等于 100%；文盲率、新出生婴幼儿死亡率这两个指标是越小越好，最好接近零。高等教育的精英教育阶段比率<15%，大众化教育阶段比率为 15%～50%，普及化教育阶段比率>50%。

(2) 探求和认识现象的优劣标准。如恩格尔系数、基尼系数，分别说明某地区或某个国家社会居民的生活富裕程度和社会财富分配的公平程度的不同标准。

(3) 认识现象的最佳结构点。如我国城市化发展究竟应达到什么水平，可用结构相对指标进行分析研究。建立一个直角坐标系，横轴为城市化率，纵轴为效益

率(社会效益、经济效益),如图 4-1 所示。

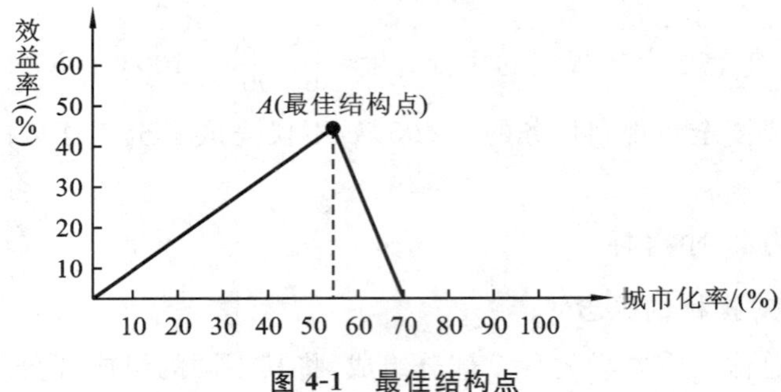

图 4-1　最佳结构点

从图 4-1 中可以看出,在城市化水平发展中,A 处所对应的城市化比重及效益值比重最大,因此,A 处就是最佳结构点。从图 4-1 中可看出,此时城市化率为 55%时,效益率为最高(45%)。

(4) 研究现象的内部结构及其动态发展变化之规律。

表 4-2 所示为世界人口和农业人口的发展趋势。

表 4-2　世界人口和农业人口的发展趋势

	1950 年	1960 年	1970 年	1980 年	1985 年	1990 年	2000 年	2010 年	2020 年	2025 年
世界人口总计/亿人	25.2	30.2	36.9	44.5	48.5	52.9	62.5	71.9	80.6	84.7
其中:农业人口/亿人	16.2	17.6	21.5	21.9	22.9	23.9	25.7	26.6	26.5	26.2
农业人口占世界人口的比重/(%)	64.3	58.3	58.3	49.2	47.2	45.2	41.1	37.0	32.9	30.9

资料来源:《中国统计》1990 年第 5 期。

从上述农业人口占世界人口的比重变化可以看出,随着科学技术的进步和农业劳动生产率的提高,农业人口绝对量虽然有所增长,但比重却在逐年下降。

(5) 反映企业的生产经营质量和管理水平。如企业产品合格率、优质品率、设备利用率、高新技术使用率等。

(三) 比例相对指标

比例相对指标是总体内部某一部分指标数值与另一部分指标数值之比,以分析总体范围内各个组成部分之间的比例关系的一种相对指标。其计算公式为

$$\text{比例相对指标}=\frac{\text{总体中某一部分指标数值}}{\text{总体中另一部分指标数值}}$$

比例相对指标的计算结果一般为无名数,用系数、百分数或连比的形式表示,以较小数值抽象为 1 或 100%或 100 表示。比例相对指标的分子分母属于同一总体,可同时为总量指标、相对指标、平均指标,其分子分母为并列关系,可以互换。

如人口性别比例，某地区人口普查得

$$男女性别比例=\frac{男性人口数}{女性人口数}=\frac{357\ 万人}{328\ 万人}=108.84:100$$

比例相对指标可以反映总体内部各部分间相互联系、相互依赖的程度。如农、轻、重比例关系，三产业比重之关系，GDP 中用于积累和消费的比例关系，社会人口的性别比例关系等。比例相对指标还可作为客观标准对社会经济发展进行调控。一个国家或一个地区的社会经济发展，必须保证农、轻、重适当的比例；人口性别比例也应当保持人类发展的自然生态平衡；第一、第二、第三产业在发展中，第三产业应适当增加比重，成为一个国家或地区走向现代化的重要标志。

（四）比较相对指标

比较相对指标是在同一时间内不同空间条件下同性质现象的数值对比的比率。其计算公式为

$$比较相对指标=\frac{某一空间下指标数值}{另一空间下同类指标数值}$$

例 4-9　2012 年我国城镇居民人均总收入 26 959 元，农村居民人均纯收入 7917 元，其比较相对数为 $\frac{26\ 959}{7917}=3.41$ 倍。这说明城乡居民收入分配差别还比较大。

比较相对指标的计算结果可以用系数、倍数、百分数表示；其分子分母不属于同一总体，只是指标的性质相同，其指标含义、总体范围、计算方法、计量单位都应该一致；比较相对指标的分子分母可以同时为总量指标、相对指标和平均指标，而且可以互换，二者为并列关系。

比较相对指标主要用于说明社会经济现象发展的不均衡性、差异性等基本特征；它还可以用于与先进水平、标准水平、平均水平比较，找出差距，挖掘潜力。例如，我国万元产值能耗为日本的 4 倍，说明我国节能的潜在空间相当大，大有作为。

（五）动态相对指标

动态相对指标又叫发展速度，它是同空间同性质不同时间上的同类指标数据（发展水平）对比的结果，用以反映社会经济现象在一段时间内发展变化的方向和程度。其计算公式为

$$动态相对数=\frac{报告期发展水平}{基期发展水平}\times 100\%$$

例 4-10　我国某地区 2009 年职工年平均工资为 32 736 元，2010 年职工年平均工资为 37 147 元，则动态相对数为 $\frac{37\ 147}{32\ 736}\times 100\%=113.47\%$。这说明职工年平均工资增长率为 13.47%。

动态相对指标的计算结果一般用百分比表示；其分子分母同性质、同空间，但不同时间，而且为并列关系；动态相对指标的分子分母可同时为总量指标、相对指标和平均指标，但不能互换。

动态相对指标的具体作用，将在后面的章节中予以详细论述。

（六）强度相对指标

强度相对指标是两个性质不同、分属于不同总体有联系的总量指标对比得到的比值，用以反映现象的强度、密度和普遍程度。其计算公式为

$$\text{强度相对指标}=\frac{\text{某一总量指标数值}}{\text{另一性质不同而又有联系的总量指标数值}}$$

例 4-11 我国 2010 年 GDP 为 397 983 亿元，2010 年年末人口总数为 134 091 万人，则人均 GDP 为$\frac{397\ 983\ \text{亿元}}{134\ 091\ \text{万人}}=29\ 680$ 元/人。

强度相对指标的分子分母是分属于两个性质不同的总量指标。因此，其计算结果的计量单位就由这两个总量指标的计量单位所组成，成了有名数，如人口密度“人/平方千米”、人均粮食产量“千克/人”。当然，也有一些强度相对指标有比较特殊的计量单位，如商品流转速度中的流转次数的“次”，还有一些计量单位为无名数，如流通费用率、资金利税率、人口出生率等。

强度相对指标的分子分母由于分属于两个性质不同的总量指标，为并列关系，因此，一般来说可以互换；当然，也有少数不能互换的，如流通费用率，分子必须是流通费用额，分母必须是商品销售额，不能互换。

由于强度相对指标有些分子分母可以互换，因此，便产生了正、逆指标之分。

正指标，即指标数值越大，说明现象的强度、密度、普遍程度越高，二者成正比，因此称为正指标。如每万人拥有的商业服务网点，指标数值越大，说明每万人拥有的商业服务网点越多，居民的生活方便程度越高。又如人均占有病床床位，指标数值越大，人均占有的病床床位就越多，医疗卫生保障条件就越好。

逆指标（也称反指标、倒指标），即指标数值越小，说明现象的密度、强度、普遍程度越高，二者成反比，因此称为逆指标。如每一个商业网点为多少人服务，服务人数越多，说明商业服务网点越少；反之，服务人数越少，说明商业服务网点越多。又如每个病床床位为多少病人服务，服务人数越多，说明病床床位越少，医疗保障程度越低；反之，服务人数越少，说明病床床位越多，医疗保障程度越高。

强度相对指标反映一个地区、一个国家的经济实力，如人均国内生产总值、人均国民收入、人均粮食产量、人均财政收入等。

强度相对指标可以反映现象的密度、强度和普遍程度，如人口密度、商业网点密度、每万人拥有的绿化面积、人均拥有的铁路长度等。

强度相对指标还可以反映社会生产条件和社会经济效益，如某企业每个职工

拥有的固定资产金额，每万公顷耕地拥有的拖拉机台数，企业的资金利税率、产值利润率、流动资金周转次数等。

强度相对指标还可用来反映社会的服务功能、居民的生活质量，如每万人拥有的医生数、每万人拥有的健身器材数、每万户居民拥有的图书馆数、每万户居民拥有的电脑台数等。

强度相对指标的分子分母之间是一种依存性的比率关系，因此具有平均的意义。但它绝不是平均数。它们之间的区别将在后面的章节中予以论述。

四、相对指标计算和运用的原则

（一）可比性原则

相对指标是两个指标对比得出数据的比值来反映现象间的数量联系的，所以，这两个指标是否可比且计算结果是否能正确反映现象间的数量联系，是相对指标是否真正有意义的首要条件。这就要看其分子分母所包含的经济内容、计算范围、计算方法、计量单位是否可比。如工人劳动生产率和全员职工劳动生产率，因其计算内容和计算方法都不一样，因此二者无法比较。工人劳动生产率是全体生产工人与劳动成果（如产品产量或产品产值）对比而得的，而全员职工劳动生产率是全体职工（包括生产工人，也包括非生产人员，如管理人员、技术人员等）与劳动成果的比值，它们指标的计算内容是完全不一样的，因此，二者对比没有实际意义。

当然，我们也不能机械地理解可比性。如果研究目的是要认识生产工人劳动生产率与全员职工劳动生产率之间的差别，前面所述不同生产单位（如两个企业）的工人劳动生产率与全员职工劳动生产率用来比较，可以说明，企业不同的工人劳动生产率与全员职工劳动生产率之间的差异，如说明非生产人员的比例的大小或是否适宜，以调整人员组成。这说明研究目的不同，在此种情况下为可比，在另一种情况下则不可比。

（二）相对数和绝对数结合运用的原则

相对数反映了社会经济现象间的数量关系和差异程度，却又将现象的具体规模与水平抽象化了，掩盖了现象之间绝对量上的差异程度。因此，要将绝对数和相对数结合起来运用，才能使我们的认识更理性，更深刻，克服片面性。如我国国内生产总值已排名全球第二，从总量指标上看，我们确实应该自豪和骄傲，但从人均国内生产总值看，我们排在全球百位之后，位置相当靠后。因此，我们要把二者结合起来认识我们的国情：我们仍然是发展中国家，我们取得了长足的伟大的进步，我们应该自豪；但我们的国内生产总值人均水平很低，我们千万不能骄傲，更不能气馁，我们要更加努力，赶上世界先进国家的发展水平。

我们认识一个企业生产经营的质量状况，不仅要看它的总产值、增加值、总产量、销售总收入、利润总额等，还要看它的投入产生的产值利润率、产值资金率、成本利税率、流通费用率等相对指标，这样，才会对该企业生产经营的质量状况有一个客观正确的认识。

（三）各种相对数结合运用的原则

在研究社会经济现象时，为了对之进行全面分析与评价，用一个或两个相对指标进行分析是不够的，因为每个相对指标都是从某一个侧面反映了社会经济现象的数量关系。因此，就需要将多个相对指标结合起来分析具体现象。如我们要研究和考核一个企业的生产经营成果和经济效益，不仅要掌握该企业的总产值、总利润、总成本、总产量等，还必须结合运用多种相对指标，如全期规划完成程度、劳动生产率、资金利税率、成本利税率、流动资金周转速度、设备利用率、产品合格率、优等品率等；还可用企业本期的各种水平的数据与自己历史上的先进水平、与别的企业的先进水平比较，对企业做出客观正确的评价。

第三节　集中趋势的测定与分析

社会经济现象有一种集中趋势，即现象总体中各总体单位在某一个数量标志上的各个标志值向一个中心——一般水平集中，表现出总体中的共性特征。这种集中趋势既是现象总体存在的一种形式，也是现象总体的次数分布的一个重要数量特征。所以，通常使用集中趋势反映和代表总体中各单位的一般水平，也使用集中趋势进行不同总体间的比较。测定集中趋势，即寻找统计平均数——一般水平的代表值。

统计平均数就是表明社会经济现象同质总体的某一数量标志在一定时间、地点、条件下所达到的一般水平，它是将总体中各个总体单位在某一个数量标志上表现出来的标志值在数值上的差异抽象或舍弃掉而得到的反映其共性特征——集中趋势的综合性指标。如用平均工资代表全体职工工资的一般水平，用平均物价代表商品价格的一般水平，用工人人均产量代表劳动生产率的一般水平。统计平均数是我们认识社会经济现象的一个极其重要的指标。

统计平均数有数值平均数和位置平均数。数值平均数包括算术平均数、调和平均数、几何平均数，它们是根据总体中各单位的标志值计算的平均值。位置平均数不是根据总体中各单位的标志值计算出来的，而是根据总体中处于特殊位置上的个别单位或部分单位的标志值来确定的代表值。位置平均数有众数、中位数、四分位数、十分位数等。

统计平均数有如下主要特征。

第一，统计平均数把总体中各个总体单位在数量标志上的数值差异抽象化了，因此，它是总体一般水平的抽象值和综合值，用以反映总体的综合特征。

第二，统计平均数是一个代表性的指标，它代表总体各单位在某一数量标志上所表现出来的一般水平，它并不代表总体中某一个或某几个单位的具体的水平，它是总体中各单位某一数量标志的标志值的总平均。

平均指标在社会经济现象的研究中有重要作用。

第一，平均指标可以反映现象总体的综合特征。

总体中各单位的数量标志值的大小受多种因素的综合影响。有一些是必然性的影响因素，对所有的标志值都会起着决定性的作用；有些是偶然性的影响因素，使各单位受到影响后，在数量上存在差异。通过平均，可以消除由于偶然性因素影响而造成的差异，综合性地显示出由于必然性因素影响而达到的一般水平。

第二，平均指标可以反映总体各单位标志值分布的集中趋势。

在社会经济现象总体中，每个总体单位都有区别于其他单位的特征，这些特征表现在数量上就是大小不一、高低有别。但就绝大多数社会经济现象而言，把总体按某一标志分组形成分布数列以后，总体各单位的次数分布都呈现出正态分布或近似于正态分布。总体中各单位的标志值分布的一般规律是，接近于平均数的标志值居多，而远离平均数的标志值很少，并且与平均数离差越小的标志值出现的次数越多，而与平均数离差越大的标志值出现的次数越少，形成正负离差大体相当，整个变量数列以平均数为中心左右波动。这种总体中各单位的次数分布向中间集中的趋势，叫作集中趋势，也叫趋中性，作为中心的变量值就是平均数。所以，用平均指标来反映变量数列的集中趋势。

第三，平均指标用来揭示现象在不同时间的发展趋势。

平均指标常用来进行同类现象在不同时间不同空间条件下的对比分析，从而反映现象在不同地区之间的差异，揭示现象在不同时间的发展趋势。由于受到总体规模不同的影响，许多现象的指标不能够直接对比。例如生产同种产品的两个企业，由于生产规模不同，两个企业的产品生产总成本无法进行直接对比，以说明生产成本的差别，但是用单位产品平均成本就可以直接比较说明其差别了。又如，同一企业不同时期生产的产品由于产量不同，也不能用各期的总成本进行直接比较，如果把各时期的产品的单位平均成本计算出来，就可以直接比较说明成本的差异了。如果把各时期的单位平均成本按时间顺序加以排列并进行比较，就可以看到企业成本水平的变动趋势。

第四，平均指标可以用于分析现象间的依存关系。

社会经济现象间都存在着相互联系、相互依赖的关系，研究这种相互关系，会使我们对现象的数量特征及规律有更深刻明确的认识。这就要求我们计算平均指标。如劳动生产率与收入水平之间、农作物的产量与施肥量之间都存在着密切的相互依存关系，分析这些关系，都需要计算平均指标。

第五，平均指标在抽样推断中是一个重要的指标。

抽样推断就是要在一定的概率保证程度和估计精度的要求下，用样本平均数推断总体平均数，进而估计总体总量。在这里，平均指标起着极其重要的作用。

一、算术平均数

算术平均数是计算平均指标的基本方法。因为平均指标是表示社会经济现象总体各单位的标志值的一般水平的，而算术平均数的计算方法与许多社会经济现象中客观存在的数量关系相符合，因而是计算各总体单位标志值的平均水平的最适宜的方法。算术平均数是统计实践中应用最广泛的一种平均指标。

算术平均数的基本计算形式为

$$\text{算术平均数}=\frac{\text{总体标志总量}}{\text{总体单位总量}}$$

例 4-12 某企业某月月工资总额为 520 000 元，工人人数为 200 人，则该月工人的月平均工资为$\frac{520\ 000}{200}$元/人=2600 元/人。

在这里，分子分母中的总体标志总量与总体单位总量必须属于同一总体，二者的计算口径和计算范围必须一致。

算术平均数与强度相对指标在计算中均含有“平均”的意义，而且分子分母都是两个总量指标对比，但二者有着严格的区别。第一，平均指标的分子分母一个为总体标志总量，一个为总体单位总量，二者同属于一个总体，为从属关系，不可随意变动，分母的改变会影响到分子的变化。强度相对指标的分子分母分属于不同的总体，是两个性质不同但有一定联系的总量指标，为并列关系，因此，只要二者对比有社会经济内容，就可以随时发生变化，如全国人均粮食产量、全国人均国内生产总值、全国人均绿地面积等。平均指标中的“平均”是众多个变量值的“均匀扯平”，强度相对指标中的“平均”则是“强行分摊”的含义。第二，平均指标和强度相对指标反映的总体的数量特征是不一样的。前者反映的是总体的集中趋势和总体达到的一般水平，后者反映的是两个总量指标的联系的密度、强度和普遍程度。

（一）简单算术平均数

在未分组资料中，如果只有分子资料中的各个总体单位的标志值及各个总体单位，则直接将总体各单位的标志值加总后除以总体单位数，就可求出平均数，这种计算平均数的方法就是简单算术平均法，所得结果为简单算术平均数。其计算公式为

$$\bar{x}=\frac{x_1+x_2+x_3+\cdots+x_n}{n}=\frac{\sum x}{n}$$

式中：$\bar{x}$—— 算术平均数；

$x_1, x_2, x_3, \cdots, x_n$—— 各单位标志值；

n—— 总体单位数；

$\sum$—— 加总，和的意思。

例 4-13　某企业一车间某生产小组 4 个工人每人每日生产量为 9、8、6、5 件，这 4 个工人的平均日产量为 $\bar{x}=\frac{\sum x}{n}=\frac{9+8+6+5}{4}$件/人＝7 件/人。

（二）加权算术平均数

当研究的总体比较大、总体单位数较多时，掌握的资料也已经进行了分组，这就要用加权算术平均法计算平均数了。加权算术平均法就是用各组变量值乘以相应的各组单位数后累加而求得总体标志总量，把各组的单位数相加而求得总体单位总量，然后用总体标志总量除以总体单位总量而求得平均数的方法。其计算公式为

$$加权算术平均数=\frac{(各组变量值\times各组对应次数)之和}{各组次数之和}$$

用符号表示为

$$\bar{x}=\frac{x_1f_1+x_2f_2+x_3f_3+\cdots+x_nf_n}{f_1+f_2+f_3+\cdots+f_n}=\frac{\sum xf}{\sum f}$$

式中：f—— 各组标志值出现的次数（权数）。

例 4-14　某企业一车间有生产工人 50 人，他们每天生产的某种产品编成单项变量数列如表 4-3 所示，求他们每天的平均产量。

表 4-3　某企业一车间生产工人每人每天生产量计算表

按产量分组 x/件	工人人数 f/人	产量×工人人数 xf
24	8	192
26	11	286
30	13	390
32	12	384
33	6	198
合计	50	1450

$$\bar{x}=\frac{\sum xf}{\sum f}=\frac{1450\text{ 件}}{50\text{ 人}}=29\text{ 件 / 人}$$

从以上计算可以看出，加权算术平均数的大小受两个因素的影响：一个是变量

值 x 的大小，一个是各组单位数 f 的多少。当某组变量值 x 比较大而且次数 f 也较大时，平均数就接近变量值大的一方；当某组变量值 x 较小而次数较多时，平均数就接近于变量值小的一方。次数的多少在这里决定变量值作用平均数的强度的大小，对平均数起着权衡轻重的作用，因此称它为"权数"。根据权数计算的平均数就叫加权算术平均数。

在计算加权算术平均数时，如果各组的次数完全相同，则 f 对各组变量值的作用强度完全一样，不再具有权衡轻重的作用。这时的加权算术平均数就成为简单算术平均数。从这个意义上说，加权算术平均数的计算公式是计算算术平均数的"通式"，而简单算术平均数则是加权算术平均数的特例，即 $f_1 = f_2 = \cdots = f_n$。

$$\bar{x} = \frac{\sum xf}{\sum f} = \frac{f\sum x}{nf} = \frac{\sum x}{n}$$

加权算术平均数的权数除了上述以次数表示的绝对数形式的权数外，还可用相对数形式表示，即各组单位数在全部总体单位数中所占比重（即各组频率）来表示，可称为权数系数、比重权数，也称权重。这时的加权算术平均数的计算公式可改写为

$$\bar{x} = x_1 \cdot \frac{f_1}{\sum f} + x_2 \cdot \frac{f_2}{\sum f} + x_3 \cdot \frac{f_3}{\sum f} + \cdots + x_n \cdot \frac{f_n}{\sum f} = \sum x \cdot \frac{f}{\sum f}$$

我们还应该看到，无论加权算术平均数中的权数的绝对数值有多大、有多小，它们对各变量值作用的强度大小，影响和决定平均数数值大小的权衡力量的强弱，最后都会以比重（或频率）的形式显示出来，表现出权数的实质。所以 $\frac{f}{\sum f}$（比重）的大小，是权数的实质。

每一个变量值与对应的次数相乘就叫加权。由于总体各单位次数对平均数的影响，不是取决于次数的绝对量，而是各对应次数在总次数中所占之比例，即频率或权重系数，所以，次数加权的实质是用权重系数加权。

例 4-15 某企业一车间工人每人每天生产量计算表如表 4-4 所示，计算加权算术平均数。

表 4-4 某企业一车间工人每人每天生产量计算表

按产量分组 x/件	工人人数		$x \cdot \frac{f}{\sum f}$
	绝对数 f/人	比重 $\frac{f}{\sum f}$/(%)	
24	8	16	3.84
26	11	22	5.72

续表

按产量分组 x/件	工人人数		$x \cdot \frac{f}{\sum f}$
	绝对数 f/人	比重 $\frac{f}{\sum f}$/(%)	
30	13	26	7.80
32	12	24	7.68
33	6	12	3.96
合计	50	100.00	29

$$\bar{x} = \sum x \cdot \frac{f}{\sum f} = 29 \text{ 件/人}$$

在组距数列计算加权算术平均数时，要用各组的组中值作为变量值，计算加权算术平均数。

例 4-16　某企业工人加工零件平均日产量计算表如表 4-5 所示，计算加权算术平均数。

表 4-5　某企业工人加工零件平均日产量计算表

按日产量分组/件	工人人数		组中值 x	xf	$x \cdot \frac{f}{\sum f}$
	绝对数 f/人	相对数 $\frac{f}{\sum f}$/(%)			
20～30	10	5.0	25	250	1.25
30～40	70	35.0	35	2450	12.25
40～50	90	45.0	45	4050	20.25
50～60	30	15.0	55	1650	8.25
合计	200	100.0	—	8400	42.0

$$\bar{x} = \frac{\sum xf}{\sum f} = \frac{8400}{200} \text{ 件 / 人} = 42 \text{ 件 / 人}$$

$$\bar{x} = \sum x \cdot \frac{f}{\sum f} = 42 \text{ 件 / 人}$$

根据组中值计算算术平均数，是假定各组内变量值的分布是均匀的，但实际上各组内变量值的分布很少是均匀的。因此，在计算组距数列中的加权算术平均数时，这种计算形式具有假定性，计算结果只是平均数的近似值。

计算加权算术平均数时，还有一个权数的选择问题。在分配数列中，一般情况下，次数就是权数。但在由相对数或平均数计算平均数时，次数在这里就不能作为权数了。某数要成为真正意义上的权数，那它必须是现象总体单位标志值的直接承担者；而且，它与标志值相乘后能构成总体标志总量，有实际的社会经济内容，能说明计算中的具体问题。

例 4-17 某管理局企业产品平均单位成本计算表如表 4-6 所示，计算总平均成本。

表 4-6 某管理局企业产品平均单位成本计算表

按平均单位成本分组/(元/件)	组中值 x	企业数/个	产量 f/万件	xf
10～15	12.5	2	100	1250
15～20	17.5	6	80	1400
20～25	22.5	8	120	2700
25～30	27.5	4	100	2750
合计	—	20	400	8100

在这里，要求平均单位成本，必须把总成本求出后，除以总产量，才能正确计算出来。但是企业数与各分组的单位成本的组中值相乘，得出的结果毫无经济意义。而各分组的平均单位成本的组中值与产量相乘，就正好说明了某一分组的总成本，有明确的经济内容，且产量是各分组平均单位成本的直接承担者，产量是真正意义上的权数。故该管理局所属 20 个企业的总平均单位成本为

$$\bar{x} = \frac{\sum xf}{\sum f} = \frac{8100}{400} \text{ 元 / 件} = 20.25 \text{ 元 / 件}$$

例 4-18 某管理局企业产值平均规划完成程度计算表如表 4-7 所示。

表 4-7 某管理局企业产值平均规划完成程度计算表

产值规划完成程度/(%)	组中值 x/(%)	企业数/个	规划产值 f/万元	实际产值 xf/万元
90～100	95	2	300	285
100～110	105	5	1000	1050
110～120	115	3	550	632.5
合计	—	10	1850	1967.5

在例 7 中，要计算某管理局所属全部企业的产值平均规划完成程度，就必须将全局的全部实际产值除以全部规划产值。要求出全部实际产值，就必须将各分组的规划完成程度的组中值乘以规划产值，便可得到各分组的实际产值。在这里，各分组的产值规划完成程度的组中值乘以规划产值有实际经济内容，且规划产值是规划完成程度的直接承担者，是真正意义上的权数。而企业数如果与产值规划完成程度相乘，其结果我们不知道它是什么，有什么社会经济内容。因此，该管理局所属企业的产值平均规划完成程度为

$$\bar{x}=\frac{\sum xf}{\sum f}=\frac{1967.5\text{万元}}{1850\text{万元}}=106.35\%$$

二、调和平均数

社会经济现象总体单位各单位标志值的倒数的算术平均数的倒数，为调和平均数，又称倒数平均数。根据掌握资料的不同，调和平均数分为简单调和平均数和加权调和平均数。

（一）简单调和平均数

在各未分组资料中，先计算总体各单位标志值的倒数的算术平均数，然后再求其倒数，其结果即为简单调和平均数。其计算公式为

$$H=\frac{1}{\dfrac{\dfrac{1}{x_1}+\dfrac{1}{x_2}+\cdots+\dfrac{1}{x_n}}{n}}=\frac{n}{\dfrac{1}{x_1}+\dfrac{1}{x_2}+\cdots+\dfrac{1}{x_n}}=\frac{n}{\sum\dfrac{1}{x}}$$

式中 H 为调和平均数。

例 4-19　某集市出售橘子，一级为每斤 1.2 元，二级为每斤 1 元，三级为每斤 0.8 元。如果一、二、三级橘子各买 1 元，其平均价格为

$$H=\frac{n}{\sum_{i=1}^{n}\dfrac{1}{x_i}}=\frac{1+1+1}{\dfrac{1}{1.2}+\dfrac{1}{1}+\dfrac{1}{0.8}}\text{元/斤}=\frac{3}{0.83+1+1.25}\text{元/斤}$$

$$=\frac{3}{3.08}\text{元/斤}=0.97\text{元/斤}$$

（二）加权调和平均数

在分组资料中，往往只有各组的标志值和各组的标志总量，而没有各组的总体单位数，既不能按加权算术平均法计算出平均数，也不能按简单调和平均法计算出平均数，这时，就需要用加权调和平均法计算平均数了。其计算公式为

$$H=\frac{M_1+M_2+\cdots+M_n}{\dfrac{M_1}{x_1}+\dfrac{M_2}{x_2}+\cdots+\dfrac{M_n}{x_n}}=\frac{\sum M}{\sum\dfrac{M}{x}}$$

式中 M 表示各单位或各组的标志值对应的标志总量。

（三）调和平均数的运用

在社会经济统计中，调和平均数适合于下述情况的计算。

1. 由绝对数计算平均数

如果掌握的资料，其权数是比值的分母的数值，采用加权算术平均法；如果掌

握的资料，其权数在比值的分子中，应采用加权调和平均法。如表 4-8 所示，已知三种商品由于规格不同，有三种销售单价和销售额，而缺少销售量。只有求出了三种商品的销售量，才能最后求出平均销售单价，因此，应采用加权调和平均法。

表 4-8　平均销售单价计算表

商品规格	销售单价/元	销售额/元	销售量/件
	x	$M=xf$	$\frac{M}{x}=f$
A	45	2700	60
B	38	2736	72
C	22	1936	88
合计	—	7372	220

$$\text{平均销售单价}\ H=\frac{\sum M}{\sum \frac{M}{x}}=\frac{7372}{220}\ \text{元/件}=33.51\ \text{元/件}$$

2. 由相对数和平均数计算平均数

如果掌握的资料，其权数为比值的分母的数值，采用加权算术平均法，如果掌握的资料，其权数在比值的分子中，采用加权调和平均法。

例 4-20　表 4-9 所示为平均规划完成程度计算表。

表 4-9　平均规划完成程度计算表

规划完成/(%)	组中值/(%)	实际产值/万元	计划产值/万元
	x	M	$f=\frac{M}{x}$
80～100	90	81	90
100～120	110	572	520
120～140	130	260	200
合计	—	913	810

$$\text{平均规划完成程度}\ H=\frac{\sum M}{\sum \frac{M}{x}}=\frac{913\ \text{万元}}{810\ \text{万元}}=112.72\%$$

例 4-21　某企业甲、乙、丙三个车间的月平均工资和工资总额资料如表 4-10 所示，试求企业的月平均工资。

表 4-10　某企业甲、乙、丙三个车间月平均工资计算表

车间	月平均工资 x/万元	工资总额 M/万元	工人人数 $\frac{M}{x}$/人
甲	0.35	21.00	60
乙	0.42	31.50	75
丙	0.50	32.50	65
合计	—	85.00	200

$$\text{某企业月平均工资}\ H=\frac{\sum M}{\sum \frac{M}{x}}=\frac{8.500\ \text{万元}}{200\ \text{人}}=0.425\ \text{万元}/\text{人}$$

从以上计算可以看出调和平均数与加权算术平均数的区别与联系。二者的区别有两个。第一,已知的资料不一样。前者已有分子资料,但无分母资料,可通过对分子资料除以各变量值而得到分母资料;后者已有分母资料,但无分子资料,分子资料可通过各变量值与分母资料相乘得到。第二,二者的权数不一样。前者的权数是各组的标志总量,后者的权数为各组的单位数或其比重。二者的联系:加权调和平均数是加权算术平均数的变形,即 $H=\frac{\sum M}{\sum \frac{M}{x}}=\frac{\sum xf}{\sum \frac{xf}{x}}=\frac{\sum xf}{\sum f}$。这是资料使之然也!

在加权调和平均数的计算中,当其权数即各组的标志总量相等时,加权调和平均数就成了简单调和平均数。在 $H=\frac{\sum M}{\sum \frac{M}{x}}$ 中,当 $M_1=M_2=\cdots=M_n$ 时,$H=\frac{M_1+M_2+\cdots+M_n}{\frac{M_1}{x_1}+\frac{M_2}{x_2}+\cdots+\frac{M_n}{x_n}}=\frac{nM}{M\left(\frac{1}{x_1}+\frac{1}{x_2}+\cdots+\frac{1}{x_n}\right)}=\frac{nM}{M\sum\frac{1}{x}}=\frac{n}{\sum\frac{1}{x}}$。加权调和平均数的计算公式 $H=\frac{\sum M}{\sum \frac{M}{x}}$ 是调和平均数计算公式的"通式",简单调和平均数则是加权调和平均数中权数相等时的特例。

三、几何平均数

几何平均数是几个变量值连乘积的 n 次方根,用字母 G 示之。在社会经济统计中,几何平均数适用于计算平均比率和平均速度。

几何平均数在计算应用中必须满足两个条件:第一,若干个比率或速度的连乘积等于总比率或总速度;第二,相乘的比率或速度不能为负值。几何平均数也分为简单几何平均数和加权几何平均数。

(一) 简单几何平均数

在资料未分组时,其比率或速度连乘后开 n 次方计算其平均比率或平均速度。其计算公式为

$$G=\sqrt[n]{x_1\cdot x_2\cdot x_3\cdot\cdots\cdot x_n}=\sqrt[n]{\prod x}$$

式中:G—— 几何平均数;

$x_1,x_2,\cdots,x_n$—— 总体各单位标志值;

n—— 标志值的个数;

$\prod$—— 连乘符号。

例 4-22 某企业生产一种产品,连续经过四道工序才能最后完成加工过程。这四道工序的加工合格率分别为 98%、93%、96%、97%,求该企业这种产品加工过程中的平均合格率。

对于这个问题,不能采用简单算术平均数计算,因为第一道工序的合格产品才能进入到第二道工序,同理,第二、第三道工序的合格品才能进入各自的第三、第四道工序。因此,四道工序的产品总合格率应是四道工序各自合格率的连乘积的结果,即 98%×93%×96%×97%=84.87%,则平均合格率为 $G=\sqrt[n]{\prod x}=\sqrt[4]{0.98\times0.93\times0.96\times0.97}=\sqrt[4]{0.8487}=95.98\%$。

(二) 加权几何平均数

当每个变量值的次数不同时,即资料出现分组时,宜采用加权几何平均数计算其平均数。其计算公式为

$$G=\sqrt[f_1+f_2+\cdots+f_n]{x_1^{f_1}\cdot x_2^{f_2}\cdot\cdots\cdot x_n^{f_n}}=\sqrt[\sum f]{\prod x^f}$$

其中:f—— 变量值次数;

$\sum f$—— 次数求和。

例 4-23 某建设银行的贷款利率是按复利计算的,25 年间的贷款利率:第 1 年为 8%,2~5 年为 9%,6~13 年为 10%,14~23 年为 12%,24~25 年为 14%。求 25 年间的平均利润率。

计算平均利润率,必须将各年的利率加上 100%,换算成各年的本利率,然后用加权几何平均法计算平均本利率,再减去 100%,求得平均利润率。计算如下:

$$\begin{aligned}G=\sqrt[\sum f]{\prod x^f}&=\sqrt[25]{1.08^1\times1.09^4\times1.1^8\times1.12^{10}\times1.14^2}\\&=\sqrt[25]{1.08\times1.4116\times2.1436\times3.1058\times1.2996}\\&=\sqrt[25]{13.1905}=110.87\%\end{aligned}$$

25 年间的平均本利率为 110.87%，因而年平均利润率为 10.87%。

四、众数和中位数

众数和中位数属于位置平均数，即该种平均数是从次数分布中的位置判断而得到的。

（一）众数（M_o）

1. 众数的概念

众数是总体中出现次数最多的标志值。它表示被研究的社会经济现象中最普遍最常见的标志值。因此，它也用来代表社会经济现象所达到的一般水平。

在实际工作中，众数被广泛运用。例如：需求量最大的鞋袜尺寸；集市贸易中某种商品最普遍的价格水平；企业职工最普遍的工资水平；统计学考试中，学生最普遍的考试成绩。这些，都可以用众数示之。

从以上可看出，在总体单位数较多、各标志值的次数分布又有明显的集中趋势时，就一定存在众数，而且，它不受极端值的影响。因此，众数可以代表总体所达到的一般水平。

2. 众数的计算方法

1）根据未分组资料和单项式变量数列确定众数

根据未分组资料和单项式变量数列确定众数时，可以直接以出现次数最多的标志值为众数。

例如，某商店某日销售 15 双女鞋的型号分别为 36 号、36 号、37 号、37 号、37 号、38 号、38 号、38 号、38 号、38 号、38 号、39 号、39 号、39 号、40 号，则出现次数最多的 38 号为众数。

表 4-11 所示为某种商品的价格与销售资料。

表 4-11 某种商品的价格与销售资料

价格/（元/千克）	销售量/千克
2.00	20
2.40	60
3.00	140
4.00	80
合计	300

表 4-11 中销售量最大的一组为第三组，此即为众数组，这一组的价格为 3.00 元/千克，则众数 M_o=3.00 元/千克。

2）根据组距式变量数列计算众数

根据组距式变量数列确定众数，一般也是将出现次数最多的标志值作为众数，但这一数值往往随着分组的变化而不同。为了使众数更接近于实际，可用如下比例插值法进行精确的计算。

下限公式：
$$M_o = L + \frac{\Delta_1}{\Delta_1 + \Delta_2} \cdot d$$

上限公式：
$$M_o = U - \frac{\Delta_2}{\Delta_1 + \Delta_2} \cdot d$$

式中：L—— 众数所在组下限；

U—— 众数所在组上限；

Δ_1—— 众数所在组次数 f_m 与前一组次数 f_{m-1} 之差；

Δ_2—— 众数所在组次数 f_m 与后一组次数 f_{m+1} 之差；

d—— 众数所在组组距。

例 4-24 表 4-12 所示为某企业工人月工资资料，求其众数。

表 4-12 某企业工人月工资资料

按工人月工资分组/元	工人人数/人
2400～2500	24
2500～2600	48
2600～2700	105
2700～2800	60
2800～2900	27
2900～3000	21
3000～3100	12
3100～3200	3
合计	300

第一步，确定众数所在组。从上述资料可以看出，次数最多的工人数在2600～2700 元这一组，即为众数组。

第二步，按计算众数近似值的公式确定众数的具体数值。

$$L = 2600\text{ 元}，\quad U = 2700\text{ 元}，\quad f_m = 105\text{ 人}，\quad f_{m-1} = 48\text{ 人}，\quad f_{m+1} = 60\text{ 人}$$

$$\Delta_1 = f_m - f_{m-1} = 105\text{ 人} - 48\text{ 人} = 57\text{ 人}$$

$$\Delta_2 = f_m - f_{m+1} = 105\text{ 人} - 60\text{ 人} = 45\text{ 人}，\quad d = 100\text{ 元}$$

下限公式：

$$M_o = L + \frac{\Delta_1}{\Delta_1 + \Delta_2} \cdot d = 2600\text{ 元} + \frac{105 - 48}{(105 - 48) + (105 - 60)} \times 100\text{ 元}$$

$$= 2600\text{元} + \frac{57}{57+45} \times 100\text{元} = 2600\text{元} + 55.88\text{元} = 2655.88\text{元}$$

上限公式：

$$M_o = U - \frac{\Delta_2}{\Delta_1 + \Delta_2} \cdot d = 2700\text{元} - \frac{105-60}{(105-48)+(105-60)} \times 100\text{元}$$

$$= 2700\text{元} - \frac{45}{102} \times 100\text{元} = 2700\text{元} - 44.12\text{元} = 2655.88\text{元}$$

（二）中位数(M_e)

1. 中位数的概念

将被研究总体中各个总体单位的标志值按大小顺序排列，处于中间位置的那个标志值就是中位数。中位数对应于排列数列中的那个位置，简称中位。中位数是一种位置平均数，它由标志值所处中点位置确定，因此，不受极端值的影响，可以代表现象的一般水平。

2. 中位数的计算方法

1）由未分组资料确定中位数

由未分组资料确定中位数主要是寻找到中位数所在的中位。其公式为

$$\text{中位数位置} = \frac{n+1}{2}$$

式中：n 为标志值的项数。

如果总体单位数为奇数，则中间位置为中位，中位对应之标志值即为中位数。

例 4-25　某作业小组 9 个工人生产的某种零件按日产量顺序排列为 16，17，18，19，20，21，22，23，25，则中位数位置$=\frac{n+1}{2}=\frac{9+1}{2}=5$，即第 5 个工人的日产量 20 件为中位数。

如果总体单位数为偶数，处在中间位置的标志值便有两个，这时，中间位置的两个标志值的简单算术平均数即为中位数。

假定上例中的工人数为 10 人，第 10 个工人的日产量为 27 件，则中位数位置$=\frac{n+1}{2}=\frac{10+1}{2}=5.5$，中位数则取第 5 个和第 6 个工人日产量的算术平均数：中位数$=\frac{20+21}{2}$件$=20.5$ 件。

2）由分组资料确定中位数

（1）单项式分组资料求中位数。

根据单项式数列计算中位数时，先计算各组累计次数，可按向上累计或向下累计的方法进行累计，然后由 $\frac{\sum f}{2}$ 来确定中位，在累计次数上找最靠近中位且应包

含中位的那个累计次数，其对应组的标志值就是中位数。

例 4-26 表 4-13 所示为某车间生产工人资料。

表 4-13 某车间生产工人资料

按日产量分组 x /件	工人人数 f /人	累计次数	
		向上累计	向下累计
22	10	10	120
22	12	22	110
24	25	47	98
26	30	77	73
30	18	95	43
32	15	110	25
33	10	120	10
合计	120	—	—

$$中位数位置=\frac{\sum f}{2}=\frac{120}{2}=60$$

从计算看，无论是向上累计还是向下累计，中位数都在第四组，其对应之日产量 26 件即为中位数。

(2) 由组距或变量数列计算中位数。

首先按 $\frac{\sum f}{2}$ 确定中位数所在之中位，再按下限公式或上限公式计算中位数的具体数值。

下限公式：
$$M_e=L+\frac{\frac{\sum f}{2}-S_{m-1}}{f_m}\cdot d$$

式中：M_e——中位数；

L——中位数所在组下限；

f_m——中位数所在组次数；

S_{m-1}——中位数所在组以上的累计次数；

$\sum f$——总次数；

d——中位数所在组组距。

上限公式：
$$M_e=U-\frac{\frac{\sum f}{2}-S_{m+1}}{f_m}\cdot d$$

式中:U——中位数所在组上限;

S_{m+1}——中位数所在组以下的累计次数。

例 4-27　表 4-14 所示为某企业工人月工资资料。

表 4-14　某企业工人月工资资料

按工人月工资分组/元	工人人数/人	累计次数	
		较小别累计	较大别累计
2400～2500	24	24	300
2500～2600	48	72	276
2600～2700	105	177	228
2700～2800	60	237	123
2800～2900	27	264	63
2900～3000	21	285	36
3000～3100	12	297	15
3100～3200	3	300	3
合计	300	—	—

根据表 4-14 所示资料,$\frac{\sum f}{2}=\frac{300}{2}=150$,中位为 150。从表 4-14 累计次数中可以看出,中位数所在组为第三组,即月收入工资为 2600～2700 元的组。同时,由表 4-14 中资料可知:$f_m=105$ 人,$S_{m-1}=72$ 人,$S_{m+1}=123$ 人,$L=2600$ 元,$U=2700$ 元,$d=100$ 元。

中位数的具体数值,按下限公式计算:

$$M_e=L+\frac{\frac{\sum f}{2}-S_{m-1}}{f_m}\cdot d=2600\text{ 元}+\frac{150-72}{105}\times 100\text{ 元}$$
$$=2600\text{ 元}+74.29\text{ 元}=2674.29\text{ 元}$$

中位数的具体数值,按上限公式计算:

$$M_e=U-\frac{\frac{\sum f}{2}-S_{m+1}}{f_m}\cdot d=2700\text{ 元}-\frac{150-123}{105}\times 100\text{ 元}$$
$$=2700\text{ 元}-25.71\text{ 元}=2674.29\text{ 元}$$

五、各种平均数之间的相互关系

(一)算术平均数、几何平均数和调和平均数三者间的关系

算术平均数、几何平均数和调和平均数的三种计算平均数的应用,应根据社会

经济现象的客观性质和研究目的进行选择。但从数量关系上考虑，用同资料计算三种平均数的结果则是算术平均数大于几何平均数，几何平均数大于调和平均数，即 $\bar{x} \geqslant G \geqslant H$。只有在所有标志值都相同的情况下，三种平均数才相等。当我们知道它们之间的数量关系后，就可以判断在什么情况下，使用哪一种平均数计算方法。

下面的两个变量值证明以上不等式之关系。

$$(a-b)^2 = a^2 - 2ab + b^2 \geqslant 0$$

$$a^2 + b^2 \geqslant 2ab, \quad \frac{a^2+b^2}{2} \geqslant ab$$

令 $$a = \sqrt{x_1}, \quad b = \sqrt{x_2}, \quad \frac{x_1+x_2}{2} \geqslant \sqrt{x_1 x_2}$$

所以 $$\bar{x} \geqslant G$$

再令 $$a = \frac{1}{\sqrt{x_1}}, \quad b = \frac{1}{\sqrt{x_2}}$$

$$\frac{\dfrac{1}{x_1}+\dfrac{1}{x_2}}{2} \geqslant \frac{1}{\sqrt{x_1 x_2}}$$

$$\frac{2}{\dfrac{1}{x_1}+\dfrac{1}{x_2}} \leqslant \sqrt{x_1 x_2}$$

$$H \leqslant G$$

$$H \leqslant G \leqslant \bar{x}$$

这个不等式推广到有限的多个变量值也同样成立。

（二）众数、中位数、算术平均数的区别与关系

算术平均数、众数、中位数都是反映现象总体分布的集中趋势的测定与分析的综合性数据，都代表总体中各单位的一般水平。但这三种平均数也存在许多不同之处，从而使其可以应用于不同场合。为了正确和恰当地使用这些平均数，还要认识其特点，了解它们的区别与联系。

1. 三种平均数的含义不同

算术平均数是应用最广泛的一种平均数，它的数值是整个总体次数分布的中心或重心，这个中心两边的标志值呈对称分布。算术平均数反映了整个总体的次数分布，所以它既体现了各个变量值的作用，又反映了各变量值对应次数的影响。众数只反映次数分布曲线上峰顶变量值的影响，即出现次数最多的变量中的变量值。中位数是按变量值大小顺序出发的，将仅有的变量值分为相等的两部分，一部分数值比之大，一部分数值比之小，中间位置的变量值即为中位数。因此，常称算术平均数、调和平均数、几何平均数为数值平均数，众数、中位数为位置平均数。

2. 三种平均数受极端值影响不同

当总体中出现极大值或极小值时，算术平均数受影响最大，中位数次之，众数则不受影响。

例 4-28　某企业一个生产班组 8 个工人每日的产量为 22，25，25，25，26，28，29，34 件，求其算术平均数、中位数和众数。

算术平均数：$\bar{x}=\dfrac{\sum x}{n}=\dfrac{22+25+25+25+26+28+29+34}{8}$ 件/人 $=\dfrac{214}{8}$ 件/人 $=26.75$ 件/人。中位数：中位 $=\dfrac{n+1}{2}=\dfrac{8+1}{2}=\dfrac{9}{2}=4.5$，中位数 $M_e=\dfrac{25+26}{2}$ 件/人 $=25.5$ 件/人。25 件出现的次数最多，因此，众数 $M_o=25$ 件/人。

由上面的计算可以看出，由于第 8 个工人当日生产了 34 件，所以影响平均数最大。而中位数只考虑变量值位置的影响，即中位数与单位数的多少有关，与极端值无关，而众数则不受极端值的影响。因此，在出现极端值的情况下，算术平均数并不是一个代表一般水平的理想的平均数，而用中位数和众数来代表总体的一般水平更为适宜。

3. 三种平均数受非对称分布的影响程度不同

(1) 当总体分布呈对称的正态分布状态时，算术平均数、众数、中位数三者合而为一，即 $\bar{x}=M_o=M_e$，如图 4-3 所示。这三个数均可代表总体的一般水平。

(2) 当总体呈偏态分布时，算术平均数、众数和中位数就存在一定差别了。这种差别与总体的次数分布的偏斜度，即非对称性有关：偏斜度小，三者的差别小；偏斜度大，三者的差别也大。当次数分布呈右偏(或叫正偏)时，$M_o<M_e<\bar{x}$，如图 4-2 所示；当次数分布呈左偏(或叫负偏)时，$\bar{x}<M_e<M_o$，如图 4-4 所示。

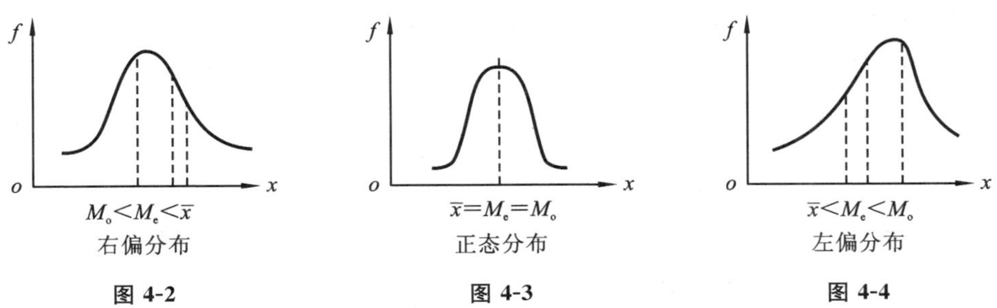

图 4-2　　**图 4-3**　　**图 4-4**

大量数据表明，当变量的次数分布为适当斜偏时，中位数与算术平均数的距离等于众数与算术平均数距离的 $\dfrac{1}{3}$，用公式表示为 $M_e-\bar{x}=\dfrac{1}{3}(M_o-\bar{x})$。根据这一数量关系，只要知道其中的二者，就可推算出另一平均指标，即 $M_o=3M_e-2\bar{x}$，$M_e=\dfrac{M_o+2\bar{x}}{3}$，$\bar{x}=\dfrac{3M_e-M_o}{2}$。

例如，已知某企业职工工资 $\overline{x}=3700$ 元，$M_e=3710$ 元，则 $M_o=3M_e-2\overline{x}=(3\times3710-2\times3700)$元$=(11\ 130-7400)$元$=3730$ 元。根据三个平均数之间的关系，$\overline{x}<M_e<M_o$，该企业职工的工资分布属于左偏分布。

第四节　离中趋势的测定与分析

统计平均数为描述总体的次数分布的集中趋势，反映总体各单位标志值的一般水平，为认识总体的共性和一般性提供了一种有效的方法。但是，万事万物除了具有共性外，还有它们各自的特殊性——个性，表现出各自的差异和特征。在变量的分布中，这种差异和个性，即表现出总体次数分布的离中趋势。只有认真分析总体各单位的数量差异，才能全面地认识社会经济现象，揭示现象总体内在的数量规律性。

现象总体的离中趋势，就是总体中各单位的数量标志值除了有集中趋势外，各单位的数量标志值相互间还存在差异，与它们的中心有着不同的离差，我们称之为离中趋势。集中趋势为总体表现出来的共性，离中趋势则是总体表现出来的个性。

标志变动度就是用来测定和分析总体各单位标志值的差异程度，反映总体次数分布中各标志值变动范围和离散程度的综合性指标，又称标志变异指标。与平均指标相对应，标志变动度从另一个方面补充说明总体内在的数量规律性，从而得以全面描述总体次数分布的数量特征。因此，标志变动度也是总体次数分布的一个重要的数量特征值。

一、标志变动度的作用

1. 标志变动度用来衡量平均数代表性的大小

平均数描述和反映总体分布的集中趋势，但它把总体各单位的标志值的差异抽象化了。即使是同质总体，其内部各单位的差异性也可能很大。平均数作为总体各单位某数量标志的代表值，其代表性的优劣决定了总体中各单位标志值的差异程度的大小。一般来说，各单位标志值的差异程度越大，标志变动度就越大，平均数的代表性就越差，次数分布就越分散；反之，各单位标志值的差异程度越小，标志变动度就越小，平均数的代表性就越好，次数分布就越集中。

例 4-29　某车间有甲、乙两个生产小组，每组各 10 个工人，每个工人的日产量如表 4-15 所示。

表 4-15　甲、乙两个生产小组工人的日产量　　单位：件

甲组	28	30	31	32	33	35	35	36	36	38
乙组	22	24	26	28	30	36	38	40	42	48

从表 4-15 可以看出，甲、乙两个生产小组总产量都是 334 件，平均每个工人的日产量都是 33.4 件。甲组工人的日产量之间比较接近，而乙组工人的日产量之间差异较大。虽然两组平均日产量相同，但甲组工人的平均日产量的代表性比乙组工人的平均日产量的代表性要好。由此可见，将平均数与标志变动度结合起来运用，就能清楚地反映平均数对总体各单位标志值一般水平的代表性。

2. 标志变动度可以反映社会经济活动过程的均衡性、协调性和节奏性

为了保证国民经济协调和可持续发展，可以计算标志变动度用来反映和检查国民经济是否稳定协调发展，是否有大起大落现象；在国民经济发展规划执行过程中，为了避免时松时紧现象，可计算标志变动度，来说明执行过程中的均衡性和节奏性。在产品质量控制中，测定有关标志变动度，来说明生产过程中产品质量的稳定性。

3. 标志变动度可以反映投资的风险性

一般说来，标志变动度越小，投资风险越小；反之，标志变动度越大，投资风险越大。如股票、保险、风险投资等，这些投资的标志变动度的变化，说明其稳定与风险变化的程度。

4. 标志变动度在抽样调查中有重要作用

在抽样调查中，总体数量特征的推断，必须根据总体各单位的差异程度科学地确定和计算抽样估计的概率保证程度和估计精度，必须根据必要抽样数目和标志变动度来计算抽样误差。

二、离中趋势的测定方法

（一）全距（R）

全距是总体单位中最大标志值与最小标志值之差，即两极之差，故亦称极差。它主要用来测定总体各单位标志值的差异范围或变量值的变动幅度。全距常用 R 表示，其计算公式为

$$R=\text{最大变量值}-\text{最小变量值}=x_{\max}-x_{\min}$$

式中：R——变异全距；

$x_{\max}$——变量数列中最大变量值；

$x_{\min}$——变量数列中最小变量值。

在单项式变量数列中，两端的变量值就是极大值与极小值；如果是组距式变量数列，就将最大组的上限作为最大值，最小组的下限作为最小值。但是，按上述公式计算 R 具有一定的假定性，因为最大值与最小值并不是很准确的。如果遇到开口组，还是无法计算全距。

在表 4-15 中，甲组工人日产量的全距为 $R=38$ 件-28 件$=10$ 件，乙组工人的日产量全距为 $R=48$ 件-22 件$=26$ 件。从计算结果可以看出，甲、乙两组工人的平均日产量相同，均为 33.4 件。但甲、乙两组的数据变动很不一样。甲组内各个工人的日产量的差异远小于乙组，而乙组各个工人的日产量变动远远大于甲组，因而，甲组平均数的代表性要优于乙组。

全距计算方法简便，容易理解，意义明确，能比较准确地反映总体中标志值的变动范围，据以反映平均数的代表性优劣。因此，全距在一些场合能粗略地说明某些现象的变动程度，比如在现代化高速生产的工艺过程中，全距就被用于检查产品质量的稳定性和对产品质量进行控制。全距的变化，就能反映产品质量的波动。全距在编制次数分配数列时，是确定组数、组距的重要因素。

但全距的大小只取决于总体中两个极端值的差距，既容易受到极端值的影响，又忽视了中间多个标志值数据差异的信息处理及影响，其结果不能充分准确地反映现象实际的离中趋势和离散程度，有一定的局限性。

（二）平均差

平均差($A \cdot D$)是总体各单位标志值与其平均数的离差的绝对值的平均数。由于各标志值对其平均数的离差总和均等于零，即 $\sum(x-\overline{x})=0$，因而其离差和的平均数也等于零。因此，在计算平均差时，采用离差的绝对值，即 $|x-\overline{x}|$ 计算。所以，平均差实质是以算术平均数为中心，各单位标志值与平均数的平均离差。

根据掌握的资料不同，平均差可分为简单平均式和加权平均式两种。

1. 简单平均式

根据未分组资料计算平均差，采用简单平均式。其计算公式为

$$A \cdot D=\frac{\sum|x-\overline{x}|}{n}$$

式中：$A \cdot D$—— 平均差；

x—— 总体各单位标志值；

$\overline{x}$—— 各单位标志值的算术平均数；

n—— 标志值的项数。

例 4-30　表 4-16 所示为甲、乙两组工人日产量资料。

表 4-16　甲、乙两组工人日产量平均差计算表　　单位：件

甲组			乙组		
x	$x-\overline{x}$	$\lvert x-\overline{x}\rvert$	x	$x-\overline{x}$	$\lvert x-\overline{x}\rvert$
20	-2	2	14	-8	8

续表

甲组			乙组		
x	$x-\bar{x}$	$\lvert x-\bar{x}\rvert$	x	$x-\bar{x}$	$\lvert x-\bar{x}\rvert$
21	−1	1	18	−4	4
22	0	0	22	0	0
23	1	1	26	4	4
24	2	2	30	8	8
合计	—	6	合计	—	24

甲组工人平均日产量 $\bar{x}=\dfrac{\sum x}{n}=\dfrac{20+21+22+23+24}{5}$ 件 $=\dfrac{110}{5}$ 件 $=22$ 件

乙组工人平均日产量 $\bar{x}=\dfrac{\sum x}{n}=\dfrac{14+18+22+26+30}{5}$ 件 $=\dfrac{110}{5}$ 件 $=22$ 件

$$(A\cdot D)_{甲}=\frac{\sum\lvert x-\bar{x}\rvert}{n}=\frac{6}{5}\text{ 件}=1.2\text{ 件}$$

$$(A\cdot D)_{乙}=\frac{\sum\lvert x-\bar{x}\rvert}{n}=\frac{24}{5}\text{ 件}=4.8\text{ 件}$$

甲组工人的平均日产量的平均差小于乙组工人的平均日产量的平均差，因此，甲组的平均日产量的代表性比乙组的好。

2. 加权平均式

在资料已经分组形成分配数列时，计算平均差采用加权平均式。其计算公式为

$$A\cdot D=\frac{\sum\lvert x-\bar{x}\rvert f}{\sum f}$$

式中：f——权数。

例 4-31　某车间 50 名工人日产量资料如表 4-17 所示。

表 4-17　某车间工人日产量加权平均差计算表

按日产量分组 x/ 件	工人人数 f/ 人	各组产量 xf/ 件	$\lvert x-\bar{x}\rvert$	$\lvert x-\bar{x}\rvert f$
19	5	95	1.8	9
20	15	300	0.8	12
21	17	357	0.2	3.4
22	11	242	1.2	13.2

续表

按日产量分组 x/件	工人人数 f/人	各组产量 xf/件	$\lvert x-\bar{x} \rvert$	$\lvert x-\bar{x} \rvert f$
23	2	46	2.2	4.4
合计	50	1040	—	42

$$\bar{x}=\frac{\sum xf}{\sum f}=\frac{1040}{50}\text{件/人}=20.8\text{件/人}$$

$$A \cdot D=\frac{\sum \lvert x-\bar{x} \rvert f}{\sum f}=\frac{42}{50}\text{件/人}=0.84\text{件/人}$$

计算结果表明，50名工人日产量的平均差异程度为0.84件。

一般来说，平均差的数值越大，其平均数的代表性越差，说明标志值的分布越分散。

当掌握的资料为组距式分布数列时，以各组的组中值代表各组的标志值，与上面计算平均差的方法相同。

平均差的优点在于相对于全距而言，它能将总体中各单位的标志值的差异变化情况全部包括在内，较准确地反映了总体各单位标志值的离散差异程度，受极端值的影响比全距小，而且计算也比较简单，意义明确。

平均差的缺点在于运用取绝对值的方法消除了离差的正负号，虽然解决了正负离差相互抵消的问题，但公式中的绝对值通过数学假定，不利于数学处理，在应用上有较大局限性。

（三）标准差

标准差是总体各单位标志值与其平均数的离差的平方的算术平均数的平方根，因此又称均方差。它的意义与平均差基本相同，也是反映各个标志值对其平均数的平均离差。但在数学处理上比平均差合理和优越，它是对各个标志值与其平均数的离差的平方后，再对其各个平方离差的和求算术平均数的平方根，如此来消除离差的正负号。由于标准差在数学处理上优于平均差，因此，它是测定标志变动度使用最为广泛的一种计算分析方法。

根据掌握的资料不同，计算标准差也有简单平均式与加权平均式两种方法。

1. 简单平均式

如果掌握的资料为未分组资料，采用简单平均式计算标准差。其计算公式为

$$\sigma=\sqrt{\frac{\sum(x-\bar{x})^2}{n}}$$

式中：σ 为标准差。

例 4-32 表4-18所示为甲、乙两生产班组的日产量资料。

表 4-18 甲、乙两生产班组标准差计算表

甲组($\overline{x}$=22 件)			乙组($\overline{x}$=22 件)		
日产量/件	离差	离差平方	日产量/件	离差	离差平方
x	$x-\overline{x}$	$(x-\overline{x})^2$	x	$x-\overline{x}$	$(x-\overline{x})^2$
20	−2	4	14	−8	64
21	−1	1	18	−4	16
22	0	0	22	0	0
23	1	1	26	4	16
24	2	4	30	8	64
合计	—	10	合计	—	160

甲组：$$\sigma=\sqrt{\frac{\sum(x-\overline{x})^2}{n}}=\sqrt{\frac{10}{5}}\text{件}=1.41\text{件}$$

乙组：$$\sigma=\sqrt{\frac{\sum(x-\overline{x})^2}{n}}=\sqrt{\frac{160}{5}}\text{件}=5.66\text{件}$$

甲组平均日产量的标准差小于乙组，因此甲组平均日产量的代表性好于乙组。

2. 加权平均式

如果掌握的资料已经经过加工整理，形成了分组的变量分布数列，则应采用加权平均式计算标准差。其计算公式为

$$\sigma=\sqrt{\frac{\sum(x-\overline{x})^2\cdot f}{\sum f}}$$

例 4-33 某车间生产工人日产量分组资料如表 4-19 所示，试求该车间 100 名生产工人的日产量标准差。

表 4-19 某车间生产工人日产量标准差计算表

日产量/件	组中值 x	人数 f/人	xf	$x-\overline{x}$	$(x-\overline{x})^2$	$(x-\overline{x})^2\cdot f$
10～20	15	5	75	−28	784	3920
20～30	25	10	250	−18	324	3240
30～40	35	25	875	−8	64	1600
40～50	45	30	1350	2	4	120
50～60	55	20	1100	12	144	2880
60～70	65	10	650	22	484	4840
合计	—	100	4300	—	—	16 600

$$\bar{x}=\frac{\sum xf}{\sum f}=\frac{4300}{100}\text{件}=43\text{ 件}$$

$$\sigma=\sqrt{\frac{\sum(x-\bar{x})^2\cdot f}{\sum f}}=\sqrt{\frac{16\ 600}{100}}\text{件}=12.88\text{ 件}$$

计算结果表明,某车间 100 名生产工人平均日产量的标准差为 12.88 件。标准差越大,说明工人日产量间的差异程度越大,平均日产量的代表性越差;反之,工人日产量之间差异程度越小,平均日产量代表性越好。

3. 标准差的简捷计算法

1)简单平均式简捷法

$$\sigma=\sqrt{\frac{\sum(x-\bar{x})^2}{n}}=\sqrt{\frac{\sum[x^2-2x\cdot\bar{x}+(\bar{x})^2]}{n}}=\sqrt{\frac{\sum x^2}{n}-2\frac{\sum x}{n}\cdot\frac{\sum x}{n}+\left(\frac{\sum x}{n}\right)^2}$$

$$=\sqrt{\frac{\sum x^2}{n}-2\left(\frac{\sum x}{n}\right)^2+\left(\frac{\sum x}{n}\right)^2}=\sqrt{\frac{\sum x^2}{n}-\left(\frac{\sum x}{n}\right)^2}=\sqrt{\overline{x^2}-(\bar{x})^2}$$

例 4-34 表 4-20 所示为甲、乙两组工人的日产量资料。

表 4-20 甲、乙两组工人标准差简捷法计算表

甲组($\bar{x}$=22 件)		乙组($\bar{x}$=22 件)	
日产量 x/件	x^2	日产量 x/件	x^2
20	400	14	196
21	441	18	324
22	484	22	484
23	529	26	676
24	576	30	900
合计	2430	合计	2580

甲组:

$$\sigma=\sqrt{\frac{\sum x^2}{n}-\left(\frac{\sum x}{n}\right)^2}=\sqrt{\frac{2430}{5}-22^2}\text{件}=\sqrt{486-484}\text{件}=\sqrt{2}\text{件}=1.41\text{ 件}$$

乙组:

$$\sigma=\sqrt{\frac{\sum x^2}{n}-\left(\frac{\sum x}{n}\right)^2}=\sqrt{\frac{2580}{5}-22^2}\text{件}=\sqrt{516-484}\text{件}=\sqrt{32}\text{件}=5.66\text{ 件}$$

甲组工人的平均日产量的标准差小于乙组工人的平均日产量的标准差，故甲组工人的平均日产量的代表性优于乙组。

2）加权平均式简捷法

$$\sigma=\sqrt{\frac{\sum(x-\bar{x})^2 f}{\sum f}}=\sqrt{\frac{\sum[x^2-2x\bar{x}+(\bar{x})^2]f}{\sum f}}$$

$$=\sqrt{\frac{\sum x^2 f}{\sum f}-\frac{2\sum xf}{\sum f}\frac{\sum xf}{\sum f}+\left(\frac{\sum xf}{\sum f}\right)^2}$$

$$=\sqrt{\frac{\sum x^2 f}{\sum f}-2\left(\frac{\sum xf}{\sum f}\right)^2+\left(\frac{\sum xf}{\sum f}\right)^2}$$

$$=\sqrt{\frac{\sum x^2 f}{\sum f}-\left(\frac{\sum xf}{\sum f}\right)^2}=\sqrt{\overline{x^2}-(\bar{x})^2}$$

例 4-35　表 4-21 所示为某车间工人日产量资料。

表 4-21　某车间工人日产量标准差计算表

日产量 / 件	组中值 x/ 件	人数 f/ 人	xf	x^2f
10～20	15	5	75	1125
20～30	25	10	250	6250
30～40	35	25	875	30 625
40～50	45	30	1350	60 750
50～60	55	20	1100	60 500
60～70	65	10	650	42 250
合计	—	100	4300	201 500

$$\bar{x}=\frac{\sum xf}{\sum f}=\frac{4300}{100}\text{件}=43\text{ 件}$$

$$\sigma=\sqrt{\frac{\sum x^2 f}{\sum f}-\left(\frac{\sum xf}{\sum f}\right)^2}=\sqrt{\frac{201\,500}{100}-43^2}\text{ 件}=\sqrt{2015-1849}\text{ 件}$$

$$=\sqrt{166}\text{ 件}=12.88\text{ 件}$$

（四）是非标志的平均数与标准差

在社会经济统计中，当一个总体可以按某一标志划分为具有某种标志的特征和不具有某种标志的特征的两个组成部分时，这种“具有”或“不具有”的标志就称为交替标志，或者用“是”和“否”来表示，因此，又称为是非标志。如：人的性别非男即女，或非女即男；产品质量为合格或不合格；你是大学生吗？是或者不是；你是军人吗？是或者不是。这些都是是非标志的具体表现。

交替标志是品质标志，要测定其平均数和标准差，必须将是非标志表现的质的差异转化为数量形式的差异。统计上将具有某种标志特征或性质的单位的标志值以“1”表示，将不具有某种标志特征或性质的单位的标志值以“0”表示。如产品的合格品的标志值用“1”表示，不合格品的标志值用“0”表示。

设总体单位总量为 N，具有某种标志特征的单位为 N_1，则不具有某种标志特征的单位数为 N_0。p 为 N_1 在 N 中所占比重，即 $p=\dfrac{N_1}{N}$，q 为 N_0 在 N 中所占比重，即 $q=\dfrac{N_0}{N}$，亦即 $\dfrac{N_1}{N}+\dfrac{N_0}{N}=p+q=1$，$p=1-q$，$q=1-p$。这样，是非标志的平均数与标准差便可计算如下。

$$\bar{x}=\frac{\sum xf}{\sum f}=\frac{1\times N_1+0\times N_0}{N_1+N_0}=\frac{N_1}{N}=p$$

或

$$\bar{x}=\frac{\sum xf}{\sum f}=\frac{1\times p+0\times q}{p+q}=\frac{p}{1}=p$$

$$\sigma=\sqrt{\frac{\sum(x-\bar{x})^2\cdot f}{\sum f}}=\sqrt{\frac{(1-p)^2\cdot N_1+(0-p)^2\cdot N_0}{N_1+N_0}}=\sqrt{\frac{p^2N_0+q^2N_1}{N}}$$

$$=\sqrt{p^2q+q^2p}=\sqrt{pq(p+q)}=\sqrt{pq}=\sqrt{p(1-p)}$$

或

$$\sigma=\sqrt{\frac{\sum x^2f}{\sum f}-\left(\frac{\sum xf}{\sum f}\right)^2}=\sqrt{\frac{1^2\times N_1+0^2N_0}{N}-p^2}=\sqrt{\frac{N_1}{N}-p^2}$$

$$=\sqrt{p-p^2}=\sqrt{p(1-p)}$$

故是非标志的平均数为 p，标准差为 $\sigma=\sqrt{p(1-p)}$。

例 4-36 某企业生产电子元件，对其全月生产的 10 000 支产品进行质量检验，有 200 支不合格，试求该企业全月电子元件的平均合格率和标准差。

平均合格率：　$p=\dfrac{N_1}{N}=\dfrac{10\ 000-200}{10\ 000}=\dfrac{9800}{10\ 000}=98\%$

标准差：$\sigma=\sqrt{p(1-p)}=\sqrt{0.98\times(1-0.98)}=\sqrt{0.0196}=14\%$

（五）标志变异系数

全距、平均差、标准差用来说明总体内部各单位标志值变动的绝对程度和平均程度。这三个标志变异指标的大小不仅受总体单位标志值变动的差异程度的影响,同时也受总体各单位标志值本身数量水平高低的影响。对于不同水平的标志值数列而言,同样大小的标志变异指标表明的经济意义是不一样的。例如,人均收入标准差同样是 45 元,对于人均收入 5000 元的家庭组来说,这个变异不算大;但对于人均收入 300 元的家庭组来说,这样的变异就相当大了。45 元,在人均收入 300 元的家庭组中,其比重为 15%,而在人均收入 5000 元的家庭组中,其比重则只为 9‰。因此,对于不同平均水平的数列或总体,就不能只通过全距、平均差、标准差这类标志变异指标来比较说明其标志变异程度的大小,而要将全距、平均差、标准差与对应的平均数对比,来说明不同平均水平的数列或总体的相对变异程度,这就是标志变异系数。

标志变异系数就是全距、平均差、标准差这类标志变异指标与相应的算术平均数相对比计算出来的相对数,又称离散系数、变异系数。这样,不同计量单位的各个总体,由于计量单位抽象化了,也可进行比较了。

标志变异系数分别用全距系数、平均差系数、标准差系数表示,其计算公式为

全距系数：$$V_R = \frac{R}{\bar{\bar{x}}} \times 100\%$$

平均差系数：$$V_{A \cdot D} = \frac{A \cdot D}{\bar{\bar{x}}} \times 100\%$$

标准差系数：$$V_\sigma = \frac{\sigma}{\bar{\bar{x}}} \times 100\%$$

由于标准差是应用最广泛的标志变异指标,与之相对应的标准差系数也应用得最为广泛。下面举例说明。

例如,表 4-22 所示为甲、乙两村早稻的生产资料。

表 4-22　甲、乙两村早稻生产资料

	平均亩产/千克	标准差/千克	标准差系数/(%)
甲村	490	24	4.9
乙村	350	18	5.14

从标准差看,甲村高于乙村,但这并不能说明甲村的标志变异程度高,平均数代表性差。因为甲村早稻平均亩产比乙村高,虽然甲村标准差大于乙村,但相对于较高的平均亩产而言,其标准差系数低于乙村。所以,相对来说,甲村的标志变异程度低于乙村,甲村的平均亩产比乙村的平均亩产更具代表性。

思考与练习

一、思考题

1. 什么是统计绝对数？试举例说明时期数和时点数的各自特点。

2. 简述相对数的应用原则。

3. 常用来测定集中趋势的特征量有哪些？何谓数值平均数和位置平均数？

4. 简述众数、中位数和算术平均数的区别与关系。

5. 什么是标志变动度？标志变动度有哪些方面的作用？

二、练习题

1. 三个商店 2013 年上半年零售情况统计资料如下。

单位:万元

	第一季度实际零售额	第二季度					第二季度零售额为上季度的百分比
		规划		实际		规划完成/(%)	
		零售额	比重/(%)	零售额	比重/(%)		
甲商店	90	100.0		100.0			
乙商店	130	150.0				100.0	
丙商店	230			237.5		95.0	
合计	450		100.0		100.0		

要求:计算空格中的指标值。

2. 某百货公司 6 月份各天的销售额数据如下。

单位:万元

257	276	297	252	238	310	240	236	265	278
271	292	261	281	301	274	267	280	258	291
272	284	268	303	273	263	322	249	269	295

(1) 计算该百货公司日销售额的均值、中位数；

(2) 计算日销售额的全距、平均差。

3. 甲、乙两个企业生产三种产品的单位成本和总成本资料如下。

产品名称	单位成本/万元	总成本/万元	
		甲企业	乙企业
A	0.15	21.00	32.55
B	0.20	30.00	15.00
C	0.30	15.00	15.00

比较两个企业的总平均成本的高低并分析其原因。

4. 某公司所属甲、乙两企业职工的月工资水平如下。

月工资/万元	甲企业	乙企业
	工人数/人	工人结构/(%)
0.85～0.90	50	5
0.90～0.95	80	12
0.95～1.00	100	10
1.00～1.05	120	20
1.05～1.10	170	35
1.10 以上	80	18
合计	600	100

要求:(1) 计算甲企业职工的月平均工资;

(2) 计算乙企业职工的月平均工资。

5. 某企业工人劳动生产率资料如下。

劳动生产率/(件/人)	生产总件数/件
30～40	350
40～50	540
50～60	880
60～70	650
70～80	450

要求:计算该企业工人的平均劳动生产率。

6. 农贸公司四个收购点收购某种土产品的资料如下。

收购点	收购单价/(万元/千克)	收购金额/万元
甲	0.12	600
乙	0.11	550
丙	0.10	600
丁	0.13	420

要求:计算该种土产品的平均收购价格。

7. 某集团公司所属 22 个企业利润额规划完成情况资料如下。

规划完成/(%)	企业数/个	实际完成利润额/万元
90～100	2	100
100～110	10	500
110～120	8	540
120 以上	2	200
合计	22	1340

要求:计算该公司所属企业利润额的平均规划完成程度。

8. 已知甲、乙两车间各 10 名工人的工龄情况,资料如下。

单位:年

甲	19	22	23	25	30	31	33	37	38	40
乙	18	20	23	24	29	31	34	35	38	44

试计算甲、乙两车间工人的平均工龄,并比较其代表性。

9. 甲、乙两工厂产量资料如下。

产量/件	工人人数	
	甲厂	乙厂
10	100	80
11	150	140
12	170	150
13	190	180
14	120	100
15	80	40
合计	810	690

要求:(1) 分别计算两厂工人的平均产量;

(2) 计算有关指标,比较两厂工人平均产量的代表性。

10. 一批 200 件产品的加工需依次经过四道工序,资料如下所示。

工序	1	2	3	4
投入数/件	200	198	197	197
产品合格数/件	198	197	197	195

试计算四道工序的平均合格率及其合格率的标准差。

11. 某厂三个车间的废品率及产量资料如下所示。

	废品率/(%)	产品/件	产品制造总工时/小时
甲车间	2	1000	2800
乙车间	4	1200	3200
丙车间	2	1200	3000

要求:(1) 如果三个车间生产不同的产品,其平均废品率为多少?

(2) 如果三个车间生产同种产品,其平均废品率又为多少?

12. 有一家餐馆到三个集贸市场买鱼,这三个集贸市场鱼的价格分别为 6、5、4.8 元/千克。该餐馆以两种方式购买:第一种是在每个集贸市场各买 20 斤(1 斤=500 克)鱼;第二种是在每个集贸市场各花 120 元来购买。试计算:

(1) 以第一种方式购买鱼时每斤鱼的平均价格;

(2) 以第二种方式购买鱼时每斤鱼的平均价格。

13. 某企业两个车间产品资料如下所示。

车间	规　划		实　际	
	一级品率/(%)	一级品产值/万元	一级品率/(%)	一级品产值/万元
甲	82	28.7	90	36
乙	90	36	95	38

试计算:(1) 整个企业的规划和实际的平均一级品率;

(2) 整个企业一级品产值、全部产值的规划完成百分比。

14. 对某地农户进行家计调查,得 3000 户农户的人均月收入资料如下所示。

月收入额/元	农户数/户
1000 以下	100
1000～1500	150
1500～2000	300
2000～2500	500
2500～3000	650
3000～3500	540
3500～4000	200
4000～4500	280
4500～5000	180
5000 以上	100
合计	3000

要求：(1) 计算中位数 M_e 和众数 M_o；

(2) 根据中位数、众数、算术平均数之间的关系，推算出算术平均数，并说明此变量的分布状态。

15. 某年级学生数学考试成绩资料如下所示。

成绩/分	学生人数/名
50～60	5
60～70	25
70～80	30
80～90	40
90～100	20
合计	120

要求分别计算某年级学生数学成绩的全距、平均差和标准差。

16. 某中学学生年龄的分组资料如下所示。

年龄/岁	各年龄组学生所占比重/(%)
12	8
13	10
14	22
15	25
16	15
17	10
18	10
合计	100

要求计算该中学学生年龄的平均差和标准差。

17. 甲、乙两个品种的水稻在 6 块地上试种，有关资料如下所示。

田块编号	甲品种		乙品种	
	田块面积/亩	总产量/公斤	亩产/(公斤/亩)	总产量/公斤
1	1.2	420	360	720
2	2.0	760	380	570
3	1.0	400	400	840
4	0.8	380	350	740
5	1.0	360	386	772
6	2.0	800	405	810

要求：比较两个品种水稻产量的稳定性。（1 亩＝666.7 平方米，1 公斤＝1 千克）

18. 生产同种产品的甲、乙两车间的产量资料如下所示。

月产量/件	工人数/人	
	甲车间	乙车间
70～80	8	6
80～90	10	12
90～100	14	12
100～110	10	8
110 以上	8	10

要求：比较甲、乙两车间职工平均产量的代表性。

19. 一种产品需要人工组装，现有三种可供选择的组装方法。为检验哪种方法更好，随机抽取 15 个工人，让他们分别用三种方法组装。下表是 15 个工人分别用三种方法在相同的时间内组装的产品数量（单位：个）。

方法 A	164	167	168	165	170	165	164	168	164	162	163	166	167	166	165
方法 B	129	130	129	130	131	130	129	127	128	128	127	128	128	125	132
方法 C	125	126	126	127	126	128	127	126	127	127	125	126	116	126	125

（1）你准备采用什么方法评价组装方法的优劣？

（2）如果让你选择一种方法，你会做出怎样的选择？试说明之。

第五章 时间序列的分析与预测

[案例]

江苏2011年主要经济数据获十大突破

2011年，江苏科学发展取得重大成效，实现了"十二五"发展良好开局，主要经济数据实现十个突破，城乡居民人均收入更是分别达到26 341元和10 805元，城乡居民收入比为2.44∶1，是全国收入差距最小的省份之一。

主要经济数据十大突破：

人均地区生产总值突破6万元；

地方财政一般预算收入突破5000亿元；

全社会研发投入突破1000亿元；

发明专利授权量突破1万件；

粮食总产量突破3300万吨；

规模以上工业利税突破1万亿元；

社会消费品零售总额突破1.5万亿元；

进出口总额突破5000亿美元；

城乡居民人均收入分别突破2.6万元和1万元；

城镇居民可支配收入全国第六。

江苏省统计局新闻发言人刘兴远介绍，2011年全年江苏城镇居民人均可支配收入达26 341元，比全国平均水平高4531元，位列全国第六；比上年增长14.8%，高出全国0.7个百分点，增幅在苏、浙、粤、沪、鲁等经济发达省市中名列前茅。

农民收入增幅连续两年超城市

全年农村居民人均纯收入达10 805元，排名全国第五，比上年增长18.5%。农民收入增幅连续两年超过城镇居民，城乡居民收入比为2.44∶1，收入差距是全国较小的省份之一。农村年人均纯收入 2500 元以下的贫困人口提前一年全面脱贫。

城镇居民财产性收入增速超 4 成

在城镇居民人均家庭总收入中，工薪收入 17 317 元，增长 16.9%；经营净收入 3027 元，增长 20.1%；财产性收入 667 元，增长 41.6%；转移性收入 7962 元，增长 8.9%。刘兴远说，虽然 2011 年股市并不景气，但居民的财产性收入仍实现了大幅增长。

负利率导致老百姓存款意愿降低

尽管 2011 年央行多次上调存款利率，但是居民的存款意愿进一步降低。2011 年年末全省金融机构人民币存款余额比上年少增 3345.6 亿元。

楼市销量下降，投资增幅回落

刘兴远用“房地产开发呈回落态势”来概括 2011 年江苏楼市的大形势。2011 年，全省房地产开发投资 5552.7 亿元，比上年增长 29.2%，增速比前三季度回落 4.4 个百分点。房屋新开工面积 14 721.1 万平方米，比上年增长7.1%，增速比上年回落 42 个百分点。

全年商品房销售面积为 7982.7 万平方米，比上年下降 15.8%，其中住宅销售面积下降 16.3%。

刘兴远说，2011 年 12 月国家统计局调查的江苏南京、无锡、扬州、徐州四市的住宅价格环比均出现回落。这也体现出房地产调控政策在我省得到了较好的落实。

下半年后物价涨势明显变慢

2011 年全省八大类消费价格无一不涨。不过，通过保障供应、疏导流通、加强监管、健全机制，加大价格调节专项资金投入力度，建设平价商店促进农产品产销对接等一系列措施，下半年以后物价涨势明显趋缓。全年居民消费价格比上年上涨 5.3%，涨幅比上半年回落 0.4 个百分点，低于全国平均水平 0.1 个百分点。不过，国家统计局江苏调查总队总统计师王忠华也坦言，由于国际国内各种复杂因素综合作用，后期物价走势还有待进一步观察。

金银珠宝消费增速排第一

在高物价、股市楼市双双低迷的情况下，金银珠宝等“保值”消费品大热。全省统计数据显示，2011 年我省金银珠宝零售额比上年增长 39.8%，增速位列各类消费品榜首。汽车类仍然是我省第一大消费品类，汽车零售额增长 21.3%，增幅比上年回落了 16.5 个百分点。

江苏省 2011 年主要经济数据获十大突破，与上年相比，均有较大增长。这些数据充分说明了江苏省社会经济发展的良好态势。

根据以上案例,回答以下问题:

(1) 这些统计数据有什么性质和特征?

(2) 这些统计数据是如何计算的,它们说明了什么问题?

本章将讨论时间序列分析中的动态分析、平均分析、长期趋势分析和季节变动分析与预测。

社会经济现象总是在不断发展变化,时间序列就是社会经济现象发展变化的真实记录。通过对时间序列的观察研究,找到社会经济现象在数量上发展变化的轨迹,把握社会经济现象在发展变化过程中的特点、趋势及规律,这就是动态分析法——研究社会经济现象总体数量方面随时间变化而变化发展的过程的统计分析方法。

第一节　时间序列概述

一、时间序列的概念

时间序列又称时间数列,还称动态数列,它是将社会经济现象的统计数据按照时间先后顺序排列而成的序列。表 5-1 所示为我国经济和社会发展资料。

表 5-1　我国经济与社会发展资料

年　　份	国内生产总值/亿元	年末人口总数/万人	城市人口比重/(%)	职工年平均工资/元
2001	109 655.2	127 627	37.66	10 870
2002	120 332.7	128 453	39.09	12 422
2003	135 822.8	129 227	40.53	14 040
2004	159 878.3	129 988	41.76	16 024
2005	184 937.4	130 756	42.99	18 364
2006	216 314.4	131 448	44.34	21 001
2007	265 810.3	132 129	45.89	24 932
2008	314 045.4	132 802	46.99	29 229

续表

年　　份	国内生产总值/亿元	年末人口总数/万人	城市人口比重/(%)	职工年平均工资/元
2009	340 902.8	133 450	48.34	32 736
2010	401 202.01	134 091	49.95	37 147

资料来源:《中国统计年鉴 2011 年》,中国统计出版社,2011 年版。

表 5-1 是我国近些年来经济与社会发展变化的主要时间序列,即国内生产总值、年末人口总数、城市人口比重、职工年平均工资等四个时间序列。

时间序列分析是统计分析的一种重要的分析方法。研究时间序列有重要的意义。一是可以描述社会经济现象发展变化的过程与结果;二是可以研究社会经济现象发展变化的水平、速度和规律;三是可以对时间序列的发展进行统计预测;四是对不同的空间范围但又有联系的时间序列进行对比或做相关分析。

时间序列由两部分构成:一个是社会经济现象所属的时间,一个是观察值。根据观察时间不同,时间序列中的时间可以是年份、季度、月份等,时距可以相等,也可以不相等。我们用 $t_i(i=1,2,3,\cdots,n)$表示时间。观察值可以是绝对数、相对数、平均数或其他任何经过整理后的数据。其中 Y_0 表示期初水平,Y_1,Y_2,Y_3,…,Y_{n-1} 表示中间水平,Y_n 表示期末水平,这样,时间序列及其构成可用表 5-2 表示。

表 5-2　时间序列及其构成

时间 t_i	$t_0, t_1, t_2, t_3, \cdots, t_{n-1}, t_n$
发展水平 Y_i	$Y_0, Y_1, Y_2, Y_3, \cdots, Y_{n-1}, Y_n$

二、时间序列的类型和种类

(一) 时间序列的类型

根据时间序列中各期发展水平是否有发展变化的趋势、周期性、季节性等性质特征来划分其类型。

1. 平稳系列

时间序列中各时间上的观察值基本上不存在比如增长或下降趋势的序列,即该序列的观察值比较平稳,基本上是在某个固定的水平上波动;虽然在不同的时间段波动程度不同,但并不存在某种发展趋势或规律,因而其波动也被看成是随机的。这类时间序列称为平稳系列。如:在生产条件稳定后,水稻单产在一个较长时间内都不会有大的波动;在生产工艺条件成熟稳定后,产品质量水平在比较长的时间内也不会有大的变动。

2. 非平稳系列

非平稳系列即时间序列中各时间上的观察值包含有趋势性、季节性或周期性成分的系列。它可能只会含有其中的一种成分,也可能是包含有几种成分的组合。由于包含一种或几种成分,因此,该时间序列就会有比较大的起伏波动,所以称为非平稳系列。如果非平稳系列中,只包含趋势性成分,就称为单一型非平稳系列;如果非平稳系列中同时包含几种成分,就称为复合型非平稳系列。

(二)时间序列的种类

根据时间序列中各期发展水平的具体表现形式,如绝对数、相对数、平均数,可将时间序列划分为绝对数时间序列、相对数时间序列、平均数时间序列三个种类。

1. 绝对数时间序列

绝对数时间序列是由一系列同类的总量指标数值,按时间先后顺序排列而成的时间序列,用以反映所研究的现象的规模或水平的变动情况,又称总量指标时间数列。如果按照指标反映的社会经济现象所属时间的不同,绝对数时间序列又分为时期数列和时点数列。

1)时期数列

如表 5-1 中,十年中按年份顺序排列的国内生产总值序列即为时期数列。

在绝对数动态数列中,如果各项指标的数值都是反映某种现象在一段时间内发展过程的总量,这种绝对数时间数列,就称为时期数列。时期数列有如下特点。

(1)数列中,各个指标的数值可以相加,相加具有一定的社会经济意义。时期数列中每个指标的数值都表示在一段时间内发展过程的总量,从本质上讲,属于流量指标,所以相加后的数值就表示现象在更长一段时间内发展过程的总量。

(2)数列中每一个指标数值的大小与所属时期的长短有直接的关系。在时期数列中,每个指标数值所属时间的长度,称为时期。时期的长短主要根据研究目的而定,可以是一日、一旬、一月、一季度、半年、一年或更长时间。由于每个指标的具体数值反映某一段时间内发展过程的总量,一般来说,时期越长,指标数值越大。

(3) 数列中的每一个指标数值都是通过连续不断的登记取得的。

2) 时点数列

如表 5-1 中,以年份为序排列的年末人口总数序列即为时点数列。

在绝对数动态数列中,如果每个指标的数值反映的是现象在某一时间(瞬间)所处状态的数量水平,这种绝对数动态数列就称为时点数列。在时点数列中,相邻两个指标值在时间上距离的长度,称为间隔。时点数列有如下特点。

(1) 数列中每个指标数值一般不能相加,相加的结果没有任何社会经济意义。由于时点数列中每一个指标数值都表明在某一时点上现象的数量,从本质上讲,属于存量指标,几个指标数值相加后不能说明属于哪一个时点上的数量,因此,时点指标相加没有任何实际的社会经济意义。

(2) 数列中每一个指标数值的大小与其时间间隔长短不具有直接关系。由于时点数列中每一个指标的数值,只是表明现象在某一时点上的数量,因此,指标数值的大小与时间间隔的长短没有直接关系。

(3) 数列中的每个指标数值通常是间断计数一次性登记取得的。

2. 相对数时间数列

表 5-1 中,以年份为序的城市人口比重时间序列即为相对数时间数列。

相对数时间数列是由一系列同类的相对指标的数值,按照时间先后顺序排列而成的时间序列,用以反映现象之间的数量对比关系或相互联系的发展变化状况及过程,又称为相对数动态数列。

相对数时间序列是由两个绝对数时间序列对比计算而产生的,由于绝对数时间序列可以分为时点数列和时期数列,因此,相对数时间序列可以由两个时期数列对比派生,也可以由两个时点数列对比派生,还可以由一个时期数列和一个时点数列派生而成。相对数时间序列中的各指标数值是不能相加的。

3. 平均数时间序列

表 5-1 中,以年份为序的职工年平均工资序列即为平均数时间序列。

平均数时间序列是由一系列同类的平均指标的数值,按时间先后顺序排列而成的数列,用以反映现象一般水平的发展变化的过程及趋势,又称为平均指标动态数列。

上述三种时间序列,绝对数时间序列是最基本的数列,而相对数时间序列和平均数时间序列则是由绝对数时间序列派生而得出的数列。三种时间序列所表述的现象特性不同,其各项数值的取得和计算方法也不同。

三、时间序列的编制原则

编制时间序列就是要通过各项指标的对比反映社会经济现象的发展过程及其规律。因此，保证数列中各项数值之间的可比性，是正确编制时间数列要遵守的基本原则。

（一）时期与时间间隔相等

在编制时期数列时，因为时期数列中各指标数值的大小与时期长短有直接关系，因此，各指标数值间的时期长短必须相等。如果时期长短不等，指标各数值之间就无法对比。但这个原则也不能绝对化，有时，为了达到特殊的研究目的，也可将时间不等的指标数值编成时期数列，如表 5-3 所示。

表 5-3　不同时期的钢产量

时期/年	1900—1948	1953—1957	1991—1995
钢产量/万吨	760	1667	42 708

从表 5-3 中可以明显看出，我国第一个五年计划时期的钢产量超过了中国将近半个世纪（1900—1948 年）钢产量的 1 倍以上，第八个五年计划的钢产量又比“一五”时期有了更快的发展，增长了 24 倍以上。

在编制时点数列时，因为各个指标数值只反映某一时点的状态，时点数列中指标各项数值的大小与时点间隔长短无直接关系，所以不必考虑两间隔时点之间间隔是否相等，但为了更有利于对比，时点间隔最好能保持一致。

（二）总体范围一致

所谓总体范围一致，就是在时间序列中要求各指标数值所包含的总体范围前后应该一致。例如，要研究某公司的工业产品生产情况，如果这个公司在改革中进行了重组，组织结构发生了变动，则前后指标数值便不能直接对比，在编制时间序列时，就必须对资料进行调整，以求得总体范围的统一，便于对数列进行动态分析。

（三）指标的经济内容应该相同

指标的经济内容与指标所反映的经济性质是密切联系的，当指标所反映的现象的经济性质发生根本变化时，指标的名称虽然依旧，但它已属于另一性质的规定性。如某个企业的工资指标，按费用要素分组的工资包括全部职工的工资，而按成本项目分组的工资只包括基本生产工人的工资。如果把这样一些指标数值编成时间序列反映现象的变动，就会产生错误的结论。

（四）指标的计算方法、计算价格和计量单位应该统一

在时间序列中，各项指标数值的计算方法和计量单位必须统一，否则，是不能进行动态对比分析的。在编制时间序列时，必须做到前后指标数值之间计算的统一和计量单位的统一。例如，要研究企业劳动生产率的变化，在计算劳动生产率指标时，子项是用实物量指标还是用价值量指标，母项是用全部职工人数还是用生产工人人数，前后必须统一起来。为了研究某地区经济和社会发展，一般就要编制地区国内生产总值近二十年的时间序列，为了保证前后指标数值的可比性，必须采用统一的不变价格调整好数据，使其具有可比性。

总之，在编制时间序列时，如果出现不可比情况，就应该加以调整使其可比。当然，我们也不能把可比性绝对化，还是要注意研究目的的可行性和比较的科学性。

第二节　时间序列动态分析

为了进一步探讨社会经济现象在一段时间内的发展变动情况，需要对时间序列进行动态分析。根据时间序列各期的发展水平，计算增减量、发展速度、增长速度和增减1%的绝对值等，这是常用的动态分析方法。现举例说明动态分析方法。表5-4所示为某地区2007—2012年财政支出资料。

表 5-4　某地区 2007—2012 年财政支出及动态分析表

年份		2007	2008	2009	2010	2011	2012
财政支出/亿元		314	348	489	458	521	624
增减量/亿元	逐期	—	34	141	−31	63	103
	累计	—	34	175	144	207	310
发展速度/(%)	环比	—	110.83	140.52	93.66	113.76	119.77
	定基	100	110.83	155.73	145.86	165.92	198.73
增长速度/(%)	环比	—	10.83	40.52	−6.34	13.76	19.77
	定基	—	10.83	55.73	45.86	65.92	98.73
增减1%的绝对值		—	3.14	3.48	4.89	4.58	5.21

一、增减量

增减量是时间序列中各期发展水平之差，用于反映社会经济现象在一段时间内增加或减少的绝对量，计算公式为

增减量＝报告期发展水平－基期发展水平

计算结果可正可负。正值表示增加的绝对量，称为正增长；负值表示减少的绝对量，称为负增长。结果为“0”，称为零增长。

增减量根据计算时选择的基期不同，分为逐期增减量和累计增减量。

（一）逐期增减量

逐期增减量是时间序列中各期发展水平与相应前一期发展水平之差，用于反映社会经济现象逐期增加或减少的绝对量。其计算公式为

$$Y_1-Y_0, Y_2-Y_1, Y_3-Y_2, \cdots, Y_n-Y_{n-1}$$

（二）累计增减量

累计增减量是时间序列中各期发展水平与期初发展水平之差，用于反映社会经济现象在更长一段时间内累计增加或累计减少的绝对量。其计算公式为

$$Y_1-Y_0, Y_2-Y_0, Y_3-Y_0, \cdots, Y_n-Y_0$$

在同一时间序列中，累计增减量等于相应各期逐期增减量之和，即

$$Y_n-Y_0=(Y_1-Y_0)+(Y_2-Y_1)+(Y_3-Y_2)+\cdots+(Y_n-Y_{n-1})$$

在同一时间序列中，相邻两期累计增减量之差等于逐期增减量，即

$$Y_i-Y_0-(Y_{i-1}-Y_0)=Y_i-Y_{i-1}$$

累计增减量与逐期增减量的这两个联系，可以用来查找或推算未知资料。

二、发展速度

发展速度是时间序列中各期发展水平与相应时间发展水平之比的比值。它用于反映社会经济现象在一段时间内发展变化的方向与程度。其计算公式为

$$发展速度=\frac{报告期发展水平}{基期发展水平}$$

发展速度大于100％，为上升方向，称为正增长；发展速度小于100％，为下降方向，称为负增长；发展速度等于100％，发展速度停止，称为零增长。

发展速度由于计算时对比的基期发展水平不同而分为环比发展速度和定基发展速度。

（一）环比发展速度

环比发展速度是时间序列中各期发展水平与相应前期发展水平之比值，用于反映社会经济现象逐期发展变化的方向和程度。其计算公式为

$$x_i=\frac{Y_i}{Y_{i-1}}$$

或
$$\frac{Y_1}{Y_0},\frac{Y_2}{Y_1},\frac{Y_3}{Y_2},\cdots,\frac{Y_n}{Y_{n-1}}$$

式中，x_i为环比发展速度。

（二）定基发展速度

定基发展速度是时间序列中各期发展水平与期初发展水平之比值，用于反映社会经济现象在较长时期内总的发展方向和程度。其计算公式为

$$x_{0i}=\frac{Y_i}{Y_0}\quad 或\quad \frac{Y_1}{Y_0},\frac{Y_2}{Y_0},\frac{Y_3}{Y_0},\cdots,\frac{Y_n}{Y_0}$$

式中，x_{0i}为定基发展速度。

环比发展速度与定基发展速度之间有以下联系。

(1) 定基发展速度等于相应各期环比发展速度的连乘积，即

$$\frac{Y_n}{Y_0}=\frac{Y_1}{Y_0}\times\frac{Y_2}{Y_1}\times\frac{Y_3}{Y_2}\times\cdots\times\frac{Y_n}{Y_{n-1}}$$

(2) 相邻两期的定基发展速度之比等于环比发展速度，即

$$\frac{Y_i}{Y_0}:\frac{Y_{i-1}}{Y_0}=\frac{Y_i}{Y_{i-1}}$$

定基发展速度与环比发展速度的这两个联系，可以用来查找或推算未知资料。

三、增长速度

增长速度是时间序列中的增长量与发展水平之比值，用以表明社会经济现象在一段时间内上升或下降的程度。其计算公式为

增长速度＝增长量/发展水平

增长速度若大于零，表示为上升增长速度，称为正增长；增长速度若小于零，表示为下降降低速度，称为负增长；增长速度若等于零，表示既没有增长也没有下降，称为零增长。

增长速度由于计算时选用的对比基期不同，又可分为环比增长速度和定基增长速度。

（一）环比增长速度

环比增长速度是时间序列中各逐期增长量与相应前期发展水平的比值，用以表明社会经济现象逐期上升或下降的程度。其计算公式为

$$s_i=\frac{Y_i-Y_{i-1}}{Y_{i-1}}\quad 或\quad \frac{Y_i}{Y_{i-1}}-100\%$$

式中，s_i为环比增长速度。上式也表明，环比发展速度减100%即为环比增长速度。

（二）定基增长速度

定基增长速度是时间序列中各累计增长量与期初发展水平之比值，用以表明社会经济现象在较长时间内上升或下降的程度。其计算公式为

$$s_{0i} = \frac{Y_i - Y_0}{Y_0} \quad \text{或} \quad \frac{Y_i}{Y_0} - 100\%$$

式中，s_{0i}为定基增长速度。上式也表明，定基发展速度减100%即为定基增长速度。

四、增减1%的绝对值

增减1%的绝对值是时间序列中各逐期增减量与相对应的环比增长速度之比，用以说明社会经济现象每增长或每降低一个百分点而增加或减少的绝对量。其计算公式为

$$\text{增减 } 1\% \text{ 的绝对值} = \frac{Y_i - Y_{i-1}}{\frac{Y_i - Y_{i-1}}{Y_{i-1}}} \times \frac{1}{100} = \frac{Y_{i-1}}{100}$$

增减1%的绝对值即为前期发展水平的1%。

第三节　时间序列平均分析

为了反映社会经济现象在一段较长时间内的一般发展水平，平均发展速度和平均增降速度需要将时间序列中不同时间的发展水平、发展速度的数量差异抽象化，概括地反映其一般水平和一般速度。根据时间序列的各期发展水平计算平均发展水平、平均增减量、平均发展速度和平均增长速度等，是将上述现象数量差异抽象化的平均分析方法。在统计中，这些指标统称为序时平均数。

一、平均发展水平

将时间序列中不同时期的发展水平加以平均而得到的平均数称为平均发展水平，用以概括说明社会经济现象在一段时间内发展的一般水平，揭示现象发展的基本趋势。

（一）由绝对数时间序列计算平均发展水平

1. 由时期数列计算平均发展水平

由于时期数列中的各期发展水平可以直接相加，因此平均发展水平的计算可以采用简单算术平均法。其计算公式为

$$\overline{Y}=\frac{\sum Y_i}{n}$$

式中：$\overline{Y}$ 为平均发展水平，n 为时期数列项数，Y_i 为各期发展水平，$\sum$ 为总和符号。

例 5-1　根据表 5-4 中财政支出数列数据，计算 2007—2012 年内平均每年的财政支出额。

$$\overline{Y}=\frac{\sum Y_i}{n}=\frac{314+348+489+458+521+624}{6}\text{亿元}=\frac{2754}{6}\text{亿元}=459\text{ 亿元}$$

上述计算结果表明，2007—2012 年期间，平均每年的财政支出为 459 亿元。

2. 由时点数列计算平均发展水平

由于时点数列中的各时点发展水平的登记和排列方法不同，时点数列有连续时点数列和间断时点数列两种。统计计算规定：如果时点数列的资料是逐日登记，逐日排列的，称为连续时点数列；如果时点数列的资料按月（或季度、年度）记录，逐月（或季度、年度）排列的，其间登记有间断，没有逐日连续登记，称为间断时点数列。

1）由连续时点数列计算平均发展水平

连续时点数列又分为间隔相等连续时点数列和非等间隔连续时点数列。

间隔相等连续时点数列：数列中各时点指标之间的时间间隔相等，都是以日为间隔。这种连续时点数列用简单算术平均法计算。其计算公式为

$$\overline{Y}=\frac{\sum Y_i}{n}$$

式中，Y_i 为等间隔各期发展水平，n 为时点指标个数。

例 5-2　已知某企业某月下旬每天的出勤职工人数时间序列资料如表 5-5 所示，计算该企业这月下旬每天平均出勤人数。

表 5-5　某企业某月下旬出勤资料

日　期	21 日	22 日	23 日	24 日	25 日	26 日	27 日	28 日	29 日	30 日
出勤人数/人	300	300	300	310	310	308	308	308	308	308

$$\overline{Y}=\frac{\sum Y_i}{n}=\frac{300+300+300+310+310+308+308+308+308+308}{10}\text{人/日}$$

$$=\frac{3060}{10}\text{人/日}=306\text{人/日}$$

非等间隔连续时点数列用加权平均法计算其平均发展水平，这是因为这种数列其数值不是逐日排列的，而是按时间顺序把数值相同的天数归在一起，即每变动一次，登记一次，实际上形成了一个分组数列，各个相同的天数，即每次持续的时间间隔长度，就成了权数。其计算公式为

$$\overline{Y}=\frac{Y_1\cdot f_1+Y_2\cdot f_2+Y_3\cdot f_3+\cdots+Y_n\cdot f_n}{f_1+f_2+f_3+\cdots+f_n}=\frac{\sum Yf}{\sum f}$$

例 5-3　某企业 9 月份职工人数资料如表 5-6 所示。

表 5-6　某企业 9 月份职工人数

日　　期	1—8 日	9—13 日	14—24 日	25—30 日
职工人数/人	1200	1240	1220	1230

该企业 9 月份平均职工人数为

$$\overline{Y}=\frac{\sum Y\cdot f}{\sum f}=\frac{1200\times 8+1240\times 5+1220\times 11+1230\times 6}{8+5+11+6}\text{人/日}$$

$$=\frac{36\ 600}{30}\text{人/日}=1220\text{人/日}$$

2）由间断时点数列计算平均发展水平

间断时点数列也有间隔相等与间隔不等之分。

（1）由间隔相等的间断时点数列计算平均发展水平，先假定相邻两期发展水平都是均匀变化的，计算出各相邻两期发展水平的平均数，而后再对应这些平均数用简单算术平均法求平均发展水平。这种方法叫做简单序时平均法或首尾折半法。其计算公式为

$$\overline{Y}=\frac{\frac{Y_1+Y_2}{2}+\frac{Y_2+Y_3}{2}+\frac{Y_3+Y_4}{2}+\cdots+\frac{Y_{n-1}+Y_n}{2}}{n-1}=\frac{\frac{Y_1+Y_n}{2}+\sum_{i=2}^{n-1}Y_i}{n-1}$$

例 5-4　某商场 2012 年下半年各月月末商品库存额资料如表 5-7 所示，试计算该商场下半年的月平均库存额。

表 5-7　某商场 2012 年下半年库存额资料

月　　份	6 月	7 月	8 月	9 月	10 月	11 月	12 月
月末库存额/万元	102	108	110	100	102	106	104

该商场 2012 年下半年月平均库存额为

$$\overline{Y}=\frac{\frac{Y_1+Y_n}{2}+\sum_{i=2}^{n-1}Y_i}{n-1}=\frac{\frac{102+104}{2}+108+110+100+102+106}{7-1}\text{ 万元 / 月}$$

$$=\frac{629}{6}\text{ 万元 / 月}=104.83\text{ 万元 / 月}$$

（2）由间隔不相等的间断时点数列计算平均发展水平，要以每两两相邻的两个时点指标数值的简单算术平均数为变量值，以每两两相邻的两个指标间隔的时间长度为权数，应用加权序时平均法计算。其计算公式为

$$\overline{Y}=\frac{\frac{Y_1+Y_2}{2}f_1+\frac{Y_2+Y_3}{2}f_2+\frac{Y_3+Y_4}{2}f_3+\cdots+\frac{Y_{n-1}+Y_n}{2}f_{n-1}}{f_1+f_2+f_3+\cdots+f_{n-1}}$$

$$=\frac{\sum_{i=1}^{n-1}\frac{Y_i+Y_{i+1}}{2}\cdot f_i}{\sum_{i=1}^{n-1}f_i}$$

例 5-5　某商场 2012 年商品库存额资料如表 5-8 所示，试计算该商场全年的月平均库存额。

表 5-8　某商场 2012 年全年商品库存额资料

时　　间	1 月 1 日	3 月 1 日	7 月 1 日	8 月 1 日	10 月 1 日	12 月 31 日
库存额/万元	340	342	324	300	326	332

该商场 2012 年全年的月平均库存额为

$$\overline{Y}=\frac{\sum_{i=1}^{n-1}\frac{Y_i+Y_{i+1}}{2}\cdot f_i}{\sum_{i=1}^{n-1}f_i}$$

$$=\frac{\frac{340+342}{2}\times2+\frac{342+324}{2}\times4+\frac{324+300}{2}\times1+\frac{300+326}{2}\times2+\frac{326+332}{2}\times3}{2+4+1+2+3}\text{ 万元 / 月}$$

$$=\frac{341\times2+333\times4+312\times1+313\times2+329\times3}{12}\text{ 万元 / 月}=\frac{3939}{12}\text{ 万元 / 月}$$

$$=328.25\text{ 万元 / 月}$$

（二）由相对数时间序列计算平均发展水平

相对数可分为静态相对数和动态相对数，它们的性质是不同的，因而，它们的平均发展水平的计算方法也不同。这里仅讨论静态相对数时间序列平均发展水平的计算。

相对数通常由两个绝对数对比而成，因此，相对数时间序列一般也是由两个绝对数时间序列对比而成的。所以，计算相对数时间序列的平均发展水平，就是先求出两个绝对数时间序列的平均发展水平，然后再进行对比，就是所求的相对数时间序列的平均发展水平。其计算公式为

$$\overline{Y} = \frac{\overline{a}}{\overline{b}}$$

式中，$\overline{a}$ 为分子数列的平均发展水平，$\overline{b}$ 为分母数列的平均发展水平。

1. 分子数列和分母数列均为时期数列

$$\overline{Y} = \frac{\overline{a}}{\overline{b}} = \frac{\sum a/n}{\sum b/n}$$

例 5-6 某企业第一季度产量规划完成情况如表 5-9 所示，计算其平均发展水平。

表 5-9 某企业第一季度产量完成情况表

月　　份	1 月	2 月	3 月
实际产量 a/吨	420	560	714
规划产量 b/吨	400	500	700
规划完成 Y/(%)	105	112	102

$$\overline{Y} = \frac{\overline{a}}{\overline{b}} = \frac{\sum a/n}{\sum b/n} = \frac{(420+560+714)/3}{(400+500+700)/3} = \frac{1694/3}{1600/3} = \frac{564.67}{533.33} = 105.88\%$$

2. 分子数列和分母数列均为时点数列

由时点数列计算序时平均数，其数列的数据性质有连续和间断之分。而每种又有间隔相等与间隔不等之分，这就形成了四种不同的情况，但基本的计算方法是不变的。

(1) 分子数列和分母数列均为间隔相等的连续时点数列，求平均发展水平，其计算公式为

$$\overline{Y} = \frac{\overline{a}}{\overline{b}} = \frac{\sum a/n}{\sum b/n}$$

例 5-7　某企业 9 月份前十天全部职工和生产工人出勤人数资料如表 5-10 所示，求出勤生产工人占出勤全体职工人数的平均比重。

表 5-10　某企业 9 月份前十天全部职工和生产工人出勤人数资料

日　期	1 日	2 日	3 日	4 日	5 日	6 日	7 日	8 日	9 日	10 日
全体职工人数 b/人	250	260	240	262	261	263	258	266	270	270
生产工人人数 a/人	240	250	220	230	230	235	235	236	244	260

$$\overline{Y} = \frac{\overline{a}}{\overline{b}} = \frac{\sum a/n}{\sum b/n}$$

$$= \frac{(240+250+220+230+230+235+235+236+244+260)/10}{(250+260+240+262+261+263+258+266+270+270)/10}$$

$$= \frac{2380/10}{2600/10} = \frac{238}{260} = 91.54\%$$

该企业 9 月份前十天出勤的工人人数占全体职工人数的日平均比重为 91.54%。

（2）分子数列和分母数列均为间隔不等的连续时点数列，求平均发展水平，其计算公式为

$$\overline{Y} = \frac{\overline{a}}{\overline{b}} = \frac{\sum a \cdot f/\sum f}{\sum b \cdot f/\sum f}$$

例 5-8　某企业 9 月份全体职工和生产工人出勤人数资料如表 5-11 所示，试求出勤的工人人数占全体职工人数的比重。

表 5-11　某企业 9 月份全体职工和生产工人出勤资料

日　期	1—8 日	9—13 日	14—24 日	25—30 日
生产工人人数 a/人	1000	1030	1060	1015
全体职工人数 b/人	1200	1240	1220	1230

$$\overline{Y} = \frac{\overline{a}}{\overline{b}} = \frac{\sum a \cdot f/\sum f}{\sum b \cdot f/\sum f}$$

$$= \frac{(1000\times 8+1030\times 5+1060\times 11+1015\times 6)/30}{(1200\times 8+1240\times 5+1220\times 11+1230\times 6)/30}$$

$$= \frac{30\ 900/30}{36\ 600/30} = \frac{1030}{1220} = 84.43\%$$

（3）分子数列和分母数列均为间隔相等的间断时点数列，求平均发展水平，其计算公式为

$$\overline{Y}=\frac{\overline{a}}{\overline{b}}=\frac{\left(\frac{a_1+a_n}{2}+\sum_{i=2}^{n-1}a_i\right)\Big/(n-1)}{\left(\frac{b_1+b_n}{2}+\sum_{i=2}^{n-1}b_i\right)\Big/(n-1)}$$

例 5-9 已知某城市 2012 年每季度末第三产业从业人员资料如表 5-12 所示。

表 5-12 某城市 2012 年第三产业从业人员资料

季 度 末	上年末	第一季度末	第二季度末	第三季度末	第四季度末
第三产业从业人员数 a/万人	154.56	168.51	179.01	183.75	186.79
全部从业人员数 b/万人	671.99	679.47	688.50	696.00	699.57
第三产业从业人员的总比重 Y/(%)	23.0	24.8	26.0	26.4	26.7

根据表 5-12 资料，求某城市第三产业从业人员数占全部从业人员数的年平均比重。

$$\overline{Y}=\frac{\left(\frac{a_1+a_n}{2}+\sum_{i=2}^{n-1}a_i\right)\Big/(n-1)}{\left(\frac{b_1+b_n}{2}+\sum_{i=2}^{n-1}b_i\right)\Big/(n-1)}$$

$$=\frac{\left(\frac{154.56+186.79}{2}+168.51+179.01+183.75\right)\Big/(5-1)}{\left(\frac{671.99+699.57}{2}+679.47+688.50+696.00\right)\Big/(5-1)}$$

$$=\frac{701.945/4}{2749.75/4}=25.53\%$$

(4) 分子数列和分母数列均为间隔不等的间断时点数列，求平均发展水平，其计算公式为

$$\overline{Y}=\frac{\overline{a}}{\overline{b}}=\frac{\left(\sum_{i=1}^{n-1}\frac{a_i+a_{i+1}}{2}f_i\right)\Big/\sum_{i=1}^{n-1}f_i}{\left(\sum_{i=1}^{n-1}\frac{b_i+b_{i+1}}{2}f_i\right)\Big/\sum_{i=1}^{n-1}f_i}$$

例 5-10 已知某城市 2012 年全年从业人员资料如表 5-13 所示。

表 5-13 某城市 2012 年从业人员资料

月 份	1 月初	3 月初	7 月初	9 月初	12 月末
第三产业从业人员数 a/万人	154.56	168.51	179.01	183.75	186.79
全部从业人员数 b/万人	671.99	679.47	688.50	696.00	699.57

根据表 5-13 资料，求某城市第三产业从业人员占全部从业人员的年平均比重。

$$\overline{Y}=\frac{\left(\sum_{i=1}^{n-1}\frac{a_i+a_{i+1}}{2}f_i\right)\Big/\sum_{i=1}^{n-1}f_i}{\left(\sum_{i=1}^{n-1}\frac{b_i+b_{i+1}}{2}f_i\right)\Big/\sum_{i=1}^{n-1}f_i}$$

$$=\frac{\left(\frac{154.56+168.51}{2}\times2+\frac{168.51+179.01}{2}\times4+\frac{179.01+183.75}{2}\times2+\frac{183.75+186.79}{2}\times4\right)\Big/(2+4+2+4)}{\left(\frac{671.99+679.47}{2}\times2+\frac{679.47+688.50}{2}\times4+\frac{688.50+696.00}{2}\times2+\frac{696.00+699.57}{2}\times4\right)\Big/(2+4+2+4)}$$

$$=\frac{(323.07+695.04+362.76+741.08)/12}{(1351.46+2735.94+1384.50+2791.14)/12}=\frac{2121.95/12}{8263.04/12}=25.68\%$$

3. 分子数列和分母数列为性质不同的时期数列和时点数列

不同组合的性质不同的绝对数数列，无论是时期数列，还是时点数列，根据其性质，其计算公式不变，还是先求其序时平均数，再对比，求其相对数平均发展水平。

例 5-11　已知某商店 2012 年第三季度商品销售和库存及流通费用资料如表 5-14 所示。

表 5-14　某商店 2012 年第三季度商品销售资料

月　　份	6 月	7 月	8 月	9 月
商品销售额 a/万元	—	144	156	158
商品月末库存额 b/万元	44	42	38	40
流通费用额 c/万元	—	2.8	3.2	3.0

根据表 5-14 资料，求该商店第三季度月平均商品流转次数和季度商品流转次数，以及第三季度平均流通费用率。

第三季度月平均商品流转次数：

$$\frac{\sum a/(n-1)}{\left(\frac{b_1+b_n}{2}+\sum_{i=2}^{n-1}b_i\right)\Big/(n-1)}=\frac{(144+156+158)/(4-1)}{\left(\frac{44+40}{2}+42+38\right)\Big/(4-1)}=\frac{458/3}{122/3}$$

$$=\frac{152.67}{40.67}=3.75$$

第三季度商品流转次数：

$$\frac{\sum a}{\left(\frac{b_1+b_n}{2}+\sum_{i=2}^{n-1}b_i\right)\Big/(n-1)}=\frac{458}{40.67}=11.26$$

第三季度平均流通费用率：

$$\bar{c}=\frac{\sum c}{\sum a}=\frac{2.8+3.2+3.0}{144+156+158}=\frac{9}{458}=1.97\%$$

（三）由平均时间序列计算平均发展水平

平均指标时间序列可分为一般平均数时间序列和序时平均数时间序列两种。

1. 由一般平均数时间序列计算平均发展水平

由一般平均数组成的平均指标时间序列，实际上是由两个绝对数时间序列对比而成的，因此，其平均发展水平的计算方法与相对数时间序列计算平均发展水平相同，即分别计算分子数列与分母数列的序时平均数，然后将之对比就可求得平均发展水平。其中：分子若是总体标志总量数列，通常为时期数列；分母若是总体单位总量数列，一般为时点数列。

例 5-12 已知某企业 2012 年上半年工资数如表 5-15 所示，试计算该企业上半年的职工月平均工资。

表 5-15 某企业 2012 年上半年工资

月　份	1月	2月	3月	4月	5月	6月	7月
平均工资 Y/万元	0.42	0.41	0.43	0.43	0.44	0.43	0.44
月初职工人数 b/人	650	670	680	730	650	710	690
工资总额 a/万元	277.2	276.75	303.15	296.7	299.2	301.0	—

$$\overline{Y}=\frac{\sum a/(n-1)}{\left(\frac{b_1+b_n}{2}+\sum_{i=2}^{n-1}b_i\right)\Big/(n-1)}$$

$$=\frac{(277.2+276.75+303.15+296.7+299.2+301.0)/(7-1)}{\left(\frac{650+690}{2}+670+680+730+650+710\right)\Big/(7-1)}\text{万元 / 人}$$

$$=\frac{1754/6}{4110/6}\text{万元 / 人}=0.427\text{万元 / 人}$$

2. 由序时平均数时间序列计算平均发展水平

如果时期相等，可直接采用简单算术平均法计算其平均发展水平；如果时期不相等，则采用加权平均法计算其平均发展水平。

例 5-13　已知某企业 2012 年第三季度平均库存额资料如表 5-16 所示，求其第三季度月平均库存额。

表 5-16　某企业 2012 年第三季度库存额资料

月　　份	7 月	8 月	9 月
平均库存额/万元	58	62	60

该企业 2012 年第三季度月平均库存额为

$$\overline{Y}=\frac{\sum Y}{n}=\frac{58+62+60}{3}\text{万元 / 月}=\frac{180}{3}\text{万元 / 月}=60\text{万元 / 月}$$

例 5-14　已知某商场 2012 年全年各月的商品库存额资料如表 5-17 所示，求其 2012 年全年的月平均商品库存额。

表 5-17　某企业 2012 年全年库存额资料

月　　份	1—3 月	4—7 月	8—9 月	10—11 月	12 月
平均商品库存额/万元	50	45	48	50	45

$$\overline{Y}=\frac{\sum Yf}{\sum f}=\frac{50\times 3+45\times 4+48\times 2+50\times 2+45\times 1}{3+4+2+2+1}\text{万元 / 月}$$

$$=\frac{571}{12}\text{万元 / 月}=47.58\text{万元 / 月}$$

二、平均增减量

平均增减量是时间序列中逐期增减量的序时平均数，用以说明社会经济现象在一段时间内的平均每期增加或减少的数量。一般采用简单算术平均法计算，其公式为

$$\text{平均增减量}=\frac{\text{逐期增减量之和}}{\text{逐期增减量个数}}=\frac{\text{累计增减量}}{\text{逐期增减量个数}}$$

或

$$\overline{\Delta}=\frac{\sum(Y_i-Y_{i-1})}{n}=\frac{Y_n-Y_0}{n}$$

式中，$\overline{\Delta}$ 为平均增减量，n 为平均增减量个数。

例 5-15　根据表 5-4，某地区 2007—2012 年财政支出额的平均增长额为

$$\overline{\Delta}=\frac{\sum(Y_i-Y_{i-1})}{n}=\frac{34+141+(-31)+63+103}{5}\text{亿元/年}$$

$$=\frac{310}{5}\text{亿元/年}=62\text{亿元/年}$$

或 $\overline{\Delta}=\frac{Y_n-Y_0}{n}=\frac{624-314}{5}\text{亿元/年}=\frac{310}{5}\text{亿元/年}=62\text{亿元/年}$

三、平均发展速度和平均增长速度

为了研究社会经济现象总体在一个较长时间内发展和增长的程度的一般水平，就要对各个环比发展速度的差异抽象化，计算各个环比发展速度的平均数，即平均速度指标。平均速度有平均发展速度和平均增长速度两种。前者说明现象在一个较长时间内逐年平均发展变化的程度与方向；后者说明现象逐年平均增长变化的程度与方向。

（一）平均发展速度

平均发展速度是各期环比发展速度的序时平均数.即各期环比发展速度的连乘积的 n 次方根。由于环比发展速度是根据同一现象不同时期发展水平对比得到的动态相对数，它不能用前述计算一般平均数时间序列的序时平均数方法进行计算。在统计实践中，计算平均发展速度的方法主要有两种，即几何平均法和方程式法。下面主要介绍几何平均法。

计算平均发展速度时，因为总速度并不等于各期环比发展速度的总和，而是等于各期环比发展速度的连乘积，所以不能用算术平均法计算，而要运用几何平均法计算。在实践中制订长期计划时，若以几何平均法计算的平均发展速度发展，保证在计划期内发展到最后一年所达到规定的发展水平 Y_n，这种计算平均发展速度的方法，又叫水平法。所以，几何平均法也称水平法，即从最初水平 Y_0 出发，以平均发展速度 $\overline{x}$ 代替各环比发展速度 $x_1,x_2,x_3,\cdots,x_n$，经过几期发展，正好达到了发展水平 Y_n，用公式示之：

$$Y_0\cdot x_1\cdot x_2\cdot x_3\cdot\cdots\cdot x_n=Y_n$$

用平均发展速度 $\overline{x}$ 分别代替 $x_1,x_2,\cdots,x_n$，得到

$$Y_0\cdot\overline{x}\cdot\overline{x}\cdot\overline{x}\cdot\cdots\cdot\overline{x}=Y_n=Y_0(\overline{x})^n$$

因此，平均发展速度的计算公式为

$$\overline{x}=\sqrt[n]{\frac{Y_n}{Y_0}}$$

又因为 $$\frac{Y_n}{Y_0}=\frac{Y_1}{Y_0}\times\frac{Y_2}{Y_1}\times\frac{Y_3}{Y_2}\times\cdots\times\frac{Y_n}{Y_{n-1}}$$

所以 $$\bar{x}=\sqrt[n]{\frac{Y_n}{Y_0}}=\sqrt[n]{x_1\cdot x_2\cdot x_3\cdot\cdots\cdot x_n}=\sqrt[n]{\prod x}$$

又因为$\frac{Y_n}{Y_0}$为整个时期的总速度，所以平均发展速度也可根据总速度计算，即

$$\bar{x}=\sqrt[n]{\frac{Y_n}{Y_0}}=\sqrt[n]{R}$$

式中：$\bar{x}$为平均发展速度；$x_1,x_2,\cdots,x_n$为各期环比发展速度；R为总速度。

上述几个公式，可以在不同资料的情况下使用，求出平均发展速度。在已知期初发展水平和期末发展水平时，可用$\bar{x}=\sqrt[n]{\frac{Y_n}{Y_0}}$计算；在已知总速度时，可用$\bar{x}=\sqrt[n]{R}$计算；在已知各期发展水平时，可用$\bar{x}=\sqrt{\frac{Y_1}{Y_0}\times\frac{Y_2}{Y_1}\times\cdots\times\frac{Y_n}{Y_{n-1}}}$计算；在已知各期发展速度时，可用$\bar{x}=\sqrt[n]{\prod x}$计算。

计算平均发展速度，有几种方法：一是用计算器开高次方，十分简便且迅速准确；二是查“平均增长速度查对表”，也十分方便迅速；三是采用取对数的方法求解。

以下仅介绍第一种计算方法。

若已知各期的发展水平，先要把各期的环比发展速度求出，再将几个环比发展速度连乘，然后用计算器开n次方即可。也可将各期环比发展速度连乘后得到总速度，再按上述方法开n次方求之。

如果现象的发展过程分了几个时期，又具有各时期的发展速度，要对全过程求平均发展速度，则要以各个时期的时间长度作为权数，按加权几何平均法计算，其公式为

$$\bar{x}=\sqrt[\sum f]{\prod x^f}\quad 或\quad \lg\bar{x}=\frac{\sum f\cdot\lg x}{\sum f}$$

例 5-16　某工厂工业总产值 2008 年、2009 年、2010 年平均每年发展速度为 107%，2011 年、2012 年平均每年发展速度为 108.2%，则五年的平均发展速度为

$$\begin{aligned}\bar{x}&=\sqrt[\sum f]{\prod x^f}=\sqrt[5]{1.07^3\times 1.082^2}=\sqrt[5]{1.225\,043\times 1.170\,724}\\&=\sqrt[5]{1.434\,187\,241}=107.48\%\end{aligned}$$

几何平均法计算的平均发展水平还可用来预测近期发展水平。

例 5-17 某地区 2012 年财政支出为 624 亿元，如表 5-4 所示，若五年后，仍按平均发展速度发展，2017 年，财政支出将达到多少？

$$Y_n = Y_0 \cdot (\bar{x})^n = 624 \text{亿元} \times 1.147^5 = 624 \text{亿元} \times 1.985\,258\,616 = 1238.8 \text{亿元}$$

2017 年，该地区的财政支出将达到 1238.8 亿元。

（二）平均增长速度

平均增长速度是各环比增长速度的序时平均数，它表明现象在一定时期内逐期平均增降的变化程度。平均增长速度等于平均发展速度减 1 或 100%，即平均增长速度＝平均发展速度－1。

平均增长速度如果为正值，说明是正增长，它表明现象在一定时期内逐期平均递增的程度，也称平均递增率；平均增长速度如果为负值，说明是负增长，它表明现象在一定时期内逐期平均递减的程度，也称平均递减率。

第四节　时间序列长期趋势分析与预测

一、时间序列的分解

时间序列根据其各期发展水平的性质特征，可以分为平稳系列和非平稳系列。非平稳系列包含有趋势性、季节性和周期性序列。通常情况下，时间序列的各项发展水平的变化同时受多种因素的影响。有些因素对事物的发展起着长期决定性的作用，有些则起短期非决定性的作用。不同性质的因素所起的作用不同，它的运动变化的形式也不同。影响时间序列的因素大体可以分为四种，即长期趋势（T）、季节变动（S）、循环波动（C）和不规则变动（I）。

（一）长期趋势（T）

长期趋势是时间序列中最基本的变动，是指社会经济现象比较长时间内受普遍和长期起作用的基本因素的影响而持续发展变化的趋势或状态，如持续上升、下降或持平。例如，由于受人口增长、资源开发、科技进步、社会发展等因素的影响，社会生产总量呈增长变动的趋势。

（二）季节变动（S）

季节变动是指时间序列在一年内受自然季节变化和社会习俗等因素影响而发生的有规律性的周期性变动。如：农业生产中的春耕、夏锄、秋收、冬储的变化；商品销售中的淡季、旺季之分；铁路、公路、航空等的客运量在一年中的长假或旅游旺季出现的高峰等。其变动周期长度可以为日、周、月、季度等。

（三）循环波动(C)

时间序列中反映社会经济现象围绕长期趋势发展变化的一种规律性的盛衰交替、涨落相间的波动，称为循环波动。它主要是由商业和经济活动引起的，其成因比较复杂，周期在一年以上，长短不一。循环波动按引起的原因和周期长短不同，可分为四种类型，并以发现它们的经济学家的名字命名。

（1）康德拉季耶夫循环，为长期循环变动，主要是受到重大技术革命影响的结果，周期可达50～60年。

（2）库茨涅兹循环，为中长期循环变动，周期为20年左右，造成这种循环变动的物质基础是建筑业的周期性波动。

（3）朱格拉循环，为中期循环变动，周期为8～10年，资本主义的周期性经济危机就是这种循环变动，其变动的物质基础是固定资产的大规模更新。

（4）基钦循环，为短期循环变动，周期为2～4年，其形成原因可能是固定资产共衰产生的更新和周期性的技术变革。

（四）不规则变动(I)

不规则变动又称为剩余变动或随机变动，它是时间序列中由于偶然性、临时性因素或不明原因引起的非趋势性、非周期性的随机变动，这种变动没有规则性。例如，突发的战争、瘟疫、地震及水旱灾害等所引起的变动。

上述四种变动按一定方式组合，成为一种模式，称为时间序列的经典模型。这些模型有加法模型、乘法模型及混合模型。

当四种因素呈现出相互影响的关系时，时间序列的总变动(Y)体现为各种因素变动的乘积，为乘法模型，即$Y=T\cdot S\cdot C\cdot I$。

当四种因素呈现出相互独立的关系时，时间序列的总变动(Y)体现为各种因素变动的总和，为加法模型，即$Y=T+S+C+I$。

以上模型中，Y、T为总量指标，S、C、I则是比率。

时间序列分析一般采用乘法模型，测出各个因素变动的影响。

二、长期趋势的测定

长期趋势是时间序列的重要形态。通过测定与分析现象发展的长期趋势，可以掌握其活动的变动规律，判断其发展模式是线性趋势还是非线性趋势，并对其未来的发展趋向做出判断和预测。此外，测定长期趋势，可以将其从原时间序列中剔除，以便更好地研究季节变动和循环波动。

测定长期趋势的方法很多，如随手画线法、时距扩大法、序时平均法、移动平均法、指数平滑法、数学模型拟合法等。因篇幅限制,这里仅介绍移动平均法、指数平滑法和数学模型拟合法。

（一）移动平均法

移动平均法,是对原时间序列按一定的时间跨度逐项移动,计算一系列的序时平均数,形成一个新的时间序列,以消除或削弱短期的、偶然的因素引起的变动,呈现出现象在较长时期内持续发展变化的基本态势。

例 5-18　现有某地某种产品产量统计资料如表 5-18 所示。

表 5-18　某地某种产品历年产量移动平均法计算表　单位:吨

年份	产品产量	三年移动平均	五年移动平均	四年移动平均	
				第一次平均	第二次平均
1997	451	—	—	—	—
1998	485	480.67	—	—	—
1999	506	494.00	486.80	483.25	489.500
2000	491	499.33	502.20	495.75	501.125
2001	501	506.67	518.00	506.50	513.750
2002	528	531.00	544.80	521.00	539.625
2003	564	577.33	589.60	558.25	585.000
2004	640	639.67	626.2	611.75	631.250
2005	715	679.67	639.00	650.75	654.250
2006	684	663.67	654.20	657.75	657.750
2007	592	638.67	666.60	657.75	656.125
2008	640	644.67	688.80	654.50	672.250
2009	702	722.67	724.20	690.00	723.625
2010	826	796.33	745.80	757.25	764.750
2011	861	795.67	—	772.25	—
2012	700	—	—	—	—

由表 5-18 可以大致看出,原时间序列中,某地某和产品产量尽管在某些年份有下降情况,但通过五年移动平均所得的新的序列,就能够明显地看出总的趋势是向上发展、逐年上升的。

采用移动平均法测定长期趋势值,要注意以下几点。

(1) 合理选择移动平均的项数。移动平均所取的项数越多,使用移动平均法对原数列修匀的效果越好;反之,效果越差。但移动平均的项数又直接影响计算的复杂程度和修匀后新数列的项数。移动平均的项数究竟多少为宜，应视研究现象本身的变化特点而定。一般来说，若现象本身存在自然变动周期，就以波动的长度为移动平均的长度；若按季度资料排列的时间序列，移动平均的时距以四项为宜；若时间序列各期水平无明显波动，则以奇数项移动平均为宜。

（2）注意新数列指标值的排列。凡是采用奇数项移动平均，其平均值正好对准平均时期的中间时期，一次就得长期趋势值。

若采用偶数项移动平均，需进行两次移动平均，才能得长期趋势值，称之为移正平均数，如表 5-18 中的四年移动平均。

（3）注意移动平均的局限。移动平均法的作用主要在于修匀时间数列，呈现现象发展的总趋势。但移动平均所得的趋势值项数比原动态数列的项数少，奇数项移动平均时，首尾各少$\frac{n-1}{2}$项；偶数项移动平均时，首尾各少$\frac{n}{2}$项。一般而言，移动时距越长，修匀的作用越大，所得到的新数列越平滑。但移动项数越多，首尾失掉的项数越多，原数列的信息损失越多。因此，这种方法虽然操作简便，但考虑到它的局限性，当数据量不足够多时，不宜用这种方法。

（4）在使用移动平均法进行趋势预测时，由于移动平均后的新数列首尾两端缺一定项的资料，一般不宜用于外推预测。但对于平稳型的时间序列，也可以取最近期 n 项数据的移动平均数作为下期的预测值，即

$$\hat{y}_t = \frac{y_{t-1} + y_{t-2} + \cdots + y_{t-n}}{n}$$

$$\hat{y}_{t+1} = \frac{y_t + y_{t-1} + y_{t-2} + \cdots + y_{t-n+1}}{n}$$

移动平均法只能预测近一期数值，逐期移动，逐期预测。这种方法只对 n 期资料进行简单平均，因此，预测的准确性较差。

（二）指数平滑法

指数平滑法是在移动平均法的基础上发展起来的一种趋势分析与预测的方法。它就是通过计算指数平滑值来构建预测模型的一种预测方法。

指数平滑是加权移动平均的一种特殊形式，观察值时间越远，其权数也跟着呈现指数的下降，因而称指数平滑。指数平滑法有一次指数平滑法、二次指数平滑法、三次指数平滑法等。本节主要介绍一次指数平滑法和二次指数平滑法。

1. 一次指数平滑法

一次指数平滑法的预测公式是从移动平均法的公式中推导出来的。移动

平均法的计算公式为

$$\hat{y}_t = \frac{y_{t-1} + y_{t-2} + y_{t-3} + \cdots + y_{t-n+1} + y_{t-n}}{n}$$

$$\hat{y}_{t+1} = \hat{y}_t + \frac{y_t - y_{t-n}}{n}$$

将 $\hat{y}_t$ 作为 y_{t-n} 的最佳估计值，则上式可写为

$$\hat{y}_{t+1} = \hat{y}_t + \frac{y_t - \hat{y}_t}{n} = \frac{1}{n}y_t + \left(1 - \frac{1}{n}\right)\hat{y}_t$$

设 $\frac{1}{n}=\alpha$，则上式可写为

$$\hat{y}_{t+1} = \alpha y_t + (1-\alpha)\hat{y}_t$$

这便是指数平滑法的基本公式。上式中：$\hat{y}_{t+1}$ 为 $t+1$ 期的预测值；α 为平滑系数（或权数）；y_t 为 t 期的观察值；$\hat{y}_t$ 为 t 期的预测值。

例 5-19 下面以某钢铁集团公司钢材产量资料（见表 5-19）为例说明一次指数平滑法的应用。取 $\alpha=0.7$，初始值 $=110$，并预测 2013 年的钢材产量。

表 5-19 某钢铁集团公司钢材产量指数平滑计算表

年　份	钢材产量 y_t/万吨	指数平滑值 $\hat{y}_{t+1}=\alpha y_t+(1-\alpha)\hat{y}_t$
2001	100	0.7×100＋(1－0.7)×110＝103.0
2002	120	0.7×120＋(1－0.7)×103.0＝114.9
2003	130	0.7×130＋0.3×114.9＝125.5
2004	160	0.7×160＋0.3×125.5＝149.7
2005	190	0.7×190＋0.3×149.7＝177.9
2006	230	0.7×230＋0.3×177.9＝214.4
2007	260	0.7×260＋0.3×214.4＝246.3
2008	300	0.7×300＋0.3×246.3＝283.9
2009	280	0.7×280＋0.3×283.9＝281.2
2010	180	0.7×180＋0.3×281.2＝210.4
2011	160	0.7×160＋0.3×210.4＝175.1
2012	140	0.7×140＋0.3×175.1＝150.5

由表 5-19 的计算结果，用一次指数平滑法预测 2013 年的钢材产量为

$$\hat{y}_{t+1} = \alpha y_t + (1-\alpha)\hat{y}_t = 0.7 \times 140 \text{ 万吨} + (1-0.7) \times 175.1 \text{ 万吨} = 150.5 \text{ 万吨}$$

这里需要说明的是，使用一次指数平滑法进行预测时应注意以下几个问题。

(1) 一次指数平滑法主要适用于无趋势变动的平滑序列的预测。对于呈现比较稳定的长期增长或长期下降的时间序列资料，并呈线性趋势的情况下，可采用二次指数平滑法预测。

(2) 恰当地选取平滑系数 α，α 的取值范围在(0,1)之间，即 $0<\alpha<1$。

平滑系数 α 直接影响指数平滑值和预测结果的准确程度，因此，平滑系数 α 的选取是运用一次指数平滑法的关键之一。

实际上，α 反映了近期的实际值在指数平滑值中的影响程度，以及指数平滑值对时间序列波动反应的灵敏性。一般地，α 越大，近期的实际值在指数平滑值中的影响程度就越大；反之，则越小。类似地，α 越大，表明指数平滑值对时间序列波动反应的灵敏性就越高；反之越低。

因此，α 值应根据近期实际值的重要程度和时间序列的波动程度来确定，即

① 时间序列波动不大，近期实际值对未来并不十分重要，α 应取小一些，通常取 $0.1\leqslant\alpha\leqslant0.3$。

② 时间序列波动较大，近期值对未来很重要，α 应取大一些，通常取 $0.6\leqslant\alpha\leqslant0.8$。

值得说明的是，实际应用时人们可同时取几个 α 值进行试算，并将指数平滑值用于预测，计算预测误差，最终选择预测误差较小的 α 值用于预测。

(3) 合理确定初始值。使用一次指数平滑模型预测法，必须计算指数平滑值，而指数平滑值的计算除了要确定平滑系数 α 外，还要确定初始值 $\hat{y}_0$。初始值的大小对指数平滑值(或者预测值)的大小也有影响，但由于权数

$$\alpha,\alpha(1-\alpha),\alpha(1-\alpha)^2,\cdots,\alpha(1-\alpha)^{t-1}$$

按几何级数衰减，且初始值 $\hat{y}_0$ 对应的权数 $(1-\alpha)^t\rightarrow0$（当 $t\rightarrow\infty$ 时），因此，当时间序列项数较多时，初始值对指数平滑值的影响相对较小，这时 $\hat{y}_0$ 可直接取第一期数据。当时间序列项数较少时，初始值对指数平滑值的影响相对较大，这时 $\hat{y}_0$ 的取值必须认真加以研究，通常以最初几期实际值的算术平均数作为初始值。

(4) 一次指数平滑法与移动平均法一样，它也可以用于对时间序列进行修匀，以消除随机波动的影响，找出时间序列的变化趋势。一次指数平滑法也称单一指数平滑法，它只有一个平滑系数，而且观察值离预测时期越久远，权数的作用就变得越小。可见，一次平滑是以一段时期的预测值与观察值的线性组合作为 $t+1$ 期的预测值的。表 5-19 的计算结果表明，一旦选定平滑系数 α，只需要两项信息就可以计算预测值，即只要知道 2012 年钢材产量的实际观察值 y_t 与 2011 年的预测值 $\hat{y}_t$，就可以计算 2013 年钢材产量的预测值 $\hat{y}_{t+1}$。

因此，可将 $\hat{y}_{t+1}=\alpha y_t+(1-\alpha)\hat{y}_t$ 写成下面的形式：

$$\hat{y}_{t+1}=\alpha y_t+\hat{y}_t-\alpha\hat{y}_t=\hat{y}_t+\alpha(y_t-\hat{y}_t)$$

可见，$\hat{y}_{t+1}$ 是 t 期的预测值 $\hat{y}_t$ 加上用 α 调整的 t 期的预测误差 $y_t-\hat{y}_t$。

2. 二次指数平滑法

二次指数平滑法，就是在第一次指数平滑的基础上，再做第二次指数平滑，并用两次指数平滑值来建立预测模型进行预测的方法。它适用于存在明显线性趋势的非平稳时间序列的预测。

二次指数平滑法预测模型为

$$\hat{y}_{t+T}=a_t+b_tT$$

式中：$\hat{y}_{t+T}$ 为 $t+T$ 期的预测值；T 为提前预测的期数；a_t、b_t 为直线趋势值的参数。

参数值为

$$a_t=2y_t^{(1)}-y_t^{(2)}$$

$$b_t=\frac{\alpha}{1-\alpha}(y_t^{(1)}-y_t^{(2)})$$

式中：$y_t^{(1)}$ 为一次指数平滑值，$y_t^{(1)}=\alpha y_t+(1-\alpha)y_{t-1}^{(1)}$；$y_t^{(2)}$ 为二次指数平滑值，$y_t^{(2)}=\alpha y_t^{(1)}+(1-\alpha)y_{t-1}^{(2)}$。

例 5-20 下面以某地区财政收入资料（见表 5-20）为例，说明二次指数平滑法的应用。要求预测 2013 年和 2015 年的财政收入。

表 5-20 某地区财政收入二次指数平滑值计算表

年 份	财政收入 y_t/亿元	$y_t^{(1)}=\alpha y_t+(1-\alpha)y_{t-1}^{(1)}$	$y_t^{(2)}=\alpha y_t^{(1)}+(1-\alpha)y_{t-1}^{(2)}$
2002	129	128.40	128.40
2003	136	135.24	134.56
2004	140	139.52	139.02
2005	148	147.15	146.34
2006	154	153.32	152.62
2007	162	161.13	160.28
2008	170	169.11	168.23
2009	176	175.31	174.60
2010	185	184.03	183.09
2011	194	193.00	192.01
2012	203	202.00	201.00

选取 $\alpha=0.9$，$y_0^{(1)}=123$ 亿元，$y_0^{(2)}=128.4$ 亿元。

从表 5-20 的计算结果可得 $y_t^{(1)}$ 为 202 亿元，$y_t^{(2)}$ 为 201 亿元。

设 $\hat{y}_{t+T}=a_t+b_tT$，其中

$$a_t = 2y_t^{(1)} - y_t^{(2)} = 2\times 202\text{ 亿元} - 201\text{ 亿元} = 203\text{ 亿元}$$

$$b_t = \frac{\alpha}{1-\alpha}(y_t^{(1)} - y_t^{(2)}) = \frac{0.9}{1-0.9}\times(202-201)\text{ 亿元} = 9\text{ 亿元}$$

所以

$$\hat{y}_{t+T} = 203 + 9T$$

2013 年财政收入的预测值为 203 亿元+9×1 亿元=212 亿元。

2015 年财政收入的预测值为 203 亿元+9×3 亿元=230 亿元。

通过上面的计算可以看出，指数平滑法非常重视目前的数据，只要有了上期的实际数值和预测数值，就可以对下期做预测。这样逐期递推，得到一个新的实际数值，就及时调整直线趋势的斜度。当然，通过二次指数平滑法建立的直线方程式，也只适宜做短期预测。如果预测时期太长，直线趋势方程中的 a、b 值保持不变，就失去了指数平滑法的特点。

指数平滑法的主要优点是能够对预测误差进行修正。指数平滑法提供的预测值实际上是前一期的预测值加上前期预测值中产生误差的修正值。当选择的平滑系数 α 比较大时，特别当 α 非常接近 1 时，新的预测值几乎包括了前期预测值的所有预测误差；而当选择的平滑系数 α 比较小时，新的预测值只包括很小部分预测误差的修正值。可见，α 实际上是起了预测错误纠正系数的作用，通过调整 α 就可以使预测值更准确。关键问题在于必须找到最佳的 α 值，以使预测误差最小。一般可以通过预测误差平方和来反映误差的大小，需要通过反复试验才能确定最佳的平滑系数。

（三）数学模型拟合法

长期趋势的数学模型拟合法是在对时间序列资料进行观察和判断的基础上，构造一个数学方程式来描述长期趋势，并外推预测的方法。

长期趋势根据其表现形式的不同可以分为直线趋势和曲线趋势。在建立数学方程式之前，先要观察和判断时间序列的变动形态。

判定趋势变动形态的常用方法有两种。一种是画散点图的方法，即在直角坐标系中作散点图，若图形大致呈直线，就配合直线方程；若图形大致呈曲线，就配合曲线方程。另一种是时间序列动态分析判别法。若时间序列中各逐期增减量大致相等，则现象的发展趋势近似于一条直线，就配合直线方程；若时间序列中各二级增减量大致相等，则现象的发展趋势近似于一条抛物线，就配合抛物线方程；若时间序列中的各期环比发展速度（或增长速度）大致相等，则现

象的发展趋势近似于一条指数曲线，就配合指数曲线方程。其他曲线都有相应的判断标准，在此不一一列举。

社会经济现象的发展呈曲线形特征是大量存在的，研究现象趋势变动的曲线类型是必要而且有意义的。但是，对于曲线形的现象，就某一段时间区间内的变化情况进行研究时，它又具有线性变化的特点。因此，研究长期趋势变动的直线形是研究曲线形的基础。

1. 直线趋势的测定与预测

若时间序列大体呈直线发展趋势，则应配合一个适当的直线模型即直线趋势方程。

直线趋势方程的一般形式为

$$y_c = a + bt$$

式中：y_c代表动态数列的长期趋势值；t 代表时间序列的时间序号；a 代表 $t=0$ 时 y_c的值；b 代表趋势方程的斜率，即 t 每变动一个时间单位时，y_c增加或减少的数量。

利用直线趋势方程测定长期趋势，关键是确定直线模型中参数 a、b 的值。参数 a、b 值的确定方法主要有半数平均法和最小平方法。

1）半数平均法

半数平均法的基本原理是：将时间序列分为相等的两部分，然后各求出一个平均数，作为趋势直线上的两点，利用几何学中两点确定一条直线的原理，将这两点代入直线方程计算参数 a、b 的值。

半数平均法的数学依据是实际水平值与趋势值的离差之和等于零，即

$$\sum (y - y_c) = 0$$

也即

$$\sum (y - a - bt) = 0$$

展开有

$$\sum y - na - b\sum t = 0$$

将上式两边同除以 n 得

$$\frac{\sum y}{n} - a - b\frac{\sum t}{n} = 0$$

亦即

$$\bar{y} - a - b\bar{t} = 0 \tag{1}$$

将时间序列等分为两部分时，如果 n 为奇数项，可将最初水平或中间水平去掉，使时间序列保持偶数项，以便平分，然后分别对前、后两部分求 $\bar{t}$和 $\bar{y}$，前半部分的记为$(\bar{t}_1, \bar{y}_1)$，后半部分的记为$(\bar{t}_2, \bar{y}_2)$。然后将它们代入式(1)得

$$\bar{y}_1 - a - b\bar{t}_1 = 0 \tag{2}$$

$$\bar{y}_2 - a - b\bar{t}_2 = 0 \tag{3}$$

因为式(2)、式(3)都等于0，所以可认为式(2)＝式(3)得

$$\bar{y}_1 - a - b\bar{t}_1 = \bar{y}_2 - a - b\bar{t}_2$$

移项得

$$\bar{y}_1 - \bar{y}_2 = a - a + b\bar{t}_1 - b\bar{t}_2$$

$$\bar{y}_1 - \bar{y}_2 = b(\bar{t}_1 - \bar{t}_2)$$

故

$$b = \frac{\bar{y}_1 - \bar{y}_2}{\bar{t}_1 - \bar{t}_2} \quad 或 \quad b = \frac{\bar{y}_2 - \bar{y}_1}{\bar{t}_2 - \bar{t}_1}$$

由式(1)得　$a = \bar{y} - b\bar{t}$

由式(2)得　$a = \bar{y}_1 - b\bar{t}_1$

由式(3)得　$a = \bar{y}_2 - b\bar{t}_2$

例 5-21　已知某地区历年粮食产量时间序列如表 5-21 所示，拟用半数平均法建立直线趋势方程，测定长期趋势，预测 2013 年粮食产量。

表 5-21　某地区粮食产量半数平均法计算表

年　份	序号 t	粮食产量 y/万吨	$y_c=306.715+16.89t$	$(y-y_c)^2$
2001	1	324	323.6	0.16
2002	2	336	340.5	20.25
2003	3	361	357.4	12.96
2004	4	388	374.3	187.69
2005	5	380	391.2	125.44
2006	6	406	408.1	4.41
小计	21	2195		
2007	7	435	424.9	102.01
2008	8	430	441.8	139.24
2009	9	456	458.7	7.29
2010	10	480	475.6	19.36
2011	11	492	492.5	0.25
2012	12	510	509.4	0.36
小　计	57	2803	—	619.42
总　计	78	4998		

设

$$y_c = a + bt$$

$$\bar{t}_1 = \frac{21}{6} = 3.5, \quad \bar{t}_2 = \frac{57}{6} = 9.5$$

$$\overline{y}_1 = \frac{2195}{6} \text{万吨} = 365.83 \text{万吨}, \quad \overline{y}_2 = \frac{2803}{6} \text{万吨} = 467.17 \text{万吨}$$

代入
$$b = \frac{\overline{y}_1 - \overline{y}_2}{\overline{t}_1 - \overline{t}_2} = \frac{365.83 - 467.17}{3.5 - 9.5} = \frac{-101.34}{-6} = 16.89$$

$$a = \overline{y}_1 - b\overline{t}_1 = 365.83 - 16.89 \times 3.5 = 306.715$$

$$y_c = 306.715 + 16.89t$$

2013 年粮食产量的预测值为 306.715 万吨＋16.89×13 万吨＝526.285 万吨。

2）最小平方法

最小平方法是测定长期趋势常用的方法。对于时间序列的趋势直线，固然可以用半数平均法求解参数 a、b，但半数平均法所确定的趋势直线用以描述时间序列的长期趋势并不是最理想的。从数学角度分析，用最小平方法配合的趋势直线就优于它。

最小平方法的基本原理是：要求配合的长期趋势直线的理论值与原序列的实际值之间的离差平方和为最小，在这一前提下，用偏微分法来确定参数 a、b 的值，即

$$\sum (y - y_c)^2 = \text{最小值}$$

当长期趋势表现为直线形时，上式为

$$\sum (y - a - bt)^2 = \text{最小值}$$

根据极值原理，用偏微分法可以得出求解两个参数 a、b 的标准方程组。

令
$$G(a,b) = \sum (y - a - bt)^2$$

要使 $G(a,b)$ 有最小值，则需

$$\frac{\partial G}{\partial a} = 0, \quad \frac{\partial G}{\partial b} = 0$$

即
$$\begin{cases} 2\sum (y - a - bt)(-1) = 0 \\ 2\sum (y - a - bt)(-t) = 0 \end{cases}$$

整理得到标准方程组

$$\begin{cases} \sum y = na + b\sum t \\ \sum ty = a\sum t + b\sum t^2 \end{cases}$$

解上述方程组得

$$\begin{cases} b = \dfrac{n\sum ty - \sum t \sum y}{n\sum t^2 - (\sum t)^2} \\ a = \overline{y} - b\overline{t} \end{cases}$$

式中，n 表示动态数列的项数。

例 5-22　现仍用表 5-21 中的资料，用最小平方法拟合直线趋势方程，求各年的趋势值，并预测 2013 年的粮食产量。计算如表 5-22 所示。

表 5-22　某地区粮食产量最小平方法计算表

年份	序号 t	粮食产量 y /万吨	ty	t^2	$y_c=307.365+16.79t$	$(y-y_c)^2$
2001	1	324	324	1	324.2	0.04
2002	2	336	672	4	340.9	24.01
2003	3	361	1083	9	357.7	10.89
2004	4	388	1552	16	374.5	182.25
2005	5	380	1900	25	391.3	127.69
2006	6	406	2436	36	408.1	4.41
2007	7	435	3045	49	424.9	102.01
2008	8	430	3440	64	441.7	136.89
2009	9	456	4104	81	458.5	6.25
2010	10	480	4800	100	475.3	22.09
2011	11	492	5412	121	492.1	0.01
2012	12	510	6120	144	508.8	1.44
合计	78	4998	34 888	650	—	617.98

设 $y_c=a+bt$。

$$b=\frac{n\sum ty-\sum t\sum y}{n\sum t^2-(\sum t)^2}=\frac{12\times 34\,888-78\times 4998}{12\times 650-(78)^2}=\frac{28\,812}{1716}=16.79$$

$$a=\frac{\sum y}{n}-b\frac{\sum t}{n}=\frac{4998}{12}-16.79\times\frac{78}{12}=416.5-109.135=307.365$$

$$y_c=307.365+16.79t$$

2013 年粮食产量预测值为 307.365 万吨+16.79×13 万吨=525.64 万吨。

从表 5-21 和表 5-22 中可以看出，同样的资料，半数平均法的 $\sum(y-y_c)^2$ 大于最小平方法的，即 619.42>617.98。所以，最小平方法优于半数平均法。

需要说明的是，上述最小平方法的标准方程中的时间序号 t，可以取时间序列中的任何时期为原点。$t=0$ 表明这个具体的 t 即某一年是直线趋势方程的原点。

为计算简便起见，可取时间序列的中间时期为原点。原点前 t 取负数，原点后 t 取正数，使 $\sum t=0$，则两个标准方程可以简化，称之为最小平方简捷法。

$$\begin{cases}\sum y = na \\ \sum ty = b\sum t^2\end{cases}$$

解方程组得

$$b=\frac{\sum ty}{\sum t^2}$$

$$a=\frac{\sum y}{n}$$

例如，利用表 5-22 中 11 年的数据（n 为奇数项），采用最小平方简捷法拟合直线趋势方程，并预测 2013 年粮食产量（见表 5-23）。

表 5-23　某地区粮食产量最小平方简捷法计算表

年　份	序号 t	粮食产量 y/万吨	ty	t^2
2002	－5	336	－1680	25
2003	－4	361	－1444	16
2004	－3	388	－1164	9
2005	－2	380	－760	4
2006	－1	406	－406	1
2007	0	435	0	0
2008	1	430	430	1
2009	2	456	912	4
2010	3	480	1440	9
2011	4	492	1968	16
2012	5	510	2550	25
合计	0	4674	1846	110

设 $y_c=a+bt$。

$$b=\frac{\sum ty}{\sum t^2}=\frac{1846}{110}=16.78$$

$$a=\frac{\sum y}{n}=\frac{4674}{11}=424.91$$

$$y_c=424.91+16.78t$$

2013 年粮食产量的预测值为 424.91 万吨＋16.78×6 万吨＝525.6 万吨。

必须指出，当时间序列项数为奇数时，最小平方简捷法计算较容易，若为偶数，计算稍有不同。假如是 12 年的资料，原点应在第 6 年和第 7 年之间。第 6 年为－0.5，第 5 年为－1.5，第 4 年为－2.5……第 7 年为 0.5，第 8 年为 1.5，第 9 年为 2.5……其余以此类推。带有小数的计算，非常烦琐，为简化计算，可以将上列时间序列的 t 值数字均扩大 1 倍，从而使－0.5 变为－1，－1.5 变为－3，0.5 变为 1，1.5变为 3，以此类推，使 $\sum t=0$ 。扩大 1 倍后，a、b 值均有变化，但最后的预测值的结果与一般计算方法相同。

2. 曲线趋势的测定与预测

在现实生活中，大量的社会经济现象的变化趋势并非呈直线上升或下降的，而更多地表现为各种不同类型的曲线趋势，如二次曲线、三次曲线、多次曲线、指数曲线等。这里仅以二次曲线和指数曲线为例，说明曲线趋势的测定与预测方法。

1）二次抛物线

二次抛物线的一般表达式为

$$y_c=a+bt+ct^2$$

式中：y_c——长期趋势值；

t——动态数列的时间序号；

a、b、c——三个待定参数。

求解三个待定参数 a、b、c 的最常用方法是最小平方法。

用最小平方法求参数 a、b、c 的基本原理与确定直线趋势方程的参数 a、b 的方法相同，即要求 $\sum(y-y_c)^2$ ＝最小值，亦即 $\sum(y-a-bt-ct^2)^2$ ＝最小值。

依据极值原理，用偏微分法可以得到下面求解参数 a、b、c 的标准方程组：

$$\begin{cases}\sum y = na + b\sum t + c\sum t^2 \\ \sum ty = a\sum t + b\sum t^2 + c\sum t^3 \\ \sum t^2 y = a\sum t^2 + b\sum t^3 + c\sum t^4\end{cases}$$

解上面方程组,即可得到 a、b、c 的值,从而确定二次抛物线的趋势方程。

将多个方程联立求解,计算工作量较大。为了计算简便,同直线趋势方程求解一样,可以通过移动原点,使 $\sum t = 0, \sum t^3 = 0$,这时,上述标准方程组简化为

$$\begin{cases}\sum y = na + c\sum t^2 \\ \sum ty = b\sum t^2 \\ \sum t^2 y = a\sum t^2 + c\sum t^4\end{cases}$$

解此方程组,得

$$\begin{cases}a = \dfrac{\sum y\sum t^4 - \sum t^2\sum t^2 y}{n\sum t^4 - (\sum t^2)^2} \\ b = \dfrac{\sum ty}{\sum t^2} \\ c = \dfrac{n\sum t^2 y - \sum y\sum t^2}{n\sum t^4 - (\sum t^2)^2}\end{cases}$$

例 5-23　根据我国某地棉花产量时间序列资料(见表 5-24),拟合二次抛物线趋势方程,并预测 2013 年棉花产量。

表 5-24　我国某地棉花产量抛物线趋势简捷法计算表

年　份	序号 t	棉花产量 y/吨	t^2	t^4	ty	t^2y	y_c
2002	−5	695	25	625	−3475	17 375	702.22
2003	−4	744	16	256	−2976	11 904	722.07
2004	−3	765	9	81	−2295	6885	745.96
2005	−2	694	4	16	−1388	2776	773.89
2006	−1	749	1	1	−749	749	805.86
2007	0	978	0	0	0	0	841.87

续表

年　份	序号 t	棉花产量 y/吨	t^2	t^4	ty	t^2y	y_c
2008	1	920	1	1	920	920	881.92
2009	2	957	4	16	1914	3828	926.01
2010	3	830	9	81	2490	7470	974.14
2011	4	1013	16	256	4052	16 208	1026.31
2012	5	1138	25	625	5690	28 450	1082.52
合计	0	9483	110	1958	4183	96 565	—

设 $y_c = a + bt + ct^2$。

$$a = \frac{\sum y \sum t^4 - \sum t^2 \sum t^2 y}{n \sum t^4 - (\sum t^2)^2} = \frac{9483 \times 1958 - 110 \times 96\ 565}{11 \times 1958 - (110)^2} = \frac{7\ 945\ 564}{9438}$$

$$= 841.87$$

$$b = \frac{\sum ty}{\sum t^2} = \frac{4183}{110} = 38.03$$

$$c = \frac{n \sum t^2 y - \sum y \sum t^2}{n \sum t^4 - (\sum t^2)^2} = \frac{11 \times 96\ 565 - 9483 \times 110}{11 \times 1958 - (110)^2} = \frac{19\ 085}{9438}$$

$$= 2.02$$

所以
$$y_c = 841.87 + 38.03t + 2.02t^2$$

2013 年棉花产量预测值为 841.87 吨 $+38.03\times 6$ 吨 $+2.02\times 6^2$ 吨 $=1142.77$ 吨。

2）指数曲线

指数曲线是描述以几何级数递增或递减的现象，即时间序列的环比增长速度按一定的百分比递增或递减。

指数曲线的一般表达式为

$$y_c = ab^t$$

式中：a 为初始值，当 $t=0$ 时，趋势值为 a；b 为平均发展速度。

若 $b>1$，增长率随着 t 的增加而增加；若 $b<1$，增长率随着 t 的增加而降低。

确定指数曲线的参数 a 和 b，可采取“线性化”的手段将其变为对数直线形，即两边取常用对数得

$$\lg y_c = \lg a + t\lg b$$

然后根据最小平方法原理，按直线形式参数的确定方法，得到求解 $\lg a$ 和 $\lg b$ 的标准方程组：

$$\begin{cases} \sum \lg y = n\lg a + \lg b \sum t \\ \sum t\lg y = \lg a \sum t + \lg b \sum t^2 \end{cases}$$

联立解方程组得

$$\lg b = \frac{n\sum t\lg y - \sum t \sum \lg y}{n\sum t^2 - (\sum t)^2}$$

$$\lg a = \frac{\sum \lg y}{n} - \lg b \frac{\sum t}{n}$$

当取时间序列的中间时期的 t 为原点时，$\sum t = 0$，公式可简化为

$$\lg b = \frac{\sum t\lg y}{\sum t^2}$$

$$\lg a = \frac{\sum \lg y}{n}$$

求出 $\lg a$ 和 $\lg b$ 后，即得参数 a、b。

例 5-24 现有某县农副产品收购额的时间序列资料（见表 5-25）。经计算，农副产品收购额的各期环比增长速度大体相同。根据资料，建立指数曲线方程，并预测 2013 年农副产品收购额。

表 5-25 某县农副产品收购额指数曲线简捷法计算表

年份	序号 t	收购额 y/万元	$\lg y$	$t\lg y$	t^2	y_c
2006	−3	30	1.4771	−4.4313	9	31.31
2007	−2	34	1.5315	−3.0630	4	35.04
2008	−1	41	1.6128	−1.6128	1	39.20
2009	0	46	1.6628	0	0	43.87
2010	1	51	1.7076	1.7076	1	49.09
2011	2	55	1.7404	3.4808	4	54.93
2012	3	58	1.7634	5.2902	9	61.47
合计	0	315	11.4956	1.3715	28	—

设 $\lg y_c = \lg a + t\lg b$。

将表 5-25 的计算结果代入简化公式得

$$\lg a = \frac{\sum \lg y}{n} = \frac{11.4956}{7} = 1.6422$$

$$\lg b = \frac{\sum t \lg y}{\sum t^2} = \frac{1.3715}{28} = 0.04898$$

所以
$$\lg y_c = 1.6422 + 0.04898t$$

将上式中的对数化为自然数得

$$y_c = ab^t = 43.87 \times (1.119)^t$$

2013 年某县农副产品收购额的预测值为 $43.87 \times (1.119)^4$ 万元＝68.78 万元。

第五节　季节变动的分析与预测

一、分析季节变动的意义

季节变动是时间序列的一个主要构成因素。在现实生活中，季节变动是一种极为普遍的现象，它是诸如气候条件、生产条件、节假日或人们的风俗习惯等各种因素综合作用的结果。农业生产、交通运输、建筑业、旅游业、商品销售以及工业生产等都带有明显的季节性。

季节波动一般有三个基本特征：一是季节波动有一定的规律性和周期性；二是季节波动每年重复出现，具有重复性；三是季节波动的波动轨迹具有相似性。

在一定条件下，许多现象都存在着有规律的周期变动。测定和掌握季节变动的规律性是进行统计分析的一个重要方面，也是本章的基本任务之一。

第一，测定季节变动，总结季节变动规律，有利于指导当前的社会生产和各种经济活动。

第二，测定季节变动，可以根据季节变动规律，配合适当的季节模型，结合长期趋势，进行预测。

第三，测定季节变动，有利于消除季节变动对时间序列带来的影响，更好地研究长期趋势和循环波动。

二、季节变动的测定方法

测定季节变动，通常是根据时间序列计算出季节指数（季节比率），然后根据季节指数与其平均数的偏离程度来测定季节变动的程度。

测定季节变动的方法很多，以其是否考虑长期趋势的影响可将其分为两大类：一类是不考虑长期趋势的影响，直接根据原始时间序列来计算；一类是将原始的时间序列中长期趋势影响剔除以后再进行计算。前者常用的方法是按期(季或月)平均法，后者常用的方法是长期趋势剔除法。

(一) 按期(季或月)平均法

按期平均法是直接根据原始时间序列资料计算季节指数的一种最简单的方法。它适用于长期趋势不明显或者长期趋势根本不存在的时间序列的测定。根据按月或按季排列的时间序列，测定季节变动的一般计算步骤如下：

第一，计算历年同月(或同季)的平均数 $\overline{x}_j$；

第二，计算历年月(或季)的总平均数 $\overline{x}$；

第三，计算季节比率，也称季节指数，即将历年同月(或同季)的平均数与月(或季)总平均数对比。计算公式用符号表示为

$$S_i = \frac{\overline{x}_j}{\overline{\overline{x}}} \times 100\%$$

式中，S_i 为季节指数。

各月季节指数之和，应等于 1200%；如果是季度资料，各季度季节指数之和，应等于 400%；若有误差，可以使用调整系数加以调整。

季节指数 $S_i > 100\%$，表明社会经济现象为旺季；季节指数等于 100%，表明无季节变动；季节指数 $S_i < 100\%$，表明社会经济现象为淡季。

例 5-25 某市某种商品销售量如表 5-26 所示。试用按期(月)平均法测定和分析季节变动。

表 5-26 某市 2008—2012 年某种商品销售量季节指数计算表 单位：万台

年 月	2008 年	2009 年	2010 年	2011 年	2012 年	五年合计	同月平均	季节指数/(%)
1 月	5.2	5.4	5.3	5.4	5.5	26.8	5.36	31.55
2 月	5.1	5.3	5.4	5.5	5.4	26.7	5.34	31.43
3 月	6.8	6.9	6.5	7.0	7.1	34.3	6.86	40.38
4 月	12.5	12.6	12.4	12.3	12.5	62.3	12.46	73.34
5 月	12.8	12.7	12.9	12.8	12.6	63.8	12.76	75.10
6 月	20.5	22.0	22.3	23.4	24.5	112.7	22.54	132.67
7 月	37.5	38.6	39.8	40.5	42.3	198.7	39.74	233.90

续表

月＼年	2008 年	2009 年	2010 年	2011 年	2012 年	五年合计	同月平均	季节指数/(%)
8 月	44.3	47.6	48.0	46.4	47.5	233.8	46.76	275.22
9 月	26.5	28.6	30.0	29.8	31.2	146.1	29.22	171.98
10 月	14.3	15.2	15.7	17.2	18.0	80.4	16.08	94.64
11 月	5.4	4.5	4.2	4.3	4.7	23.1	4.62	27.19
12 月	2.1	2.2	2.2	2.3	2.0	10.8	2.16	12.71
合　计	193.0	201.6	204.7	206.9	213.3	1019.5	16.99	1200.11

计算结果表明，由于季节变化的影响，某种商品销售量有明显的季节变动。8 月份季节指数最高，是该种商品销售量的高峰；而冬季该种商品的销售量开始下降，尤其是 12 月份为最低，是销售量的低谷。掌握了这种商品销售量的季节变动规律，就可以采取适当措施在旺季充分组织货源，保证市场供应；淡季尽量压缩库存量，减少资金积压。

若经过预测得知某市某种商品 2013 年全年总销售量将达到 215 万台，考虑到季节变动因素的影响，预测 2013 年各月销售量应为：

1 月份销售量为(215÷12)×31.55%万台=5.65 万台；

2 月份销售量为(215÷12)×31.43%万台=5.63 万台；

3 月份销售量为(215÷12)×40.38%万台=7.23 万台；

以此类推。

按期平均法计算简便，易于理解。但它只适用于时间序列没有明显长期趋势的统计数据。实际上，许多时间序列中所包含的长期趋势，很少能通过平均而予以消除。因此，当时间序列存在明显的长期趋势时，不适宜采用此种方法。

（二）长期趋势剔除法

长期趋势剔除法的基本思想是先测定时间序列中的长期趋势(如移动平均法)，然后将长期趋势从原时间序列中加以剔除，获得无趋势的时间序列，然后再采用按期(月或季)平均法计算季节指数。

长期趋势剔除法的理论依据是时间序列的两个基本假定模型。假定时间序列构成要素的关系结构为 $Y=T\cdot S\cdot C\cdot I$。一般而言，长期趋势和季节变动属于常态现象，两者的结合即为 $T\cdot S$，称为常态变动。季节变动的相对数的

表示形式为

$$S=\frac{Y}{T}\times 100\%$$

剔除长期趋势,可采用移动平均法,移动平均法能够抵消不规则变动的影响,当然也可以采用最小平方法。长期趋势剔除法的计算步骤如下:

第一,根据原时间序列资料 Y 计算长期趋势值 T;

第二,将原时间序列的实际值 Y 除以长期趋势值,即得 $\frac{Y}{T}$;

第三,将 $\frac{Y}{T}$ 按月或季排列,用按期(月或季)平均法求季节指数;

第四,加总各季节指数,其总和应等于1200%或400%,如果大于或小于此数,须进行调整。

例 5-26 已知某收购站某产品的收购量资料如表5-27所示,试用长期趋势剔除法测定季节变动。

表 5-27 某收购站某产品收购量

单位:吨

季度 \ 年份	2008	2009	2010	2011	2012
第一季度	15	16	18	23	28
第二季度	19	20	22	25	36
第三季度	7	10	10	15	16
第四季度	10	11	14	18	20

从表5-27可以看出,某收购站某产品收购量在2008—2012年间有明显的上升趋势,因此,适合采用长期趋势剔除法测定季节变动。列计算表如表5-28所示。

表 5-28 长期趋势剔除法计算表

年　份	季度	Y_{ij}	四项移动平均	移正平均 T_{ij}	$S_{ij}=\frac{Y_{ij}}{T_{ij}}$/(%)
2008	1	15	—	—	—
	2	19	12.75	—	—
	3	7	13.00	12.875	54.37
	4	10	13.25	13.125	76.19

续表

年　份	季度	Y_{ij}	四项移动平均	移正平均 T_{ij}	$S_{ij}=\frac{Y_{ij}}{T_{ij}}/(\%)$
2009	1	16	13.50	13.375	119.63
	2	20	13.75	13.625	146.79
	3	8	14.25	14.000	57.14
	4	11	14.75	14.500	75.86
2010	1	18	15.25	15.000	120.00
	2	22	16.00	15.625	140.80
	3	10	17.25	16.625	60.15
	4	14	18.00	17.625	79.43
2011	1	23	19.25	18.625	123.49
	2	25	20.25	19.750	126.58
	3	15	21.50	20.875	71.86
	4	18	24.25	22.875	78.69
2012	1	28	24.50	24.375	114.87
	2	36	25.00	24.750	145.45
	3	16	—	—	—
	4	20	—	—	—

(1) 计算移动平均数 T_{ij}。由于所给资料是四个季度的资料，因此，首先按四项移动平均，然后按两期校正移动平均。故有：

$$T_{83}=12.875$$
$$T_{84}=13.125$$
$$T_{91}=13.375$$
$$T_{92}=13.625$$
$$\vdots$$
$$T_{12,2}=24.750$$

(2) 剔除长期趋势值。剔除长期趋势值就是将原时间序列发展水平 Y_{ij} 除以移动平均数 T_{ij}，即

$$S_{83}=\frac{7}{12.875}\times 100\%=54.37\%$$

$$S_{84}=\frac{10}{13.125}\times 100\%=76.19\%$$

其余类推(见表 5-29)。

表 5-29 季节比率计算表 单位:%

时 间	第一季度	第二季度	第三季度	第四季度	合 计
2008	—	—	54.37	76.19	—
2009	119.63	146.79	57.14	75.86	—
2010	120.00	140.80	60.15	79.43	—
2011	123.49	126.58	71.86	78.69	—
2012	114.87	145.45	—	—	—
同期平均 $\overline{y}_j$	119.50	139.905	60.88	77.5425	397.83
季节比率 S_j	120.16	140.67	61.21	77.96	400

(3) 将剔除长期趋势资料按各年同期排列成表 5-29,并计算各年同期平均数 $\overline{y}_j$。

(4) 计算调整系数 α。

$$\alpha = \frac{m}{\sum_{j=1}^{m}\overline{y}_j} = \frac{400\%}{397.83\%} = 100.55\%$$

(5) 计算季节比率 S_j。

$$S_j = \overline{y}_j \cdot \alpha$$

$$S_1 = 119.5\% \times 1.0055 = 120.16\%$$

$$S_2 = 139.905\% \times 1.0055 = 140.67\%$$

$$S_3 = 60.88\% \times 1.0055 = 61.21\%$$

$$S_4 = 77.5425 \times 1.0055 = 77.96\%$$

其计算结果见表 5-29。

假如某收购站规划 2012 年某产品收购量为 120 吨。由于收购量受季节变动影响,所以各季度的收购量要考虑相应的季节变动。经测定,各季度的季节指数如表 5-29 所示,那么 2012 年各季度的规划收购量应为多少呢?

如果不考虑季节变动的影响,各季度的收购量应为 120 吨 ÷ 4 = 30 吨;如果考虑季节变动的影响,则用 30 吨去乘以各季度的季节指数。

第一季度 30 吨×120.16%=36.048 吨

第二季度 30 吨×140.67%=42.201 吨

第三季度 30 吨×61.21%=18.363 吨

第四季度　30 吨×77.96%＝23.388 吨

如取整数，各季度收购量分别为 36 吨、42 吨、18 吨和 24 吨。这样该收购站可根据以上预测数据安排收购计划，准备收购资金等。

三、趋势季节模型预测

时间序列的变动受长期趋势 T、季节变动 S、循环波动 C 和不规则变动 I 四个因素的变动影响，其中长期趋势和季节变动是影响时间序列变动的两个主要因素。在时间序列中，如果一个时间序列存在明显的长期趋势和季节变动，则在建构预测模型时，就必须同时考虑它们的影响。

将长期趋势和季节变动同时纳入一个预测模型，建构所谓趋势季节模型，并以此进行预测的方法称为趋势季节模型预测法。

（一）趋势季节模型的建立

设趋势季节模型的一般表达式为

$$\hat{y}_s = \hat{y} \cdot S$$

式中：$\hat{y}_s$为考虑季节影响的预测值；$\hat{y}$ 为不考虑季节影响的预测值；S 为各预测期所对应的季节比率。

$\hat{y}$ 和 S 为模型待估计的两个参数，它们可分别通过长期趋势模型和季节变动模型来估计。

例 5-27　根据计算，得到某种商品销售量（单位：万件）的长期趋势模型为 $\hat{y}=162+1.02t$（2006 年第四季度为原点）。各季度季节比率的经验数据如表 5-30 所示。试据此预测 2013 年第一、第二、第三和第四季度的销售量。

表 5-30　各季度季节比率资料

	第一季度	第二季度	第三季度	第四季度
季节比率/(%)	50.57	76.98	120.54	151.91

由于原点在 2006 年第四季度，即 2007 年第一季度的 t 值为 1，故 2013 年第一、第二、第三和第四季度的 t 值分别为

25、26、27、28

又由 $\hat{y}=162+1.02t$，可得 2013 年各季度不考虑季节变动影响的预测值：

$$\hat{y}_{25} = 162\text{ 万件} + 1.02 \times 25\text{ 万件} = 187.5\text{ 万件}$$

$$\hat{y}_{26} = 162\text{ 万件} + 1.02 \times 26\text{ 万件} = 188.52\text{ 万件}$$

$$\hat{y}_{27} = 162\text{ 万件} + 1.02 \times 27\text{ 万件} = 189.54\text{ 万件}$$

$$\hat{y}_{28} = 162\text{ 万件} + 1.02 \times 28\text{ 万件} = 190.56\text{ 万件}$$

所以，根据趋势季节模型有

$$\hat{y}_s = (162 + 1.02t) \cdot S$$

2013 年各季度考虑季节变动影响的预测值如下：

$$\hat{y}_{s25} = 187.5 \text{万件} \times 50.57\% = 94.82 \text{万件}$$

$$\hat{y}_{s26} = 188.52 \text{万件} \times 76.98\% = 145.12 \text{万件}$$

$$\hat{y}_{s27} = 189.54 \text{万件} \times 120.54\% = 228.47 \text{万件}$$

$$\hat{y}_{s28} = 190.56 \text{万件} \times 151.91\% = 289.48 \text{万件}$$

（二）年值模型与月（或季）值模型的转换

长期趋势模型若是以月或季值资料为依据建构的，那么，就可以直接与季节分析结合起来进行预测。事实上，长期趋势模型多是根据年值资料确定的，如果要使用趋势季节模型进行预测，就需要将年值趋势模型转化为月值或季值趋势模型。

若令时间序列的第一年的 t 值为 1，且依此建立的年值模型为

$$\hat{y}_T = A + BT$$

则以此为依据转换成的月值、季值模型分别为

$$\hat{y}_t = \frac{A}{12} + 5.5\frac{B}{144} + \frac{B}{144}t \text{（月值模型）}$$

$$\hat{y}_t = \frac{A}{4} + 1.5\frac{B}{16} + \frac{B}{16}t \text{（季值模型）}$$

现以月值模型为例说明转换过程。

第一步，把年值改换为月平均趋势值，设年值趋势模型为

$$\hat{y}_T = A + BT$$

将等式两边同除以 12 有

$$\frac{\hat{y}_T}{12} = \frac{A}{12} + \frac{B}{12}T$$

$$\hat{y}_t = \frac{A}{12} + \frac{B}{12}T$$

第二步，把按年计算的序号 T 改为按月计算的序号 t，也即将 T 改为 $\frac{1}{12}$ 计算，这相当于把 $\frac{B}{12}$ 再除以 12，于是有

$$\hat{y}_t = \frac{A}{12} + \frac{B}{144}t$$

第三步，变换原点。当 $T=0$ 时，$\hat{y}_T = A$，这是原点年（时间序列第一年的前

一年）的预测值，该值对准原点年的年中，即 6 月 30 日。现在要将原点移至原点年的 12 月 15 日，使该月成为原点月。这样，当 $t=1$ 时，所得预测值就成为时间序列第一年第一月的预测值了。

由于 6 月 30 日与 12 月 15 日相隔 5.5 个月，故将其后移（向近期移）5.5 个月，于是得变换完毕的月值模型：

$$\hat{y}_t = \frac{A}{12} + 5.5\frac{B}{144} + \frac{B}{144}t$$

例 5-28　已知我国某地区国内生产总值（单位：亿元）的外推直线趋势预测模型（年值）为 $\hat{y}_T = 430.45 + 159.88T$，且知当 $t=1$ 时为 1996 年（有 17 年的资料）。试将其转化为月值模型，并预测 2013 年 1、2 月份的国内生产总值。

由于 $\hat{y}_T = 430.45 + 159.88T$ 为年值模型，即 $A=430.45$，$B=159.88$，所以，

$$\begin{aligned}\hat{y}_t &= \frac{A}{12} + 5.5\frac{B}{144} + \frac{B}{144}t \\ &= \frac{430.45}{12} + 5.5\times\frac{159.88}{144} + \frac{159.88}{144}t\end{aligned}$$

即

$$\hat{y}_t = 41.98 + 1.11t$$

因此，2013 年第 1、第 2 月份的国内生产总值的预测值为

$$\hat{y}_{205} = 41.98\text{ 亿元} + 1.11\times 205\text{ 亿元} = 269.53\text{ 亿元}$$

$$\hat{y}_{206} = 41.98\text{ 亿元} + 1.11\times 206\text{ 亿元} = 270.64\text{ 亿元}$$

思考与练习

一、思考题

1. 什么是时间序列？简述时间序列的各构成要素。
2. 编制时间序列应注意哪些问题？
3. 举例说明时期数列和时点数列的特点。
4. 简述平稳系列和非平稳系列的含义。
5. 怎样根据给定的时间序列选择趋势线的类型？
6. 采用移动平均法测定长期趋势应注意哪些问题？
7. 什么是季节变动？测定与分析季节变动有何意义？

二、练习题

1. 已知某地“十一五”规划期间按当年价格计算的国民生产总值资料如下所示。

年　　份	2005	2006	2007	2008	2009	2010
国民生产总值/亿元	598.4	622.5	671.9	678.2	744.9	759.4

试对某地“十一五”规划期间的国民生产总值进行动态分析。

2. 某企业2012年增加值及职工人数资料如下所示。

时　　间	第一季度	第二季度	第三季度	第四季度
增加值/万元	5650	5970	6140	6360
季末职工人数/人	2018	2070	2120	2200

2012年年初职工人数为2010人，要求计算：

(1) 该企业年平均职工人数；

(2) 该企业2012年平均每季度的增加值；

(3) 该企业2012年季劳动生产率和年劳动生产率。

3. 某企业2012年钢材库存量资料如下所示。

时　　间	1月1日	4月15日	8月15日	12月31日
库存量/吨	135	150	180	128

要求计算该企业2012年钢材月平均库存量。

4. 某建筑公司2012年第二季度全体职工及工人人数资料如下所示。

时　　间	3月31日	4月30日	5月31日	6月30日
全体职工人数/人	580	580	600	620
其中：工人人数/人	435	450	462	576

试计算该建筑公司2012年第二季度工人占全体职工人数的平均比重。

5. 某商场2012年下半年的零售额、库存额及流通费用额资料如下所示。

单位：万元

月　　份	7月	8月	9月	10月	11月	12月
零售额	1107	1160	1150	1170	1200	1370
月初库存额	680	675	670	650	670	690
流通费用额	108	102	98	96	100	104

另知2012年年末商品库存额为710万元。试计算该商场2012年下半年商品的平均流转次数和平均流通费用率。

6. 某公司两个企业2012年2月份产值及每日在册资料如下所示。

企　业	总产值/万元	工人人数/人		
		1—15 日	16—20 日	21—28 日
甲	41.5	330	312	345
乙	45.2	332	314	328

试计算各企业和该公司的月劳动生产率(综合劳动生产率)。

7. 某企业 2011 年和 2012 年各月工人人数资料如下所示。

月末人数/人	2012 年			
	2 月	7 月	10 月	12 月
	1910	1936	1980	2000
月初人数/人	2011 年			
	1 月	4 月	7 月	10 月
	1800	1350	1880	1900

又 2011 年年末人数为 1900 人，2012 年工业总产值为 3673 万元。试根据以上资料，求：

(1) 2011 年和 2012 年的月平均工人数；

(2) 2012 年月平均劳动生产率。

8. 某商业企业某年规划利润额完成情况资料如下所示。

月　份	1 月	2 月	3 月	4 月	5 月	6 月	7 月	8 月	9 月	10 月	11 月	12 月
实际利润额/万元	303	306	324	310	350	368	410	412	485	463	350	385
计划完成程度/(%)	101	102	110	105	108	98	112	105	120	97	102	113

计算全年利润平均规划完成程度。

9. 下表所示为某市 1998—2012 年财政用于农业的支出额数据。

单位：亿元

年　份	支出额	年　份	支出额	年　份	支出额
1998	11.0	2003	19.5	2008	37.6
1999	12.0	2004	21.4	2009	44.0
2000	13.2	2005	26.5	2010	53.2
2001	14.1	2006	30.7	2011	57.4
2002	15.3	2007	34.7	2012	66.5

要求：

(1) 计算年平均增长率；

(2) 根据年平均增长率预测 2013 年的财政支出额。

10. 下表所示为某县某种农作物 1993—2012 年的产量统计数据。

单位：万千克

年份	产量	年份	产量	年份	产量	年份	产量
1993	145	1998	245	2003	309	2008	369
1994	137	1999	250	2004	316	2009	416
1995	168	2000	261	2005	367	2010	438
1996	232	2001	248	2006	372	2011	469
1997	220	2002	281	2007	353	2012	512

(1) 用五期移动平均法预测 2013 年的产量。

(2) 采用一次指数平滑法，初始值为 140。分别用平滑系数 $\alpha=0.3$ 和 $\alpha=0.5$，预测 2013 年的产量，说明哪一个平滑系数预测更合适。

(3) 采用二次指数平滑法建立一个直线趋势方程预测 2013 年的产量。

11. 某地区 2010 年的粮食产量为 500 万吨，若 2014 年要求达到 600 万吨，则每年必须以怎样的速度递增？如该地区一直以这一速度增长，到 2017 年时粮食产量将达到多少？

12. 某制糖厂 2012 年生产糖 5 万吨，如果平均每年以 16%的速度增长，多少年后糖的总产量可以达到 40 万吨？

13. 某企业 2008—2012 年某种产品的产量资料如下所示。

单位：万吨

年　份	2008	2009	2010	2011	2012
产品产量	20	22	24	27	30

试用最小平方法配合直线趋势方程，并预测该地区 2013 年、2015 年这种产品可能的产量。

14. 已知某地 2004—2012 年地方财政支出额资料如下所示。

单位：亿元

年　份	2004	2005	2006	2007	2008	2009	2010	2011	2012
财政支出额	30	32	34	41	46	51	55	58	62

要求：

(1) 用最小平方法分别配合直线趋势方程、指数曲线趋势方程、二次曲线趋势方程；

(2) 选择你认为合适的方法预测 2013 年的财政支出额。

15. 某企业某种商品的销售资料如下所示。

单位:万台

年　份	第一季度	第二季度	第三季度	第四季度	合　计
2008	4	6	13	18	41
2009	5	8	14	18	45
2010	6	10	16	22	54
2011	8	12	19	25	64
2012	15	17	21	28	81

要求：

(1) 用按月(季)平均法测定该商品销售量的季节变动情况；

(2) 用长期趋势剔除法测定该商品销售量季节变动指数；

(3) 如规划 2013 年销售量 100 万台,请按以上两种方法预测各季度的销售量。

16. 某乳制品加工厂五年间各季度增加值资料如下所示。

单位:万元

年　份	第一季度	第二季度	第三季度	第四季度	合　计
2008	140	160	27	130	457
2009	154	160	29	151	494
2010	170	174	33	160	537
2011	177	189	38	169	573
2012	188	192	46	179	605

(1) 用最小平方法建立上述资料的年直线趋势方程。

(2) 若给定各季度的季节比率的经验数据 S_j 为

$$S_1 = 124.1\%, S_2 = 131.9\%, S_3 = 25.9\%, S_4 = 118.1\%$$

试建立趋势季节模型,并预测 2013 年各季度的增加值。

(3) 将年值模型转换为季值模型,并预测 2013 年各季度的增加值。

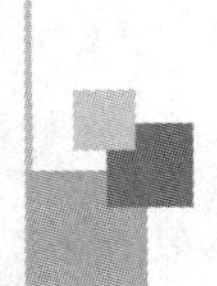

第六章　统计指数分析

[案例]

据调查，国内某大型百货商场销售的五种商品，今年与去年比较，其销售价格和销售量均有不同程度的变化。资料如表6-1所示。

表6-1　某大型百货商场销售情况

商品名称	计量单位	商品价格/元		商品销售量	
		去年	今年	去年	今年
金龙鱼玉米油(5 L)	桶	75	79	4580	5450
联想笔记本(G470AL)	台	3699	3499	400	450
三星3G手机(I9300)	部	4549	4229	648	688
柒牌西服(套装)	件	528	449	1250	1080
洋河白酒(52度)	瓶	458	490	848	1020

根据以上资料，思考如下问题：

(1) 采用什么方法，才能综合反映多种商品价格变动？

(2) 该商场五种商品价格总的变动方向及变动幅度如何？

(3) 五种商品销售量的综合变动方向和变动幅度如何测算？

(4) 五种商品销售价格和销售量的变动对商场销售总额有何影响？

(5) 如资料为同类商品，如何分析商品平均价格的变动及其影响因素？

本章主要讨论：统计指数的概念及其主要分类问题；总指数的编制原理与方法；利用指数体系进行因素分析，测定总体总量指标和平均指标变动中各因素的影响方向和影响程度。

第一节　统计指数概述

一、统计指数的概念

统计指数分析是利用统计指数分析复杂社会现象总体数量变动情况的一种常用的且重要的分析方法。统计指数最早起源于英国。19 世纪中叶，英国人为了测定当时飞涨的物价变动情况，就编制了反映 22 种商品价格变动情况的简单综合指数，发表在 1869 年伦敦的《经济周报》上，此即世界上最早的统计指数。

随着社会经济活动的广泛深入与发展，用以反映物价变动的指数亦被广泛用于社会经济活动的各个领域，进而产生了反映工业、农业、贸易、股票、期货等复杂现象数量变动的其他指数。诸如工业产品产量指数、农副产品收购价格指数、居民消费价格指数、商品零售价格指数、股票价格指数等，成为社会经济生活的“晴雨表”。现在指数的应用领域进一步扩大，被用于经济景气、经济效益、综合国力及社会发展水平的综合评价，在统计分析中发挥愈来愈重要的作用。

统计指数的概念有广义与狭义之分。广义的指数是指一切反映社会经济现象数量变动或差异程度的相对数，即凡是说明同类现象在时间上、空间上变动或差异的相对数均称为指数。因此，相对数中的动态相对数、计划完成情况相对数、比较相对数，均属于指数这一范畴。但狭义的指数，是一种特殊的相对数，是用来表明不能直接相加的多要素构成的复杂现象总体数量综合变动的相对数。统计工作中通常编制的指数，如工业产品产量指数、价格指数、成本指数、劳动生产率指数等，就是这种狭义的指数。

统计指数具有如下几个基本特点。

(1) 统计指数通常以相对数的形式来表示。

(2) 统计指数反映的是复杂现象总体数量的变动。所谓复杂现象总体，并非指容量大、单位多的庞大总体，而是指那些由许多度量单位不同、性质各异的个体组成，数量上不能直接加总的现象总体。例如，工业企业在一定时期生产的全部工业产品，由于其计量单位不同，使用价值不同，它们在数量上是不能直接相加的，全部工业产品也就构成了一个复杂现象总体。

(3) 统计指数反映的是现象总体的总变动或综合变动，而不是个别要素的单一变动。

二、统计指数的作用

统计指数在经济分析中运用很广泛。它不仅可以用来分析说明社会经济现象的动态情况，而且可以比较分析说明社会经济现象的静态情况。指数在分析社会经济现象的动态情况方面具有如下三个作用。

(1) 综合反映复杂现象总体总的变动方向和变动程度，即以相对数的形式，反映多种产品或商品的数量或质量的综合变动情况。例如产品成本指数95%，说明多种产品的单位成本虽然有升有降，但总的来讲，平均下降了5%，表明成本变动方向是下降的。

(2) 分析现象总变动过程中各因素变动对其影响的方向及程度。复杂现象总体的变动是由各种因素综合影响的结果，而各个因素变动对现象总变动的影响方向和影响程度是不同的。统计通过编制指数体系，可以分析测定其中每一个因素的影响作用及大小，从而揭示影响现象变动的主次因素。

(3) 分析研究社会经济现象在较长时期内变动的趋势，即将同类指数按时间先后顺序排列，编制成指数数列，就可以根据指数数列的变动，反映该类现象在长时间内变动的趋势。

指数说明社会经济现象的静态情况，在于利用指数可以检查国民经济计划的完成情况，并分析说明社会经济现象在地区间、企业间的数量对比关系。例如，当计划检查对象涉及不能相加的复杂社会经济总体时，通过编制计划完成情况指数，就可以检查计划的综合完成程度。把不同地区、不同单位的工资水平或商品价格相互比较，编制工资指数或物价指数，就可以说明不同地区、不同单位工资水平的升降情况或商品价格的涨落情况。

三、统计指数的分类

统计指数多种多样，可以从不同角度对其进行分类。

(1) 按照研究对象的范围不同，统计指数分为个体指数和总指数。

个体指数是表明复杂现象总体中个别要素数量变动情况的相对数。例如，说明个别产品的产量或成本变动的相对数，说明个别商品价格和销售量变动的相对数等，都是个体指数。

总指数是表明现象总体全部或多种要素数量综合变动情况的相对数。例如，综合表明全部工业产品产量或成本变动情况的相对数，都是总指数。总指数的特点是多种事物的计量单位不同，它不能直接相加，因而有多种编制方法。本章所要论述的指数就是指总指数。

(2) 按照研究对象的性质不同,指数分为数量指标指数和质量指标指数。

数量指标指数是根据数量指标计算的,用来表明社会经济现象总体的数量或规模变动的相对数。例如,产品产量指数是说明某一地区或企业全部工业产品产量的总规模、总水平的变动情况,职工人数指数是表明某地区或企业拥有的劳动力的规模和水平的动态情况。这一类指数通常称为数量指标指数。

质量指标指数是根据质量指标计算的,用来直接反映社会经济总体质量或内涵变动情况的相对数。例如:成本指数、劳动生产率指数,可以直接反映生产工作质量的提高情况;物价指数、工资指数则可以通过物价的涨落和工资的升降,间接表明经济工作质量的变化情况。这一类指数通常称为质量指标指数。

(3) 按照编制指数的方法不同,指数分为简单指数和加权指数。

简单指数又称不加权指数,是直接将现象总体个别要素的报告期与基期的数值进行对比计算的指数。

加权指数是依据个别要素在总体中的重要程度不同而赋予不同的权数进行加权计算的指数。加权指数是计算总指数广为采用的方法。

(4) 按反映现象的时间状况不同,指数分为动态指数和静态指数。

动态指数是反映现象在不同时间上发展变化的指数。它是由两个不同时期的经济总量对比形成的。静态指数则是反映现象在同一时期不同空间对比情况的指数。它包括空间比较指数和计划完成情况指数。空间比较指数是反映复杂现象在同一时间不同空间差异程度的指数,如比较甲、乙两个地区物价水平高低的指数。计划完成情况指数是反映复杂现象的计划完成程度好坏的指数,如综合反映多种产品产量计划完成程度的相对数。

第二节　综合指数的编制

统计指数的编制方法,主要是就总指数而言的。一般来讲,总指数包括综合指数和平均指数两种形式。综合指数是把不能直接度量的复杂现象总体转化为可以度量的总体,再进行对比,以反映现象总体综合变动程度的相对数。平均指数是综合指数的变形,它是对个体指数进行加权平均计算的总指数。综合指数从性质上分为数量指标指数和质量指标指数。数量指标综合指数与质量指标综合指数这两种指数的编制原理和方法基本上是一样的,但计算原则各不相同。

一、数量指标综合指数

数量指标综合指数如何编制，下面以产量指数为例加以说明。表 6-2 所示为某厂三种产品的产量和价格资料。

表 6-2　某厂三种产品的产量和价格资料

产品名称	计量单位	产品产量		产品价格/万元	
		基期 q_0	报告期 q_1	基期 p_0	报告期 p_1
甲	件	1000	1200	16	15
乙	个	1500	1575	20	18
丙	双	2000	2180	25	25

现在，若要研究每种产品产量的增长变动情况，则可以编制个体产量指数，即

$$K_{甲} = \frac{q_1}{q_0} = \frac{1200}{1000} = 1.2 \text{ 或 } 120\%$$

$$K_{乙} = \frac{q_1}{q_0} = \frac{1575}{1500} = 1.05 \text{ 或 } 105\%$$

$$K_{丙} = \frac{q_1}{q_0} = \frac{2180}{2000} = 1.09 \text{ 或 } 109\%$$

式中，K 代表个体产量指数，q_1、q_0 分别为报告期和基期的产品产量。计算结果表明，三种产品产量都有不同程度的增长，其中甲产品增长 20%，乙产品增长 5%，丙产品增长 9%。

如果统计研究的任务不仅要了解每种产品产量的变动，而且还要知道三种产品总量的变动情况，这就要编制产量总指数。

编制产量总指数不能直接把甲、乙、丙三种产品报告期的产量相加，除以其基期产量之和。因为这三种产品的使用价值不同，计量单位不同，它们的产量不能直接加总。为此，就要寻找一种媒介因素，把不能相加的产量总体过渡到能够相加的总体。我们知道，每一种产品都是人类抽象劳动的凝结，都具有价值。产品价值，在商品货币存在条件下，都是以其外在形式价格来表现的。因此，我们把每一种产品的产量分别乘以其价格，将各种不同产品的具体使用价值抽象掉，还原为共同的价值形态，这就可以相加，并进行动态对比。可见，价格是使不能直接相加的产量总体过渡到能够相加的价值总体的一种“桥梁”或媒介。统计上把起了这种“桥梁”或媒介作用的因素称为同度量因素。同度量

因素在总指数的计算过程中,对各要素又起着一种权衡轻重的作用,故又叫作权数。因此,编制产量总指数的第一步,就是寻找同度量因素,借助于同度量因素,将不能直接相加的总体,转化为可以相加的总体。本例(见表 6-2)中通过价格这个同度量因素分别与它们各自的产量相乘,求出产值并加总,然后将两个不同时期的总产值进行对比,就可以反映总产值这个价值总体的变动,即

$$\text{总产值指数}=\frac{\sum q_1 p_1}{\sum q_0 p_0}=\frac{1200\times 15+1575\times 18+2180\times 25}{1000\times 16+1500\times 20+2000\times 25}$$

$$=\frac{100\ 850}{96\ 000}=1.0505\ \text{或}\ 105.05\%$$

说明总产值报告期比基期增长了 5.05%,产值增长的绝对值为

$$\sum q_1 p_1-\sum q_0 p_0=100\ 850\ \text{万元}-96\ 000\ \text{万元}=4850\ \text{万元}$$

然而,产值的总变动包含两个因素的影响:一是产量变动的影响,二是价格变动的影响。但是,我们原定编制产量总指数的目的是要单纯反映全部产品产量的变动,而不是要看价格的变动,价格不过是使其能够相加的同度量因素。因此,我们要反映产量的变动,就必须将价格固定起来,让其不变,即对两个不同时期的产量都采用同一时期的价格做同度量因素来计算产值。

但是,同一时期的价格,既有报告期的,又有基期的,编制产量总指数究竟用哪一个时期的价格做同度量因素?所以接下来必须正确选择同度量因素所属的时期。同一指数,采用不同时期的指标做同度量因素,会有不同的结果,具有不同的经济内容。采用哪一时期的指标做同度量因素,应根据指数的经济内容和研究的具体任务来决定。不过,编制产量指数一般要以基期的价格做同度量因素,即把同度量因素价格固定在基期来计算。因为从辩证唯物论的观点来看,任何事物的质变都是在过去量变的基础上进行的,只有当量变逐渐积累多了,达到一定的数量界限,才会引起事物的质变。故要反映产量这种数量指标的变动,就要以基期的质量指标做同度量因素。同时,从产量指数反映的经济内容来看,以基期价格做同度量因素,具有实际的经济意义。它反映在原有价格不变的条件下,全部产品产量的纯粹变动程度和实际取得的经济效果。另外,以基期价格做同度量因素编制产量指数,能够满足建立一套指数体系的要求,即

$$\text{总产值指数}=\text{产量指数}\times\text{价格指数}$$

在这个指数体系中,价格指数通常是以报告期的产量做同度量因素的,那么要保持指数体系的这种联系,产量指数就必须要以基期的价格做同度量因

素。

综上所述，产量总指数的计算公式可以表示如下：

$$\overline{K_q}=\frac{\sum q_1 p_0}{\sum q_0 p_0}$$

式中，$\overline{K_q}$为产量总指数，p_0为基期价格。

该指数公式是德国经济统计学家埃蒂恩·拉斯贝尔斯（E-tienne Laspeyres）在 1864 年提出的，后人以他的名字来命名该指数，故称拉氏数量指标指数，简称拉氏指数。

从拉氏产量总指数公式可以看出，产量总指数从形式上来说是一种综合指数，它综合反映了产量和价格这两个因素的乘积——产值的变动情况。不过，在产值的变动中，只有一个因素在发生影响，即产量变动的影响，因此，对比的结果，实际上说明了全部产品产量总的变动情况。以本例来说，要综合反映三种产品产量的变动情况，可以编制如下产量指数：

$$\overline{K_q}=\frac{\sum q_1 p_0}{\sum q_0 p_0}=\frac{1200\times 16+1575\times 20+2180\times 25}{1000\times 16+1500\times 20+2000\times 25}$$

$$=\frac{105\ 200}{96\ 000}=1.0958 \text{ 或 } 109.58\%$$

计算结果说明，该厂三种产品的产量，总的来说，报告期比基期增长了 9.58%。

产量增长，必然对该厂产值变动产生影响。这一影响可以通过计算指数分子与分母的差额，用绝对数来表示，即

$$\sum q_1 p_0-\sum q_0 p_0=105\ 200\text{ 万元}-96\ 000\text{ 万元}=9200\text{ 万元}$$

结果表明，该厂产品产量增长，使总产值增加了 9200 万元。

以上产量指数是以基期价格做同度量因素的，若以报告期价格做同度量因素，则会得到另一种结果。用公式表示就是

$$\overline{K_q}=\frac{\sum q_1 p_1}{\sum q_0 p_1}$$

$$=\frac{1200\times 15+1575\times 18+2180\times 25}{1000\times 15+1500\times 18+2000\times 25}$$

$$=\frac{100\ 850}{92\ 000}=1.0962 \text{ 或 } 109.62\%$$

式中，p_1为报告期价格。

结果表明，三种产品的产量，综合来讲，报告期比基期增长了9.62%。产量的增长，使产值增加了8850(即100 850－92 000)万元。

这个指数从形式上看也是固定了价格，反映了产量的变动，但为什么计算结果同前一个指数不同呢？这是因为前一个指数是按基期价格计算的报告期产值与基期产值之比，两个产值都是用的基期价格，因而它丝毫不受价格变动的影响，能单纯反映产量的综合变动情况。而后一个指数用报告期产值除以基期产量按报告期价格计算的假定产值，两者对比，虽然表面上价格都固定在报告期，没有变动，但这个报告期价格是由基期变化后的价格，这种变动的影响仍然会反映到产量指数中来，导致该指数不能单纯反映产量的变动。可见，以报告期价格做同度量因素是不符合我们研究目的的，也是没有什么实际经济意义的。因此，编制产量指数一般是用基期价格做同度量因素，而不是用报告期价格做同度量因素。

以上是产量指数的编制方法。产量指数是数量指标指数，编制产量指数的原则，同样适用于其他数量指标指数，如销售量指数、职工人数指数等。因此，我们可以得出一条一般原则：编制数量指标指数，应以基期的质量指标做同度量因素。

二、质量指标综合指数

编制质量指标综合指数，同样要分两步进行：第一步，要找出使现象总体能够相加的同度量因素；第二步，要选择同度量因素所属的时期。下面我们以价格指数为例说明质量指标综合指数的编制方法。

价格与产量不同，它不是用实物单位表示的，而是用货币作为计量单位的。因此，从表面上看，多种产品的价格好像可以直接相加，价格指数发展的初期也确实有人这样计算过，叫作简单综合法。实际上，这简单相加的方法是不对的，也是没有意义的。因为价格也是一种复杂现象，多种产品的价格仍然受本身计量单位变动的影响。所以编制价格总指数，同样遇到一个不能直接相加的问题。但能不能把它变成可以相加的呢？显然是可以的。因为产品价格是产值的一个因素，价格与产量相乘可以得到各种产品的产值，各种产品的产值是可以相加的。故我们以产量做同度量因素，把各种产品的价格转化为价值就能够相加了。

产量有报告期的和基期的，采用哪一时期的产量做同度量因素，取决于我们的研究目的。编制价格总指数是为了综合反映报告期生产的产品的价格变动情况，因此，一般选择报告期产量做同度量因素较有意义。如果以基期产量做同度量因素，这时价格指数是报告期价格按基期产量计算的产值，与基期实际产值的对比，表明企业过去生产的产品的价格变动及对企业的影响，这显然已时过境迁，没有现实意义，企业和职工不会关心。同时，选择哪一时期的产量做同度量因素，除考虑指数本身的经济意义外，还要考虑建立指数体系的要求。既然前述的产量指数是以基期的价格做同度量因素的，那么，这里价格指数就必须以报告期产量做同度量因素，才能保持指数体系的这种联系。另外，从经济意义来看，以报告期产量做同度量因素，可以反映企业当前生产的全部产品价格变动情况，说明由于价格涨跌给目前企业带来的产值和收益的增减，表明价格变动对企业经济效益的影响。

综上所述，我们可以建立如下价格指数公式：

$$\overline{K_p} = \frac{\sum p_1 q_1}{\sum p_0 q_1}$$

式中，$\overline{K_p}$为价格总指数。

上述指数的分子和分母均有明确的经济内容。分子是报告期各种产品的实际产值，分母是报告期各种产品按基期价格计算的产值，两者的对比关系能够表明产品价格的变动程度；分子与分母的绝对差额表明价格变动对产值变动所产生的影响。

上述指数公式是另外一个德国经济统计学家哈曼·帕舍(Hermann Paasche)，继拉斯贝尔斯之后于1874年提出的，故称帕氏质量指标指数，简称帕氏指数。

下面仍以表6-2资料按帕氏公式计算三种产品的价格总指数。

$$\overline{K_p} = \frac{\sum p_1 q_1}{\sum p_0 q_1} = \frac{15 \times 1200 + 18 \times 1575 - 25 \times 2180}{16 \times 1200 + 20 \times 1575 - 25 \times 2180}$$

$$= \frac{100\ 850}{105\ 200} = 0.9587 \text{ 或 } 95.87\%$$

计算结果表明，该厂三种产品的价格尽管有的降低，有的持平，程度不同，但综合起来讲，报告期比基期降低了4.13%(即100%—95.87%)。

价格降低对产值变动的影响，可用指数的分子、分母相减得到：

$$\sum p_1 q_1 - \sum p_0 q_1 = 100\ 850 \text{ 万元} - 105\ 200 \text{ 万元} = -4350 \text{ 万元}$$

结果说明，该厂产品价格降低，使产值减少了4350万元。

价格指数是质量指标指数，编制价格指数的原则完全适用于编制其他质量指标指数，如成本指数、工资指数、劳动生产率指数等。因此，我们可以得到一条一般原则：编制质量指标指数，应以报告期的数量指标做同度量因素。

三、综合指数的应用

实际工作中综合指数的应用很广，可以编制各种各样的综合指数，如工业生产指数、产品成本指数、区域价格指数、股票价格指数等。现将其中两种常用的综合指数编制方法介绍如下。

（一）工业生产指数

工业生产指数又称工业产品物量指数，是反映一个国家或地区多种工业产品产量综合变动程度的相对数。它反映工业生产的动态，是衡量经济增长水平和判断经济形势的重要依据。

编制工业生产指数，我国过去通常采用固定加权综合指数法，即通过以不变价格为同度量因素，计算多种产品不同时期的不变价格总产值或增加值，然后将两个不同时期的不变价格总产值或增加值加以对比，得到相应时期的工业生产指数。计算公式为

$$\overline{K_q} = \frac{\sum q_1 p_n}{\sum q_0 p_n}$$

式中，p_n代表不变价格。我国先后采用过1952年、1957年、1970年、1980年、1990年、2000年、2005年和2010年不变价格。

目前，我国以工业增加值为主计算工业生产指数。其计算公式为

$$\text{工业生产指数} = \frac{\text{报告期不变价格工业增加值}}{\text{基期不变价格工业增加值}}$$

这种方法反映工业发展速度，含义明确，计算简单，能较为准确综合地反映全部工业产品物量的变动，反映工业创造的社会最终产品产量的增长变动情况。缺点是：制定不变价格工作量大，任务繁重，非常麻烦；而且，若反映较长时期的工业生产动态，还需对不同时期按不变价格计算的增加值进行换算，以消除不变价格本身变动的影响。

（二）股票价格指数

股票价格指数简称股价指数，是反映某一股票市场多种股票价格综合变动程度的相对数。股价指数由证券交易所编制并实时发布，是投资者预测股价变动趋势进而决定投资行为的主要依据。股票价格指数的编制方法有多种，综合指数法是其中主要的一种。我国上证指数和深证指数，就是采用综合指数公式编制的。其计算公式为

$$\overline{K_p} = \frac{\sum p_1 q_0}{\sum p_0 q_0}$$

式中：p_1为报告期股价；p_0为基期股价；q_0为基期发行量(或流通量)。

上证综合指数是由上海证券交易所编制的，以1990年12月19日为基期，基期股价指数确定为100点。该股价指数的样本为所有在上海证券交易所挂牌上市的股票，权数为上市公司发行的总股本。由于我国上市公司的股票有流通股和非流通股之分，其流通量与总股本并不一致，故总股本较大的股票对股价指数的影响较大。

深证综合指数是由深圳证券交易所编制的，以1991年4月3日为基期，基期股价指数定为1000点。该股价指数以深圳证券交易所挂牌上市的全部股票为计算对象，用每日各种股票的收盘价分别乘以其发行量后求和得到市价总值，除以基期市价总值后求得，是测定深圳股票价格变动的有效指示器。

需要说明的是，股票价格指数不是以百分数来表示股价的变动幅度的，而是以"点"数的波动来表示的，也就是说，将基期股价指数确定为100点或1000点，以后股价比基期每上升或下降百分之一或千分之一，就称变动了一点(一个百分点或一个千分点)。

第三节　平均指数的编制

反映不能直接相加的复杂现象总体的动态，除了编制综合指数进行计算外，也可以采用平均指数的方法。平均指数，是按照平均数形式编制的总指数。它是从个体指数出发计算的，也就是先计算出各种产品或商品质量指标或数量指标的个体指数，而后进行加权平均，来综合测定社会经济现象总的变动情况。平均指数包括算术平均指数和调和平均指数，这两种指数的计算条件和方法不完全相同，现分别予以说明。

一、算术平均指数

算术平均指数，是按加权算术平均数形式编制的总指数。它是以综合指数的分母资料为权数而计算的个体指数的加权算术平均数。在编制总指数的时候，如果所掌握的资料是个体指数和综合指数公式的分母资料，而没掌握综合指数公式的分子资料时，就要把综合指数公式变形为算术平均指数形式，即以分母资料为权数来计算个体指数的加权算术平均数。现以产量指数为例说明其计算方法。表6-3所示为某企业三种产品的产值资料。

表 6-3　某企业三种产品的产值和产量个体指数资料

产品名称	基期实际产值 q_0p_0/万元	个体产量指数 $K=q_1/q_0$
甲	1000	1.50
乙	2000	1.30
丙	1000	0.90
合计	4000	—

根据表 6-3 资料编制产量总指数，以综合反映三种产品产量总的变动情况。产量总指数的基本形式首先是综合指数形式，即 $\sum q_1p_0/\sum q_0p_0$ 。它的应用条件有两个：一是要具备每种产品基期的实际产值；二是要具备每种产品报告期产量按基期价格计算的假定产值。上述资料中，每种产品基期实际产值已经有了，缺少的是每种产品报告期产量按基期价格计算的假定产值。因此，不能直接用综合指数公式来计算产量总指数。但是，这里有每种产品的个体产量指数，我们可以尝试将个体产量指数与基期实际产值相乘，推算出每种产品报告期产量按基期价格计算的假定产值，即

$$q_1/q_0 \times q_0p_0 = q_1p_0$$

现以 K 代表个体产量指数，于是 $Kq_0p_0=q_1p_0$，代入综合指数公式，有

$$\text{产量指数} = \frac{\sum q_1p_0}{\sum q_0p_0} = \frac{\sum Kq_0p_0}{\sum q_0p_0}$$

这个变形后的公式，显然和产量综合指数公式不同，它是以各种产品的个体产量指数（K）为变量，以各种产品的基期实际产值（q_0p_0）为权数，形式上类似加权算术平均数的公式（$\bar{x}=\sum xf/\sum f$）。统计上把按这个公式计算的总指数，称为算术平均指数。现在按算术平均指数公式，计算产量总指数。

$$\begin{aligned}\text{产量指数} &= \frac{\sum Kq_0p_0}{\sum q_0p_0} \\ &= \frac{1.50\times 1000 + 1.30\times 2000 + 0.90\times 1000}{1000+2000+1000} \\ &= \frac{5000}{4000} = 1.25 \text{ 或 } 125\%\end{aligned}$$

计算结果说明，三种产品的产量尽管有增有降，程度不同，但总的来讲，产量平均增长了 25%。由于产量增长而增加的产值为

$$\sum Kq_0p_0 - \sum q_0p_0 = 5000\text{ 万元} - 4000\text{ 万元} = 1000\text{ 万元}$$

二、调和平均指数

调和平均指数，是按调和平均数形式编制的总指数。它是以综合指数的分子资料为权数而计算的个体指数的加权调和平均数。在编制总指数时，如果所掌握的资料是个体指数和综合指数公式的分子资料，没有直接掌握综合指数的分母资料，就不能用综合指数形式，而必须改用调和平均指数形式来编制总指数，即以分子资料为权数来计算个体指数的调和平均数。现以表 6-4 中价格指数为例加以说明。

表 6-4　某企业三种商品销售额和个体价格指数资料

商品名称	报告期商品销售额 p_1q_1 /万元	个体价格指数 $K=p_1/p_0$
甲	32 000	0.80
乙	18 000	0.90
丙	24 000	1.20
合计	74 000	—

根据表 6-4 中资料，要求反映三种商品价格的总变动，就要编制价格总指数。价格总指数的基本公式仍然是综合指数公式 $\sum p_1q_1/\sum p_0q_1$ ，编制价格总指数，其计算方法必须符合这个公式的经济内容。但是上述资料只提供了综合指数的分子资料——报告期商品销售额，而分母资料——报告期销售量按基期价格计算的假定销售额，因销售量资料不易取得而无法计算。因此，直接利用综合指数公式计算价格总指数，显然不可能。这时，就应当根据已掌握的每种商品个体价格指数和报告期的商品销售额资料，设法求出分母资料。

分母报告期销售量按基期价格计算的假定销售额，可用该种商品报告期的实际销售额除以每种商品的个体价格指数得到。其计算公式如下：

$$\frac{p_1q_1}{p_1/p_0} = p_0q_1\text{，亦即}\frac{p_1q_1}{K} = p_0q_1\text{（}K\text{ 代表个体价格指数）}$$

将上式代入综合指数公式，有

$$\text{价格指数} = \frac{\sum p_1q_1}{\sum p_0q_1} = \frac{\sum p_1q_1}{\sum \frac{p_1q_1}{K}}$$

这个变形后的公式就叫作调和平均指数。它和加权调和平均数的一般形式（$H=\sum M/\sum \frac{M}{x}$）是类似的。其中，各种商品个体价格指数（$K$）作为变量，各种商品报告期销售额（$p_1q_1$）作为权数。所以，调和平均指数就是以综合指数的分子资料做权数计算的个体指数的加权调和平均数。现以表 6-4 的资料按调和平均指数公式计算如下：

$$价格指数=\frac{\sum p_1q_1}{\sum \frac{p_1q_1}{K}}=\frac{32\ 000+18\ 000+24\ 000}{\frac{32\ 000}{0.80}+\frac{18\ 000}{0.90}+\frac{24\ 000}{1.20}}$$

$$=\frac{74\ 000}{80\ 000}=0.925 或 92.5\%$$

计算结果表明，三种商品的价格尽管有涨有落，程度不同，但总的来说，商品价格平均下降了 7.5%。由于价格降低而影响的销售额为

$$\sum p_1q_1-\sum \frac{p_1q_1}{K}=74\ 000 万元-80\ 000 万元=-6000 万元$$

现在对综合指数变形为平均指数做扼要的概括。综合指数是计算总指数的基本形式，它对综合反映复杂现象总体的动态具有决定的意义。平均指数是根据综合指数推算出来的派生形式，它们二者在形式上虽然不完全相同，但在组成指数分子、分母指标的经济内容上是完全相同的，计算结果也是一致的。它能够产生并得以发展，主要是由于受掌握的统计资料的限制，不能直接利用综合指数公式。因此，凡此情况，一切综合指数都可以转变为平均指数的形式。至于如何转变，这要根据我们所掌握的资料情况来决定。如果掌握的是个体指数和综合指数的分子资料，就可以将综合指数改变为调和平均指数来计算；当掌握的是个体指数和综合指数的分母资料，就应当将综合指数改变为算术平均指数计算。

此外，平均指数的权数是要根据综合指数公式确定的，故不能随意更改。算术平均指数必须要以综合指数的分母资料做权数，调和平均指数必须要以综合指数的分子资料做权数。这样，它们和综合指数的经济内容及计算结果才是一致的。

三、平均指数的应用

从理论上讲，编制综合指数和平均指数均要求有全面的统计资料，但实际工作中却往往很难满足。因此，在统计实践中，很多情况下是根据非全面统计资料，采用固定加权平均法计算总指数的。如我国的商品零售物价指数、居民

消费价格指数，国外的工业生产指数等，都是采用这种方法编制的。下面简要介绍我国居民消费价格指数和商品零售物价指数的编制方法及其在实际生活中的运用。

（一）居民消费价格指数

居民消费价格指数又称消费者价格指数（简称 CPI），是反映一定时期居民所购买的生活消费品和服务项目价格变动趋势和程度的相对数。居民消费价格指数与人民生活密切相关，通过它可以观察消费价格变动对居民货币支出的影响，是测定通货膨胀，反映居民购买力水平和实际收入水平的重要依据。

居民消费价格指数是采用固定加权算术平均法计算的，其计算公式为

$$\text{居民消费价格指数} = \frac{\sum K_p W}{\sum W}$$

式中：$K_p = p_1/p_0$，为个体（类）价格指数；W 为固定权数，即 $W = \dfrac{p_0 q_0}{\sum p_0 q_0}$，为某种或某类生活消费品消费额占全部生活消费品消费总额的比重，即生活费用结构。这种生活费用结构在经济发展的一定时期是相对固定的，故在实际工作中，往往就采用某一时期的生活费用结构作为固定权数，并一经确定，沿用 5 年乃至 10 年不变。

居民消费价格指数包括居民用于日常生活的全部商品和服务项目。按照国家统计局有关目录规定，居民消费价格指数共分为八大类，即食品、烟酒及用品、衣着、家庭设备用品及服务、医疗保健及个人用品、交通和通信、娱乐教育文化用品及服务、居住等。每个大类又分为若干个中类，中类之下又分为若干小类（又称基本分类），小类中再选择若干代表规格品。目前我国居民消费价格指数编制所选择的代表性商品和服务项目约 600 种，各种或各类商品的权数根据有关时期城乡居民家庭生活支出构成比例来确定。该指数的编制程序为：先计算各个代表规格品的个体价格指数，然后依次计算小类指数、中类指数、大类指数和总指数。

居民消费价格指数采取按月编制并公布，具有较强的时效性。它不仅可以就全国居民来编制，而且可以编制分地区、分城乡的居民消费价格指数，以满足不同层次分析的需要。

现以表 6-5 为例，说明居民消费价格指数的编制方法。

表 6-5　某市 2012 年 1 月居民消费价格指数

类　　别	类指数/(%)	权数/(%)	总指数/(%)
居民消费价格指数		1000	103.23
一、食品	104.8	482	50.51
1. 粮食	103.26	(70)	—
(1)大米	103.1	[480]	49.49
京山桥米	101.6	—	—
金龙鱼龙江稻米	102.3	—	—
东北长粒香米	103.5	—	—
泰国香米	105.2	—	—
(2)面粉	103.5	[350]	36.23
(3)粮食制品	104.8	[68]	7.13
(4)其他	102.2	[102]	10.42
2. 淀粉及薯类	(11)	(11)	—
……			
16. 其他食品及加工服务费	(135)	(135)	—
二、烟酒及用品	102.9	66	6.79
三、衣着	103.1	85	8.76
四、家庭设备用品及服务	102.1	54	5.51
五、医疗保健及个人用品	102.0	46	4.69
六、交通和通信	99.7	67	6.68
七、娱乐教育文化用品及服务	100.4	88	8.84
八、居住	102.2	112	11.45

编制居民消费价格指数的步骤如下。

1. 环比价格指数的计算

1）计算各代表规格品的平均价格

调查员分别到 3 个调查点采价，每个调查点每月采价三次。代表规格品如京山桥米（一级大米）2012 年 1 月各调查点的时点价格如表 6-6（计量单位：元/千克）所示。

表 6-6　京山桥米 2012 年 1 月各调查点的时点价格

调查日	甲调查点	乙调查点	丙调查点	调查月均价
1 月 1 日	5.76	5.78	5.88	5.81
1 月 15 日	5.88	5.90	5.98	5.92
1 月 31 日	5.90	5.95	6.00	5.95
调查点月均价	5.85	5.88	5.95	5.89

代表规格品的月平均价格采用简单算术平均法计算，也就是把三个调查点所采的 9 次价格相加，再除以 9 求得，即

京山桥米月平均价格

$$= \frac{5.76 + 5.78 + 5.88 + 5.88 + 5.90 + 5.98 + 5.90 + 5.95 + 6.00}{9} \text{元/千克}$$

$$= 5.89 \text{元/千克}$$

2）计算各代表规格品个体价格指数

计算各代表规格品个体价格指数即将代表规格品本月平均价格与上月平均价格对比计算其相对数。如京山桥米 2012 年 1 月平均价格为每千克5.89 元，2011 年 12 月平均价格为每千克 5.80 元，则其个体价格指数为

$$G_t = \frac{\bar{p}_t}{\bar{p}_{t-1}} = \frac{5.89}{5.80} = 101.6\%$$

式中：G_t 为环比价格指数，$\bar{p}_t$ 为报告期平均价格，$\bar{p}_{t-1}$ 为上期平均价格。

3）计算基本分类环比价格指数

根据所属代表规格品的环比价格指数，采用几何平均法计算基本分类环比价格指数，计算公式为

$$K_t = \sqrt[n]{G_{t1} \times G_{t2} \times G_{t3} \times \cdots \times G_{tn}} \times 100\%$$

式中，$G_{t1}, G_{t2}, \cdots, G_{tn}$ 分别为第一个至第 n 个代表规格品的环比价格指数。

如大米基本分类假定有 4 个代表规格品，其 1 月份环比价格指数分别为：京山桥米个体价格指数为 101.6%，金龙鱼龙江稻米个体价格指数为 102.3%，东北长粒香米个体价格指数为 103.5%，泰国香米个体价格指数为 105.2%，则大米 1 月份的环比价格指数为

$$K_{\text{大米环比}} = \sqrt[4]{1.016 \times 1.023 \times 1.035 \times 1.052} \times 100\% = 103.14\%$$

4）中类和大类指数的计算

中类和大类指数采用逐级加权算术平均法计算。其计算公式为

$$I_{\text{类}} = \frac{\sum K_t W_{t-1}}{\sum W_{t-1}}$$

式中：W_{t-1}为权数，即上期各类消费品的消费比重。

粮食类指数 $I_{类}$

$$= \frac{\sum K_t W_{t-1}}{\sum W_{t-1}}$$

$$= \frac{103.1\% \times 480 + 103.5\% \times 350 + 104.8\% \times 68 + 102.2\% \times 102}{480 + 350 + 68 + 102}$$

$$= 103.26\%$$

5）总指数的计算

将各大类指数乘上相应权数后，计算其算术平均数即得总指数。其计算公式为

$$I_{总} = \frac{\sum I_{类} W_{t-1}}{\sum W_{t-1}}$$

表 6-5 中，

居民消费价格指数

$$= \frac{\sum I_{类} W_{t-1}}{\sum W_{t-1}}$$

$$= \frac{104.8\% \times 482 + 102.9\% \times 66 + 103.1\% \times 85 + 102.1\% \times 54 + 102\% \times 46 + 99.7\% \times 67 + 100.4\% \times 88 + 102.2\% \times 112}{1000}$$

$$= 103.23\%$$

2. 定基价格指数的计算

1）基本分类定基价格指数的计算

基本分类定基价格指数由各月环比价格指数连乘计算求得。其计算公式为

$$I_{定基} = K_1 \times K_2 \times \cdots \times K_t$$

式中，K_1，K_2，…，K_t，分别表示基期至报告期期间各月的环比指数。

如表 6-5 中，大米 2012 年 1 月的环比价格指数为 103.14%，若又知 2 月份和 3 月份的环比价格指数分别为 102.82%和 99.64%，则第一季度大米的定基价格指数为 103.14%×102.82%×99.64%=105.67%。

2）类别及总指数定基价格指数的计算

将各月的环比价格类指数或环比价格总指数相乘，即得相应时期的定基价格类指数和定基价格总指数。其计算公式为

$$I_{定基} = I_1 \times I_2 \times \cdots \times I_t$$

式中，$I_1, I_2, \cdots, I_t$分别表示各月的环比类别价格指数或价格总指数。如把某年12个月的环比价格总指数相乘，就得该年的价格总指数。

（二）居民消费价格指数的应用

居民消费价格指数除了能反映消费价格变动之外，还可以用于编制其他各种派生的指数，如通货膨胀指数、货币购买力指数、职工实际工资指数。

1. 通货膨胀指数

通货膨胀指数是说明通货膨胀严重程度的指标。它反映一定时期内商品价格水平持续上升的幅度，一般通过计算居民消费价格指数发展速度来表示。其计算公式为

$$\text{通货膨胀指数} = \frac{\text{报告期居民消费价格指数}}{\text{基期居民消费价格指数}} \times 100\%$$

该指数大于100%，表明存在通货膨胀；小于100%，则说明出现通货紧缩。将通货膨胀指数减去1，即为通货膨胀率。国际上将通货膨胀率在3%～6%的通货膨胀称为温和通货膨胀；7%～10%为高通货膨胀，10%～20%为危险的通货膨胀，20%以上表示通货膨胀失控。

2. 货币购买力指数

货币的购买力是指单位货币能够买到的消费品和服务的数量。消费品和服务的价格越高，单位货币能够买到的数量就越少。所以，货币购买力的变动与消费品和服务价格的变动呈反比关系。因此，居民消费价格指数的倒数就称为货币购买力指数，即

$$\text{货币购买力指数} = \frac{1}{\text{居民消费价格指数}} \times 100\%$$

3. 职工实际工资指数

职工实际工资是指职工用货币工资实际能够买到的消费品和服务的数量。职工实际工资的变动与消费品和服务价格的变动存在着直接的因果关系。在货币工资一定的条件下，消费品和服务价格越低，所能购买到的消费品服务的数量就越多；反之，则越少。所以，实际工资的多少与居民消费价格指数呈反比关系，即

$$\text{职工实际工资指数} = \frac{\text{职工货币(名义)工资指数}}{\text{居民消费价格指数}} \times 100\%$$

该指数大于100%，表明职工实际工资增长；该指数小于100%，表明职工实际工资下降。

（三）商品零售物价指数

商品零售物价指数是全面反映市场商品零售物价总水平变动趋势和程度的一种统计指数。编制它的目的在于观察城乡商品价格的涨跌程度，分析物价的变动所引起的经济后果，为国家制定物价政策、平衡市场供求关系、抑制通货膨胀提供依据。

商品零售物价指数是在商品分类的基础上编制的。其计算方法也是采用固定加权算术平均法，具体公式如下：

$$\text{商品零售物价指数} = \frac{\sum K_p W}{\sum W}$$

式中：K_p为个体（类）价格指数，W 为各类商品零售额所占比重。

从公式上看，商品零售物价指数与居民消费价格指数的计算方法是完全相同的。所不同的是商品零售物价指数所包含的商品范围，国家统一规定为 14 大类，即粮油食品、饮料烟酒，服装鞋帽、针纺织品，化妆品，金银珠宝，日用品，体育、娱乐用品，家用电器和音像器材，中西药品，文化办公用品，家具，通讯器材，石油及制品，汽车，建筑及装潢材料等。故商品零售物价指数与居民消费价格指数的区别就在于两者调查的商品范围不同。居民消费价格指数的调查范围是居民用于日常生活消费的商品和服务项目价格，它既包括商品，也包括非商品与服务，但不包括居民一般不消费而主要供集团消费的商品。商品零售物价指数只反映商品，包括居民消费商品和集团消费商品，而不反映非商品与服务价格。

第四节　指数体系与因素分析

一、指数体系

（一）指数体系的概念

社会经济现象客观上存在着错综复杂的经济联系，这种经济联系不仅存在于静态中，而且存在于动态中。社会经济现象之间的联系，在动态中表现为数量上的相乘关系，就是指数体系。

所谓指数体系是指一系列相互联系，在数量上存在一定对等关系的若干个指数所组成的整体。在这个整体中，反映现象总变动的指数，等于影响该现象发生变动的各个因素指数的乘积；各因素指数分子与分母差额之和，等于总变动指数分子与分母的差额。例如：

$$\text{总产值指数} = \text{产品产量指数} \times \text{产品价格指数}$$

$$\frac{\sum q_1 p_1}{\sum q_0 p_0} = \frac{\sum q_1 p_0}{\sum q_0 p_0} \times \frac{\sum p_1 q_1}{\sum p_0 q_1}$$

总产值指数分子与分母的差额＝产品产量指数分子与分母的差额＋产品价格指数分子与分母的差额

$$\sum q_1 p_1 - \sum q_0 p_0 = (\sum q_1 p_0 - \sum q_0 p_0) + (\sum p_1 q_1 - \sum p_0 q_1)$$

$$\text{工资总额指数} = \text{职工人数指数} \times \text{平均工资指数}$$

工资总额指数分子与分母的差额＝职工人数指数分子与分母的差额＋平均工资指数分子与分母的差额

上述经济关系式，都分别构成各自独立的指数体系。

在统计实践中，由于编制指数选择的同度量因素及时期不同，故指数体系也就有着不同的表现形式。

如果编制数量指标指数，将质量指标（同度量医素）固定在基期，编制质量指标指数，将数量指标（同度量因素）固定在报告期，则指数体系为

$$\frac{\sum q_1 p_0}{\sum q_0 p_0} \times \frac{\sum p_1 q_1}{\sum p_0 q_1} = \frac{\sum q_1 p_1}{\sum q_0 p_0}$$

$$(\sum q_1 p_0 - \sum q_0 p_0) + (\sum p_1 q_1 - \sum p_0 q_1) = \sum q_1 p_1 - \sum q_0 p_0$$

如果编制数量指标指数，将质量指标（同度量医素）固定在报告期，编制质量指标指数，将数量指标（同度量因素）固定在基期，则指数体系表现为

$$\frac{\sum q_1 p_1}{\sum q_0 p_1} \times \frac{\sum q_0 p_1}{\sum q_0 p_0} = \frac{\sum q_1 p_1}{\sum q_0 p_0}$$

$$(\sum q_1 p_1 - \sum q_0 p_1) + (\sum p_1 q_0 - \sum p_0 q_0) = \sum q_1 p_1 - \sum q_0 p_0$$

不同的指数体系，起着不同的作用，反映现象之间不同的经济联系。运用哪一种指数体系为好，要根据实际情况和我们分析的目的来决定。不过，一般来讲以第一种指数体系较好，在实际统计工作中多用这种指数体系。这是因为在研究数量指标（如产量）变动时，通常是以不包含质量指标（价格）变动为好；而在观察研究质量指标（如价格）变动时，更关心这种变动所带来的当前实际经济效果。第一种指数体系的计算结果能符合这种研究目的，具有更大的实际经济意义。

综上所述，指数体系有以下两个基本特点：

(1) 具备三个或三个以上的单个指数；

(2) 数量上存在对等关系，包括相对数方面的对等关系和绝对数方面的对等关系。

(二) 指数体系的作用

指数体系主要有以下三个方面的作用。

(1) 指数体系是进行因素分析的依据。编制指数，不仅在于反映复杂社会经济现象的总变动，还要分析现象总变动中各构成因素的影响。利用指数体系，可以对现象总变动中的各个影响因素进行定量分析，测定各因素变动对现象总变动影响的方向、程度和绝对量，从而寻找主次因素，为管理和决策提供科学依据。

(2) 利用指数体系可以进行指数之间的相互推算。根据各指数之间的内在联系，若掌握了指数体系中的某几个指数，就可以利用指数体系，推算另外一个未知的指数。例如，假定已知某企业报告期产品产量比基期增长了 20%，总产值增长了 14%，要问价格的变化，则可以利用产值指数体系推算产品价格指数，即 114%÷120%＝95%，说明报告期产品价格比基期下降了 5%。

(3) 指数体系是确定同度量因素所属时期的依据。指数体系要求各指数之间保持数量上的对等关系。所以编制数量指标指数，若选择基期质量指标做同度量因素，那么编制质量指标指数，就必须以报告期数量指标做同度量因素，这样，它们才能组成一个相互联系的指数体系。

二、因素分析

(一) 因素分析的含义

因素分析是指利用指数体系，分析社会现象总变动中各个因素的变动对其影响的方向和程度的一种统计分析方法。例如：以产值指数体系，分析产品产量、产品价格变动对总产值变动的影响；以工资指数体系，分析工人人数、工人结构、工人工资水平变动对工资总额变动的影响等。

因素分析的对象是复杂现象。这里所说的复杂现象，是指受多因素影响的现象，它的总量表现为若干因素的乘积，其中每一因素的变动都会使总量发生变化。因素分析的目的，就是要测定这些因素对现象总变动的影响方向和影响程度。

利用指数体系进行因素分析，应注意以下三个方面的问题。

(1) 因素分析的内容或步骤。一般包括两个方面：一是从相对数方面分析，即通过计算总指数和各因素指数，构建相对数指数体系，从各因素对现象总变动影响的方向和程度进行分析；二是从绝对数方面分析，即计算指数体系中各个指数分子与分母指标之差，从绝对值方面分析其因果关系。

(2) 因素分析的基本方法。当分析某一因素变动的影响，必须将另一因素固定起来。若是多个因素，测定其中一个因素的变动，需要将其他因素全部固定不变。

(3) 因素分析的基本原则。以综合指数的编制原理为依据展开分析，即：在分析数量指标因素变动影响时，应将作为同度量因素的质量指标固定在基期；在测定质量指标因素变动影响时，应将作为同度量因素的数量指标固定在报告期。

(二) 因素分析的分类

因素分析法主要从两个方面进行分类：一是按照分析时包含的因素多少不同，分为两因素分析和多因素分析；二是按照所分析总变动指标的形式不同，分为总量指标的因素分析和平均指标的因素分析。

上述两种分类是可以交错结合的，从而形成四种因素分析，它们是总量指标的两因素分析、总量指标的多因素分析、平均指标的两因素分析及包含平均指标的多因素分析。

三、总量指标的因素分析

(一) 总量指标的两因素分析

总量指标的两因素分析，是指一个现象总变动受两个因素影响时，分析其中每个因素的变动对总变动影响的方向和程度。现以商品销售额分解为商品销售量和商品价格两个因素的分析为例加以说明。表 6-7 所示为某企业商品销售额资料。

表 6-7　某企业商品销售额资料及指数计算表

产品名称	计量单位	销售量		价格/万元		销售额/万元		
		基数	报告期	基期	报告期	基期	报告期	假定
		q_0	q_1	p_0	p_1	$q_0 p_0$	$q_1 p_1$	$q_1 p_0$
甲	件	1500	2000	10	8	15 000	16 000	20 000
乙	双	2000	2500	20	21	40 000	52 500	50 000
丙	个	1000	1200	5	4.5	5000	5400	6000
合计	—	—	—	—	—	60 000	73 900	76 000

根据表 6-7 中资料，要研究销售额的动态，可计算销售额指数。

$$销售额指数 = \frac{\sum q_1 p_1}{\sum q_0 p_0} = \frac{73\ 900}{60\ 000} = 123.17\%$$

计算结果说明，该企业销售额报告期比基期增长了 23.17%，销售额增加的绝对值为

$$\sum q_1 p_1 - \sum q_0 p_0 = 73\ 900\ 万元 - 60000\ 万元 = 13\ 900\ 万元$$

销售额的相对增长和绝对增加，是商品销售量变动和商品销售价格变动这两个因素共同作用的结果。为了说明这两个因素中每个因素的变动对销售额变动的影响，就需要编制销售量指数和价格指数进行分析。

$$销售量指数 = \frac{\sum q_1 p_0}{\sum q_0 p_0} = \frac{76\ 000}{60\ 000} = 1.2667\ 或\ 126.67\%$$

这个指数表明，商品销售量报告期比基期增长了 26.67%。由于销售量增长而增加的销售额为

$$\sum q_1 p_0 - \sum q_0 p_0 = 76\ 000\ 万元 - 60\ 000\ 万元 = 16\ 000\ 万元$$

$$价格指数 = \frac{\sum p_1 q_1}{\sum p_0 q_1} = \frac{73\ 900}{76\ 000} = 0.9724\ 或\ 97.24\%$$

这个指数说明，销售价格报告期比基期下降了 2.76%。价格下降使销售额减少的绝对值为

$$\sum p_1 q_1 - \sum p_0 q_1 = 73\ 900\ 万元 - 76\ 000\ 万元 = -2100\ 万元$$

上述三个指数是相互联系的，它们共同组成一个完整的指数体系：

$$\frac{\sum q_1 p_1}{\sum q_0 p_0} = \frac{\sum q_1 p_0}{\sum q_0 p_0} \times \frac{\sum p_1 q_1}{\sum p_0 q_1}$$

$$123.17\% = 126.67\% \times 97.24\%$$

这个指数体系具体地测定出每个因素在销售额动态中的作用，说明销售额报告期比基期增长 23.17%，是销售量报告期比基期增长了 26.67%和销售价格降低了 2.76%两个因素共同作用的结果。

这种关系也表现在绝对数上，利用指数体系可以计算如下：

$$\sum p_1 q_1 - \sum p_0 q_0 = (\sum q_1 p_0 - \sum q_0 p_0) + (\sum p_1 q_1 - \sum p_0 q_1)$$

$$13\ 900\ 万元 = 16\ 000\ 万元 + (-2100)\ 万元$$

指数体系的绝对数关系说明，由于销售量增加使报告期的销售额增加了 16 000 万元，由于销售价格降低使报告期的销售额减少了 2100 万元，两个因素

相互作用的结果,使报告期的销售额增加了 13 900 万元。

(二) 总量指标的多因素分析

总量指标的多因素分析,是指一个现象总变动受三个或三个以上因素变动的影响,借助指数法分析测定其中每一个因素的变动对现象总变动的影响各有多大。例如,工业产品原材料支出额的变动就受原材料消耗量和单位原材料价格两个因素变动的影响,而原材料消耗量的变动又受产品产量和单位产品原材料消耗量变动的影响,这样,工业产品原材料支出额的变动就受产品产量、单位产品原材料消耗量和单位原材料价格三个因素共同变动的影响,故利用指数法可进行多因素分析。同样,工业总产值可以分解为职工人数、工人占职工比重和工人劳动生产率三个因素;利税总额可以分解为工人劳动生产率、产值利税率、职工人数和工人占职工比重四个因素等。工业总产值和利税总额的变动,也就受上述诸因素变动的影响,它们都可以利用指数法进行多因素的定量分析。

利用指数法原理对多因素现象的变动进行分析,其分析方法和两因素分析基本上相同。但由于包括的因素较多,分析过程比较复杂,因而有如下三个问题应加以注意。

(1) 多因素分析的前提必须是社会经济现象的者因素客观上存在着经济联系,具有相乘关系。要能根据研究的目的和诸因素的经济意义,描述这种关系,建立经济方程式,这样才能将经济方程式转化为指数体系,进行多因素分析。

(2) 在因素分析中,为了分析某一因素变动的影响,需要将其他所有因素固定起来,让其不变。也就是说,计算各影响因素指数时,作为同度量因素的指标不是一个,而是两个或两个以上。在全部影响因素中,数量指标和质量指标的区分是两两相对而言的。

(3) 在实际进行因素分析时,为了防止各因素指标间的经济关系发生混乱,正确计算各因素的变动对现象总变动的影响程度,需要对各因素的衔接顺序加以合理排列。在列经济方程式时,等号的左边应为现象总体,等号的右边,从数学的角度来说,可以是诸个因素的任意排列相乘,但从统计的角度来讲,则必须从各因素的经济含义出发,根据各因素的联系关系合理排列相乘。例如,对利税总额的因素分析,根据各个因素的含义及它们之间的联系,必须按职工人数、工人占职工比重、工人劳动生产率、产值利税率的顺序排列相乘。只有这样排列相乘,才能保持它们之间的彼此适应和相互结合,保持相邻指标相乘的经济意义。这从下面分解中看得非常清楚。

$$\text{利税总额}=\underbrace{\underbrace{\underbrace{\text{职工(平均)人数}\times\frac{\text{工人(平均)人数}}{\text{职工(平均)人数}}}_{\text{工人(平均)人数}}\times\frac{\text{工业总产值}}{\text{工人(平均)人数}}}_{\text{工业总产值}}\times\frac{\text{利税总额}}{\text{工业总产值}}}_{\text{利税总额}}$$

各个因素排列的原则是：从指标的经济联系出发，按数量指标在前、质量指标在后的顺序进行排列。如果顺序改变，则各因素变动影响之和虽仍等于总指标的变动数，但各因素本身的影响程度就会发生变化，得出不同的答案。这正是统计与纯数量计算的区别。

明确了以上三点要求，我们就可以利用指数体系进行多因素分析了。例如，利税总额是职工人数、工人占职工比重、工人劳动生产率和产值利税率四个因素的乘积，利税总额的变动就受上述四个因素的影响。利用指数法分析上述四个因素的影响时，由于因素多了，因而判断质量指标和数量指标，确定同度量因素，就要两两相对地看而不要绝对地看。例如，在利税总额中，职工人数(T)是数量指标，对于职工人数来讲，平均每个职工利税额(dqz)就是质量指标。因此，利用指数体系分析职工人数影响时，要将平均每个职工利税额(dqz)固定在基期。工人占职工比重(d)，对于职工人数(T)来讲是质量指标，而对于工人劳动生产率与产值利税率的乘积——工人平均利税额(qz)则是数量指标。因此，分析工人所占比重对利税总额影响时，要将职工人数固定在报告期，而将工人平均利税额(qz)固定在基期。同样，工人劳动生产率由于与工人占职工比重及职工人数相乘为工业总产值(Tdq)，对于产值利税率来说是数量指标，而对于工人(平均)人数(Td)来说是质量指标，故反映工人劳动生产率变动影响，就要把工人(平均)人数(Td)固定在报告期，而将产值利税率(z)固定在基期。最后，分析产值利税率(z)变动的影响。由于工业总产值(Tdq)是数量指标，产值利税率(z)是质量指标，因此，分析产值利税率对利税总额的影响，要将职工人数(T)、工人占职工比重(d)、工人劳动生产率(q)都固定在报告期。

根据这个原则，利税总额指数可以分解为四个因素指数，形成如下指数体系：

利税总额指数 ＝职工人数指数 × 工人占职工比重指数

× 工人劳动生产率指数 × 产值利税率指数

$$\frac{T_1 d_1 q_1 z_1}{T_0 d_0 q_0 z_0}=\frac{T_1 d_0 q_0 z_0}{T_0 d_0 q_0 z_0}\times\frac{T_1 d_1 q_0 z_0}{T_1 d_0 q_0 z_0}\times\frac{T_1 d_1 q_1 z_0}{T_1 d_1 q_0 z_0}\times\frac{T_1 d_1 q_1 z_1}{T_1 d_1 q_1 z_0}$$

上述指数体系中分子与分母的差额，表明各个医素变动对利税总额影响的绝对效果，即

$$T_1d_1q_1z_1-T_0d_0q_0z_0=(T_1d_0q_0z_0-T_0d_0q_0z_0)+(T_1d_1q_0z_0-T_1d_0q_0z_0)$$
$$+(T_1d_1q_1z_0-T_1d_1q_0z_0)-(T_1d_1q_1z_1-T_1d_1q_1z_0)$$

现以某企业利税总额的资料(见表 6-8)为例具体分析如下。

表 6-8　利税总额因素分析表

	单位	符号	基期	报告期	指数/(%)
利税总额	万元	m	1200.75	1237.37	103.05
职工(平均)人数	人	T	3531	3638	103.03
工人占职工比重	%	d	79.92	81.80	102.35
工人劳动生产率	万元	q	2.30	2.31	100.43
产值利税率	%	z	18.50	18	97.30

$$\text{利税总额指数}=\frac{m_1}{m_0}=\frac{T_1d_1q_1z_1}{T_0d_0q_0z_0}=\frac{1237.37}{1200.75}=1.0305\text{ 或 }103.05\%$$

其中，四个因素指数为

$$\text{职工人数指数}=\frac{T_1d_0q_0z_0}{T_0d_0q_0z_0}=\frac{3638\times79.92\times2.3\times18.5}{3531\times79.92\times2.3\times18.5}$$
$$=1.0303\text{ 或 }103.03\%$$

$$\text{工人占职工比重指数}=\frac{T_1d_1q_0z_0}{T_1d_0q_0z_0}=\frac{3638\times81.80\times2.3\times18.5}{3638\times79.92\times2.3\times18.5}$$
$$=1.0235\text{ 或 }102.35\%$$

$$\text{工人劳动生产率指数}=\frac{T_1d_1q_1z_0}{T_1d_1q_0z_0}=\frac{3638\times81.80\times2.31\times18.5}{3638\times81.80\times2.3\times18.5}$$
$$=1.0043\text{ 或 }100.43\%$$

$$\text{产值利税率指数}=\frac{T_1d_1q_1z_1}{T_1d_1q_1z_0}=\frac{3638\times81.80\times2.31\times18}{3638\times81.80\times2.31\times18.5}$$
$$=0.9730\text{ 或 }97.30\%$$

上述五个指数构成一个指数体系，即

$$103.05\%=103.03\%\times102.35\%\times100.43\%\times97.30\%$$

通过分析可以看出，该企业利税总额报告期比基期增长 3.05%，是职工人数增长 3.03%、工人占职工比重提高 2.35%、工人劳动生产率提高 0.43%和产

值利税率降低2.7%等四个因素共同作用的结果。

这种从相对数进行的分析，大体上可以看出利税总额的增长受这四个因素影响的程度各有多大。但为了具体地说明问题，还必须从利税总额增长的绝对数进行分析。

利税总额报告期比基期增加的绝对值为

$$m_1 - m_0 = T_1 d_1 q_1 z_1 - T_0 d_0 q_0 z_0 = 1237.37\text{万元} - 1200.75\text{万元} = 36.62\text{万元}$$

其中：由于职工人数增加而增加的利税额为

$$\begin{aligned} T_1 d_0 q_0 z_0 - T_0 d_0 q_0 z_0 &= (T_1 - T_0) d_0 q_0 z_0 \\ &= (3638 - 3531) \times 0.7992 \times 2.3 \times 0.185\text{万元} = 36.39\text{万元} \end{aligned}$$

由于工人占职工比重的提高而增加的利税额为

$$\begin{aligned} T_1 d_1 q_0 z_0 - T_1 d_0 q_0 z_0 &= (d_1 - d_0) T_1 q_0 z_0 \\ &= (0.8180 - 0.7992) \times 3638 \times 2.3 \times 0.185\text{万元} = 29.10\text{万元} \end{aligned}$$

由于工人劳动生产率提高而增加的利税额为

$$\begin{aligned} T_1 d_1 q_1 z_0 - T_1 d_1 q_0 z_0 &= (q_1 - q_0) T_1 d_1 z_0 \\ &= (2.31 - 2.30) \times 3638 \times 0.8180 \times 0.185\text{万元} = 5.5\text{万元} \end{aligned}$$

由于产值利税率降低而改变的利税额为

$$\begin{aligned} T_1 d_1 q_1 z_1 - T_1 d_1 q_1 z_0 &= (z_1 - z_0) T_1 d_1 q_1 \\ &= (0.18 - 0.185) \times 3638 \times 0.8180 \times 2.31\text{万元} \\ &= -34.37\text{万元} \end{aligned}$$

四个因素影响的总和为

$$36.39\text{万元} + 29.10\text{万元} + 5.5\text{万元} + (-34.37)\text{万元} = 36.62\text{万元}$$

从以上分析可以得到如下结论：该厂报告期利税总额增长的主要原因是人员增加，特别是第一线的生产工人增加，其次是劳动生产率略有提高；存在的问题是产值利税率有所下降。由此可以进一步从费用和成本开支，或者从产成品与半成品、在制品的比例变化，或者从产品的适销情况去寻找原因。

四、平均指标的两因素分析

指数法除用于分析总量指标的动态外，也可以计算平均指标指数，用于分析平均指标的动态。所谓平均指标指数，是指两个不同时期的加权平均数的比值。由于加权平均数是由变量和权数两个因素决定的，所以加权平均数的动态也是由变量的变动和权数（表现为现象的结构或比重的变化）的变动两个因素决定的。例如：职工平均工资是各类职工工资水平的加权算术平均数，职工平均工资的动态，也就取决于各类职工工资水平（变量）的变动和各类职工占职工总数比重(权数)的变动;平均劳动生产率是各企业劳动生产率的加权算术平均数,同样,平均劳动生产率的变动也受各企业劳动生产率水平(变量)的变动和各企业工人在工人总数中所占比重(权数)变动的影响。所以在分组的条件下,总平均指标的变动,往往受各组标志水平和各组单位数在总体中所占比重两个因素变动的影响。运用指数分析法,可以从数量上说明在总平均指标变动中这两个因素的影响各有多大。

对影响总平均指标变动的这两个因素进行的分析,同总量指标一样,也要编制三个相互关联的统计指数,即可变构成指数、固定构成指数与结构影响指数。可变构成指数是用可变权数计算的总平均指标指数。之所以叫作"可变",是因为这种指数不但反映各组标志水平变化的影响,而且还反映总体内部结构变动的影响。但是,在反映其中某一个因素变动影响时,需要把另外一个因素固定起来,让其不变。如果固定的是总体结构,反映的是各组标志水平对总平均指标变动的影响,则这个指数就叫作固定构成指数。反之,如果把各组标志水平固定不变,单纯测定总体结构对总平均指标变动的影响,则这个指数就叫作结构影响指数。可变构成指数、固定构成指数与结构影响指数三者之间的关系是,可变构成指数等于固定构成指数与结构影响指数两个因素指数的乘积。现以职工平均工资的变动分析为例,说明这种分析方法。

表 6-9 所示为某厂职工人数和工资水平资料。

表 6-9　某厂职工人数和工资水平资料及指数计算表

职工组别	基期				报告期			
	平均人数		平均工资/元	工资总额/元	平均人数		平均工资/元	工资总额/元
	人	比重/(%)			人	比重/(%)		
	f_0	d_0	x_0	$x_0 f_0$	f_1	d_1	x_1	$x_1 f_1$
老职工	800	80	2500	2 000 000	900	60	2650	2 385 000
新职工	200	20	1600	320 000	600	40	1800	1 080 000
合计	1000	100	—	2 320 000	1500	100	—	3 465 000

从表 6-9 中资料可以看出:该厂新、老职工的平均工资报告期比基期都提高了,其中新职工人均提高了 200 元,老职工人均提高了 150 元,老职工工资水平的提高略低于新职工。

但是,全厂职工平均工资是否提高了呢?这需要先计算出全厂职工报告期与基期的平均工资，并进行动态对比分析。

$$报告期平均工资 = \frac{\sum x_1 f_1}{\sum f_1} = \frac{3\ 465\ 000}{1500}元 = 2310\ 元$$

$$基期平均工资 = \frac{\sum x_0 f_0}{\sum f_0} = \frac{2\ 320\ 000}{1000}元 = 2320\ 元$$

报告期平均工资与基期平均工资相比的动态为

$$可变构成指数 = \frac{\sum x_1 f_1}{\sum f_1} : \frac{\sum x_0 f_0}{\sum f_0} = \frac{2310}{2320} = 0.9957\ 或\ 99.57\%$$

计算结果说明，全厂平均工资报告期比基期下降了 0.43%，平均每人减少了 10 元(2310 元－2320 元＝－10 元)。但是全厂新、老职工的工资水平报告期比基期都提高了，为什么综合反映两类职工工资变动的总平均工资反而下降了呢？究其原因，是因为全厂职工平均工资不仅受各类职工工资水平变动的影响，还受各类职工人数在全部职工人数中所占比重变动的影响。基期新职工在全部职工人数中所占的比重为 20%，而报告期由于新增学徒比较多，其比重提高到 40%。正是由于报告期工资水平较低的新职工所占比重增大，就降低了报告期全厂职工的平均工资。

由此可见，总平均指标的变动，不仅取决于各组标志水平的变动，而且取决于各组单位数所占比重即总体构成的变动，是这两个因素共同变动的结果。因此，对总平均指标的变动进行两因素分析，科学地说明其变动的原因，就成了统计指数的重要任务之一。

根据指数法的原理，对总平均指标变动进行两因素分析，必须先固定一个因素来反映另一个因素的变动。在这里，为了消除总体构成变动的影响，单纯反映各组职工工资水平变动的影响，就需要计算固定构成指数。固定构成指数就是将职工人数比重指标固定在报告期而计算的总平均指标指数。之所以将职工人数比重指标固定在报告期，这是由指数编制的一般原则所决定的。因为职工工资指标属于质量指标，职工人数比重指标属于数量指标，故反映各组职工工资水平的变动程度，就必须将各组人数比重指标固定在报告期。写成计算公式即为

$$固定构成指数 = \frac{\sum x_1 f_1}{\sum f_1} : \frac{\sum x_0 f_1}{\sum f_1}$$

现以表 6-9 资料为例计算如下：

$$固定构成指数=\frac{3\ 465\ 000}{1500}:\frac{2500\times 900+1600\times 600}{1500}$$

$$=\frac{2310}{2140}=1.0794 或 107.94\%$$

计算结果表明，各组工人工资水平变动影响，使全厂职工平均工资报告期比基期平均增长了 7.94%，人均增加了 170 元(2310 元－2140 元)。

为了进一步分析各组人数比重变动对总平均工资变动的影响，要计算结构影响指数。如前所述，结构影响指数是在总平均指标的动态中固定各组标志水平，单纯反映各组比重变动的影响。在这个指数中，就是把各组职工工资水平固定起来，并固定在基期水平上。其计算公式如下：

$$结构影响指数=\frac{\sum x_0 f_1}{\sum f_1}:\frac{\sum x_0 f_0}{\sum f_0}$$

仍按表 6-9 资料计算，有

$$结构影响指数=\frac{2500\times 900+1600\times 600}{1500}:\frac{2\ 320\ 000}{1000}$$

$$=\frac{2140}{2320}=0.9224 或 92.24\%$$

计算结果表明，全厂职工平均工资报告期较基期降低了 7.76%，人均减少了 180 元(2140 元－2320 元)。这种变动是各组人数构成变动，即工资较低的新职工比重提高和工资较高的老职工比重下降带来的。

把上述三个指数结合起来，它们形成如下指数体系：

$$可变构成指数=固定构成指数\times 结构影响指数$$

$$\frac{\sum x_1 f_1}{\sum f_1}:\frac{\sum x_0 f_0}{\sum f_0}=\left(\frac{\sum x_1 f_1}{\sum f_1}:\frac{\sum x_0 f_1}{\sum f_1}\right)\times\left(\frac{\sum x_0 f_1}{\sum f_1}:\frac{\sum x_0 f_0}{\sum f_0}\right)$$

用表 6-9 资料中三种指数计算的结果代入，则得

$$99.57\%=107.94\%\times 92.24\%$$

三种指数之间绝对数的关系为

$$\frac{\sum x_1 f_1}{\sum f_1}-\frac{\sum x_0 f_0}{\sum f_0}=\left(\frac{\sum x_1 f_1}{\sum f_1}-\frac{\sum x_0 f_1}{\sum f_1}\right)+\left(\frac{\sum x_0 f_1}{\sum f_1}-\frac{\sum x_0 f_0}{\sum f_0}\right)$$

$$-10 元=170 元+(-180 元)$$

由此可见，该厂职工的总平均工资报告期比基期降低了 0.43%，人均降低了 10 元，这是由于各组职工工资水平提高使全厂职工总平均工资提高 7.94%，人均提高 170 元，各组人数比重变动使总平均工资降低 7.76%，人均降低 180

元，两个因素共同作用的结果。

五、包含平均指标的多因素分析

所谓包含平均指标的多因素分析，是指利用指数体系分析平均指标的变动对总量指标变动的影响。由于总量指标是由总次数和总体平均数两个因素构成的，而总体平均数又受变量值变动和权数结构变动两个因素变动影响，故分析总量指标的变动，就可以从变量值、权数结构、总次数三个因素入手进行多因素分析。

例如，工资总额的变动就受职工人数和职工平均工资变动的影响，而职工平均工资的变动又受职工工资水平和职工人数结构变动影响，故利用工资总额指数体系就可以对职工人数、职工工资水平和职工人数构成这三个因素进行分析。

工资总额指数 = 职工人数指数 × 平均工资指数

$$\frac{\sum x_1 f_1}{\sum x_0 f_0}=\frac{\bar{x}_1 \sum f_1}{\bar{x}_0 \sum f_0}=\frac{\bar{x}_0 \sum f_1}{\bar{x}_0 \sum f_0}\times\frac{\bar{x}_1 \sum f_1}{\bar{x}_0 \sum f_1}$$

而平均工资指数又可分解为

平均工资指数 = 工资水平指数 × 职工结构影响指数

$$\frac{\bar{x}_1 \sum f_1}{\bar{x}_0 \sum f_1}=\frac{\dfrac{\sum x_1 f_1}{\sum f_1}\cdot\sum f_1}{\dfrac{\sum x_0 f_1}{\sum f_1}\cdot\sum f_1}\times\frac{\dfrac{\sum x_0 f_1}{\sum f_1}\cdot\sum f_1}{\dfrac{\sum x_0 f_0}{\sum f_0}\cdot\sum f_1}$$

$$=\frac{\sum x_1 f_1}{\sum x_0 f_1}\times\frac{\sum x_0 f_1}{\bar{x}_0 \sum f_1}$$

这样，工资总额指数展开为含有三个因素的指数体系，即

工资总额指数 = 职工人数指数 × 工资水平指数 × 职工结构影响指数

$$\frac{\sum x_1 f_1}{\sum x_0 f_0}=\frac{\bar{x}_0 \sum f_1}{\bar{x}_0 \sum f_0}\times\frac{\sum x_1 f_1}{\sum x_0 f_1}\times\frac{\sum x_0 f_1}{\bar{x}_0 \sum f_1}$$

上述指数体系在绝对量上存在如下相等关系：

$$\sum x_1 f_1-\sum x_0 f_0=(\bar{x}_0 \sum f_1-\bar{x}_0 \sum f_0)+(\sum x_1 f_1-\sum x_0 f_1)+(\sum x_0 f_1-\bar{x}_0 \sum f_1)$$

下面以表 6-9 资料，计算分析职工人数、工资水平和职工结构变动对工资总额变动的影响。

$$\text{工资总额指数} = \frac{\sum x_1 f_1}{\sum x_0 f_0} = \frac{3\ 465\ 000}{2\ 320\ 000} = 149.35\%$$

工资总额增加的绝对额 = 3 465 000 元 − 2 320 000 元 = 1 145 000 元

其中：

$$\text{职工人数指数} = \frac{\bar{x}_0 \sum f_1}{\bar{x}_0 \sum f_0} = \frac{2320 \times 1500}{2320 \times 1000} = \frac{3\ 480\ 000}{2\ 320\ 000} = 150\%$$

因职工人数增加而增加的工资总额 = 3 480 000 元 − 2 320 000 元 = 1 160 000 元

$$\text{工资水平指数} = \frac{\sum x_1 f_1}{\sum x_0 f_1} = \frac{3\ 465\ 000}{2500 \times 900 + 1600 \times 600} = \frac{3\ 465\ 000}{3\ 210\ 000} = 107.94\%$$

因职工工资水平提高而增加的工资总额 = 3 465 000 元 − 3 210 000 元 = 255 000 元

$$\text{职工结构影响指数} = \frac{\sum x_0 f_1}{\bar{x}_0 \sum f_1} = \frac{3\ 210\ 000}{3\ 480\ 000} = 92.24\%$$

因职工结构变动而改变的工资总额 = 3 210 000 元 − 3 480 000 元 = −270 000 元

以上计算结果存在如下对等关系：

$$149.35\% = 150\% \times 107.94\% \times 92.24\%$$

$$1\ 145\ 000\text{元} = 1\ 160\ 000\text{元} + 255\ 000\text{元} + (-270\ 000)\text{元}$$

计算结果表明，该企业工资总额报告期比基期提高 49.35%，净增 114.5 万元，这是由于：职工人数增长 50%，使其工资总额增加 116 万元；职工工资水平提高 7.94%，使其工资总额增加 25.5 万元；职工人数结构变动（即高工资的老职工比重下降，而低工资的新职工比重上升），使其工资总额下降 7.76%，减少 27 万元，即三个因素共同作用的结果。可见，该企业工资总额的大幅提高，主要原因是增加职工人数，属正常变动。

思考与练习

一、思考题

1. 什么是统计指数？它有哪些方面的作用？

2. 简述同度量因素的作用。

3. 编制数量指标指数为什么一般要以基期的质量指标做同度量因素？

4. 什么是平均指数？它与综合指数有什么联系？

5. 什么是指数体系？指数体系有哪些作用？

6. 什么是因素分析法？利用指数体系进行因素分析应注意哪些问题？

二、练习题

1. 某工厂甲、乙、丙三种产品产量及价格资料如下表所示。

产品名称	计量单位	产量		价格/元	
		基期	报告期	基期	报告期
甲	件	1500	2000	100	80
乙	双	2000	2500	200	210
丙	个	1000	1200	50	45

试计算：

(1) 三种产品的个体产量指数和产量总指数；

(2) 三种产品的价格总指数及由于价格变动对产值绝对值的影响。

2. 已知某厂三种产品的成本及产量资料如下所示。

产品名称	计量单位	单位产品成本/元			产量		
		基期	报告期		基期	报告期	
			计划	实际		计划	实际
甲	件	100	90	80	3000	4000	5000
乙	斤	80	60	50	1200	1500	2000
丙	米	60	55	52	10 000	12 000	15 000

试计算：

(1) 以实际产量为同度量因素的成本计划完成情况指数及由于成本降低而节约的金额；

(2) 三种产品的实际成本总指数及由于成本降低而节约的金额。

3. 某商店三种商品销售额及价格资料如下表所示。

商品名称	计量单位	商品销售额/万元		个体价格指数/(%)
		基期	报告期	
甲	件	1020	1140	102

续表

商品名称	计量单位	商品销售额/万元		个体价格指数/(%)
		基期	报告期	
乙	米	850	946	95
丙	块	732	754	92

试计算：

(1) 三种商品的物价总指数和销售量总指数；

(2) 分析价格和销售量变动对销售额变动的影响。

4. 某企业两个季度的产量和总成本资料如下所示。

产品名称	产量/件		总成本/元	
	第一季度	第二季度	第一季度	第二季度
甲	1500	1800	12 000	13 500
乙	2500	3000	30 000	30 000

试计算：

(1) 两种产品的个体成本指数及成本总指数；

(2) 两种产品的产量总指数。

5. 某工厂三种产品产值及产量增减变动资料如下所示。

产品名称	计量单位	工业总产值/万元		产量变动率/(%)
		基期	报告期	
甲	台	800	1000	−6
乙	台	760	840	+20
丙	吨	1500	1800	−4

试计算三种产品的产量总指数和由于产量变动而增加或减少的总产值。

6. 试根据如下资料，计算零售价格总指数，并分析由于零售价格变动对消费者支出的影响。

商品名称	单位	5月份价格/元	6月份价格/元		6月份零售额/元
			1—17日	18—30日	
甲	斤	64	64	64	160 000
乙	条	25	25	31	110 400

续表

商品名称	单位	5月份价格/元	6月份价格/元		6月份零售额/元
			1—17日	18—30日	
丙	双	20	20	26	226 000
丁	米	50	50	41	368 800

7. 某工厂基期三种产品的生产费用和报告期增产的任务如下所示。

产品名称	基期生产费用/元	报告期增产任务/(%)
甲	250 000	5
乙	400 000	10
丙	100 000	8
合计	750 000	—

如果报告期生产费用只准增加20 000元，那么该工厂报告期至少要把三种产品的成本降低百分之几才能完成任务？

8. 根据下列资料计算：

(1) 已知某种商品价格报告期比基期降低5%，而销售额增长10%，问基期到报告期商品销售量的变动情况如何？

(2) 某工厂2012年职工的工资水平提高了5.2%，职工人数增长了2%，问该工厂工资总额的变动情况如何？

(3) 如果同样多的人民币可多购商品12%，则物价要求降低百分之几？若同样多的人民币只能购买上年商品的90%，物价指数发生了什么变化？

(4) 某乡今年某种作物总产量为7.5×10^5千克，比去年多1.25×10^5千克，该种作物播种面积比去年增加10%。试确定产量总指数和单位面积产量指数。

9. 某企业有下列资料：

产品名称	单位	单位产品成本/元		生产量	
		基期	报告期	基期	报告期
甲	件	20	18	2500	3500
乙	套	50	52	800	800
丙	个	10	8	4000	5000

试计算：

(1) 三种产品的总成本指数及总成本的增加额；

(2) 从相对数和绝对数两个方面分析单位成本和生产量变动对总成本变

动的影响。

10. 某企业有如下资料：

年份	总产值/万元	职工人数/人	
		总人数	其中:生产工人人数
上年	900	1600	1250
本年	1260	1680	1440

试从相对数和绝对数两个方面分析职工人数、工人占职工人数比重及工人劳动生产率三个因素变动对总产值增长的影响。

11. 某企业有如下资料：

车间	工业总产值/万元		工人平均人数/人	
	基期	报告期	基期	报告期
甲车间	400	396	500	450
乙车间	600	720	500	600
总计	1000	1116	1000	1050

要求：

(1) 分别计算甲、乙两个车间的劳动生产率指数；

(2) 计算全厂总劳动生产率指数；

(3) 分析全厂总劳动生产率动态中受车间劳动生产率变动的影响及不同车间人数结构变动的影响。

12. 某商品在甲、乙两个市场上出售的资料如下所示。

市场	4月		5月	
	价格/(元/斤)	销售量/斤	价格/(元/斤)	销售量/斤
甲	5.90	1200	5.50	2000
乙	6.40	800	6.20	1000
合计	—	2000	—	3000

试分析销售量比重变化对该商品平均价格变动的影响程度和影响的绝对值。

第七章　抽样调查与估计

[案例]

你在麦当劳里消费了多少?

某麦当劳餐馆在7个星期内抽查了49位顾客的消费情况,得到消费额(单位:元)如下:

15	24	38	26	30	42	18
30	25	26	34	44	20	35
24	26	34	48	18	28	46
19	30	36	42	24	32	45
36	21	47	26	28	31	42
45	36	24	28	27	32	36
47	53	22	24	32	46	26

根据以上案例资料,回答以下问题:

(1) 本案例采用的是什么抽样统计方法?

(2) 这种抽样统计方法的优缺点是什么?

(3) 该麦当劳餐馆的人均消费额是多少,顾客平均消费额的估计区间是多少?

本章将学习抽样调查的几种组织形式、各种抽样方式下的抽样误差、必要样本容量的确定、区间估计等。

第一节　抽样调查的基本问题

一、抽样调查的概念与特点

(一) 抽样调查的概念

抽样调查,就是按照随机原则,从研究总体中抽取一部分单位作为样本,然后以样本的观测或者调查结果对总体的数量特征做出具有一定可靠程度和精度的估计或推断的一种非全面统计调查方法。因此，抽样调查也叫作抽样推断。例如：从某市全部消费者中随机抽取若干消费者进行消费水平的实测，计算平均消费水平，以此来推断该市的平均消费水平；工厂在生产过程中以及商家在进货过程中，随机抽取一定数量的产品或商品，检验其质量并以此推断全部产品或进货商品的质量优劣；商家随机抽取一部分消费者，了解其消费需求及爱好等，都是抽样调查。

（二）抽样调查的特点

抽样调查是一种非全面调查，其主要特点如下。

（1）按随机原则抽取样本单位。所谓随机原则，就是指样本单位的抽出不受主观因素的影响和其他系统因素的影响，每个总体单位被抽取的机会相等。只有这样，才能保证样本单位的分布接近总体单位的分布，使样本对总体具有较大的代表性。

（2）根据部分推断总体。抽样调查的目的不是着眼于研究样本，而是根据样本的数量特征推断总体的数量特征，即通过样本认识总体。

（3）抽样误差可以事先估计和控制。根据抽样调查结果推断总体的数量特征，不可避免地会产生误差，但抽样调查是建立在概率论这一科学理论的基础之上的，这不仅可以让我们掌握抽样误差的分布规律，根据有关资料事先对抽样误差进行计算，而且还可以通过调整样本容量和运用适当的抽样技术对抽样误差加以控制。

另外，抽样调查和其他调查相比，具有经济性、时效性、灵活性等特点。因为样本单位通常只是总体单位的一小部分，抽样调查的工作量小，投入小，调查工作的经济效益高。调查的准备时间、登记时间以及数据处理时间大大缩减，从而提高了资料的时效性。由于抽样调查涉及的单位较少，减少了层层汇总上报，出现失误或差错的可能性小，虚报或瞒报等主观因素的干扰也可尽量避免，从而减少调查登记和汇总过程中的登记性误差。抽样调查的样本可大可小，既适合于一次性的专门调查，也适合于经常性的调查，可灵活地应用于各个领域、各种现象的资料搜集。

二、抽样调查的作用

抽样调查的使用范围非常广泛，涉及的内容多种多样，信息反馈速度十分快捷。同时，伴随着抽样理论和实用技术的不断发展，抽样法已是当今最主要的统计调查方法，它广泛应用于社会、经济、科技、自然等各个领域。归纳起来，抽样调查主要应用于以下几个方面。

(1) 当不可能进行全面调查时，只能采用抽样调查来推断总体数量特征。这种情况包括总体单位数量巨大以至于无限总体的调查和具有破坏性的产品质量检验等，如灯泡寿命测试、子弹的射程测试、烟酒食品质量检验等。

(2) 不必要进行全面调查时，以相对很少的代价进行抽样调查就可以满足需要。对于有些现象，从理论上说，全面调查是可行的，但从研究的任务看没有必要，如居民家计调查、职工住房购买调查等。

(3) 当来不及进行全面调查时，采用抽样调查可迅速取得所需数据。有些调查对调查数据的时效性要求很高，如农产品产量调查、商品的市场供求状况调查、电视节目收视率调查等。

(4) 采用抽样调查对全面调查资料进行补充。如我国人口普查每隔十年才进行一次，为了连续观察人口变化的过程和规律性，就在两次人口普查之间进行一次人口抽样调查，从时间的连续性和内容上补充全面调查的不足。

(5) 用抽样调查对全面调查资料进行修正。全面调查涉及面广，调查工作量大，调查登记过程中出现各种差错的可能性较大。因此，在全面调查之后要进行抽样复查，用抽样调查的结果与相应范围的全面数据对比，确定一个差错率或修正系数，用以订正全面调查的统计数字。

总之，抽样调查是一种科学实用的调查方法，既可以节省人力、物力、财力和时间，又可以提高调查结果的时效性，达到统计工作的目的和效果。

三、抽样调查中的几个基本概念

(一) 全及总体和样本

全及总体就是指所要认识的研究对象全体，这个总体要涉及研究对象的每一个单位，是所要认识的、具有某种共同性质的许多单位的集合体，又称母体。例如研究某学校 10 500 名学生的学习情况，则该校的这一全体学生就构成了全及总体。总体单位总数用“N”表示。对于一次抽样调查，全及总体是唯一确定的。

样本又称子样，是从全及总体中随机抽取出来作为代表这一总体的那部分单位组成的集合体，是我们要观察的对象。例如上例中，随机抽取 1000 名学生进行调查，这 1000 名学生就构成了一个样本。样本所容纳的总体单位个数称为样本容量，是一个样本包含的单位数，通常用小写英文字母“n”来表示。样本是不确定的，从一个全及总体中可能抽出很多个样本。

（二）全及指标和抽样指标

1. 全及指标

根据全及总体各个单位的标志值或标志特征计算的、反映总体某种属性的综合指标，称为全及指标。全及指标有全及总体平均数 $\overline{X}$、全及总体成数 P、全及总体标准差 σ、全及总体方差 σ^2。

2. 抽样指标

由样本总体各个单位的标志值或标志特征计算的综合指标，称为抽样指标。抽样指标有抽样平均数 $\overline{x}$、抽样成数 p、样本标准差 S、样本方差 S^2。

（三）重复抽样和不重复抽样

从抽样的方法来看，抽样可以有重复抽样和不重复抽样两种。

1. 重复抽样

重复抽样又称回置抽样。重复抽样是这样操作的：要从总体 N 个单位中随机抽取一个容量为 n 的样本，每次从总体中抽取一个单位，并把它看作一次试验，把结果登记下来，又重新放回，参加下一次抽选，连续进行 n 次试验构成一个样本。因而，重复抽样的样本是由 n 次相互独立的连续试验构成的，每次试验是在完全相同的条件下进行的，每个单位中选的机会在各次都完全相等。

从总体 N 个单位中，用重复抽样的方法，随机抽取 n 个单位构成一个样本，则共可抽取 N^n 个样本。

例如，总体有 A、B、C、D 四个单位，要从中以重复抽样的方法抽取 2 个单位构成样本。全部可能抽取的样本数目为 4×4＝16 个，它们是：

AA、AB、AC、AD
BA、BB、BC、BD
CA、CB、CC、CD
DA、DB、DC、DD

2. 不重复抽样

不重复抽样又称不回置抽样。不重复抽样是这样操作的：要从总体 N 个单位中抽取一个容量为 n 的样本，每次从总体中抽取一个单位，但每次抽出一个单位就不再放回参加下一次的抽选，连续进行 n 次抽取构成一个样本。因而，不重复抽样有这样的特点：样本由 n 次连续抽取的结果构成，实质上等于一次同时从总体中抽 n 个样本单位，连续 n 次抽选的结果不是相互独立的，每次抽取的结果都影响下一次抽取，每抽一次总体单位数就少一个，因而每个单位的中选机会在各次是不相同的。

从总体 N 个单位中，用不重复抽样的方法抽取 n 个单位样本，全部可能抽取的样本数目为 $N(N-1)(N-2)\cdots(N-n+1)$ 个。

例如，从 A、B、C、D 四个单位中取 2 个单位构成样本，第一次抽取 1 个，共有 4 种取法，第二次再从留下的 3 个单位中取 1 个，共有 3 种取法，前后两个构成一个样本，全部可能抽取的样本数目为 $4\times3=12$ 个，它们是：

AB、AC、AD

BA、BC、BD

CA、CB、CD

DA、DB、DC

由此可见，在相同的样本容量的要求下，重复抽样的样本个数总是大于不重复抽样的样本个数。

（四）抽样方法和样本数目

抽样方法，即按随机原则从全及总体抽取样本总体的方法。样本数目，又称样本可能数目，是指一个总体中可能抽取的样本个数。

按抽取方式，抽样方法可分为两类，即重复抽样和不重复抽样；按抽样是否考虑顺序，抽样方法又可分为两种，即考虑顺序抽样和不考虑顺序抽样。将上述两种分类互相交叉，就形成四种抽样方法，即考虑顺序的重复抽样，不考虑顺序的重复抽样、考虑顺序的不重复抽样、不考虑顺序的不重复抽样。

上述四种不同的抽样方法，从总体 N 个单位中抽取 n 个单位所构成的样本数目是不同的。样本可能数目计算公式列表如表 7-1 所示。

表 7-1　样本可能数目计算公式

抽样方法	样本数目公式	例:5 个单位中抽 3 个
考虑顺序的重复抽样	N^n	$5^3=125$ 个
不考虑顺序的重复抽样	$\frac{(N+n-1)}{n!\ (N-1)!}$	$\frac{(5+3-1)!}{3!\ (5-1)!}=35$ 个
考虑顺序的不重复抽样	$\frac{N!}{(N-n)!}$	$\frac{5!}{(5-3)!}=60$ 个
不考虑顺序的不重复抽样	$\frac{N!}{n!\ (N-n)!}$	$\frac{5!}{3!\ (5-3)!}=10$ 个

（五）抽样推断的理论依据

抽样推断的理论依据主要有两类：一类是研究概率接近于 0 或 1 的随机现象的统计规律，即大数定律；另一类是研究由许多彼此不相干的随机因素共同作用,而各个随机因素影响又很小的随机现象的统计规律,即中心极限定理。

1. 大样本统计量的推断依据——大数定律

大数定律在统计中是指一切关于大量随机现象之平均结果稳定性的定理,它包含了强大数定理和弱大数定理两类的很多条定理,它们为均值稳定性的存在及整个推断统计提供了最基本的理论依据。

大数定律的本质意义是尽管单个随机现象的具体表现不可避免地引起了随机偏差,然而在大量随机现象共同作用时,这些随机偏差互相抵消、补偿和拉平,致使总的平均结果趋于稳定。

大数定律以严格的数学形式证明了“频率”和“平均值”的稳定性,同时表达了这种稳定性的含义,即“频率”或“平均值”在依概率收敛的意义下逼近某一常数。

2. 大样本统计量分布的依据——中心极限定理

中心极限定理是指在一定的条件下,大量相互独立的随机现象的概率分布是以正态分布为极限的定理。因正态分布在概率论中占有中心地位,所以把以正态分布为极限的定理叫作中心极限定理。

大数定律只揭示了大量随机变量的平均结果,但并没有涉及随机变量的分布规律。而中心极限定理则说明了许多随机变量的分布是正态或近似正态的,这就可以简化统计推断中许多统计量的分布问题,所以它是统计学中的重要工具之一。

第二节　抽样误差及其分布

一、统计误差的分类

无论是全面调查还是非全面调查,在统计调查时所获得的统计数据与调查总体真实客观实际数据之间的差别,就是统计误差。统计误差按产生的原因,可分为登记性误差和代表性误差两种。

(一) 登记性误差

登记性误差是调查过程中由于调查者或被调查者的人为因素所造成的误差。比如,由于观察、测量、登记、计算等方面的差错或被调查者提供虚假资料而造成的误差,就属于登记性误差。无论是全面调查还是非全面调查都可能产生登记性误差。从理论上讲,登记性误差是可以消除的。比如,通过搞好调查的宣传组织工作、不断提高调查人员的素质、广泛采用电子计算机技术等措施，都可尽量避免登记性误差。

（二）代表性误差

代表性误差是指用总体中部分单位的统计数据去推算估计全及总体的有关统计数据所产生的误差。这是由于在抽样调查中，样本各单位的结构情况不足以代表总体的状况，而用部分去推断总体所产生的误差。这类误差又可以分为两种：系统性误差和随机误差。

1. 系统性误差

系统性误差又称偏差，是指在抽样调查中，调查人员没有遵守随机原则，有意识多选较好的或较差的单位进行调查而造成的误差。例如：在产品质量检验中，故意选择制作精良、性能稳定、质量上乘的产品送检；在农作物产量调查中，有意选择土质好、品质高的地段进行实割实测；在抽取样本时，在抽到一个单位后，调查人员认为其数字偏高或偏低而加以剔除。这样做都会使抽样推断的结果产生偏高或偏低的系统性误差。可见，只要遵循了随机原则就可以避免产生系统性误差，系统性误差和登记性误差一样，都是抽样组织工作造成的，应该采取措施预防误差发生或将其减小到最低程度。

2. 随机误差

随机误差又称抽样误差，是指在遵循了随机原则的条件下，不包括登记性误差和系统性误差在内的，用样本指标代表总体指标而产生的不可避免的误差。由于总体平均数、总体成数是唯一确定的，而样本平均数、样本成数是随机变量，因而抽样误差也是一个随机变量。抽样误差越小，说明样本的代表性越好；反之，样本的代表性越差。同时，抽样误差还说明样本指标与总体指标的相差范围，因此，它是推断总体指标的依据。

抽样误差是统计推断所固有的，虽然无法避免，但可以运用数学公式计算。确定其具体的数量界限，并通过抽样设计程序加以控制，因此抽样误差也可以称为可控制的误差。在实际应用中，抽样误差又可分为抽样实际误差、抽样平均误差、抽样极限误差三种。

二、抽样误差的分类

（一）抽样实际误差

抽样实际误差是指在一次具体的抽样调查中，由于随机因素引起的样本指标与总体指标之间的离差，如样本平均数与总体平均数之间的绝对离差、样本成数与总体成数之间的离差。对某校大学生随机抽取 100 人进行身高调查，得知这 100 人的平均身高为 168 厘米；又知该校全部大学生的平均身高为 169 厘米，两者之间相差 1 厘米，这就是抽样实际误差。在抽样中，由于总体指标数值是未知的，因此抽样实际误差是无法计算的。同时，抽样实际误差仅仅是一系列可能出现的误差数值之一，所以抽样实际误差没有概括所有可能产生的抽样误差。

（二）抽样平均误差

抽样平均误差是指抽样平均数的标准差或抽样成数的标准差。从一个总体中我们可能抽取很多个样本，因此样本指标如样本平均数或样本成数将随着不同的样本而有不同的取值，它们对总体指标如总体平均数或总体成数的离差有大有小，即抽样误差是个随机变量。而抽样平均误差则是反映抽样误差的一般水平的一个指标，但由于样本平均数的平均数等于总体平均数，样本成数的平均数等于总体成数，因此，我们不能用简单算术平均的方法来求抽样平均误差，而应采取标准差的方法来计算抽样平均误差。

因此可以说，抽样平均误差反映的是由于抽样的随机性而产生的所有样本均值与总体均值之间的平均离差。也就是说，抽样平均误差越小，说明样本均值的分布越集中在总体均值的周围，用样本指标估计总体指标的误差平均而言就越小；若抽样平均误差越大，说明样本均值的分布越分散，用样本指标去估计总体指标的误差平均来说越大。

在一般情况下，抽样调查中所说的抽样误差主要是指抽样平均误差，它是根据样本指标推断全及指标的重要依据。我们前面所述的可以计算并加以控制的抽样误差就是指的抽样平均误差，它是我们学习和讨论的重要内容。

（三）抽样极限误差

抽样极限误差又称允许误差，是指在进行抽样估计时，根据研究对象的变异程度和分析任务的要求所确定的样本指标与总体指标之间可允许的最大误差范围，它等于样本指标可允许变动的上限或下限与总体指标值差的绝对值。

由于总体指标是一个确定的量，而样本指标是一个围绕着总体指标上下波动的随机变量，即它可能与总体指标发生正、负离差，所以抽样极限误差是在一定概率保证条件下，样本指标与总体指标之间抽样实际误差的最大可能范围。

设 Δ_x、Δ_p 分别表示抽样平均数极限误差和抽样成数极限误差，则有：

样本平均数的抽样极限误差 $\Delta_x \leqslant |\overline{x}-\overline{X}|$；

样本成数的抽样极限误差 $\Delta_p \leqslant |p-P|$。

在抽样实践中，允许的抽样误差有时也用相对的允许误差限来表示，相对的极限误差（抽样误差率）是将抽样的极限误差除以估计的均值或成数，用 Δ'_x 和 Δ'_p 表示，即

$$\Delta'_x = \frac{\Delta_x}{\bar{x}},\quad \Delta'_p = \frac{\Delta_p}{p}$$

用 1 减去相对的极限误差称为抽样估计精度，即

抽样估计精度＝1（或 100%）－抽样误差率

三、抽样平均误差的计算

抽样平均误差是指所有可能的样本的样本指标与总体指标之间的平均误差（标准差）。

（一）抽样平均误差的计算公式

1. 抽样平均误差的定义公式

根据抽样平均误差的定义，其平均数与成数的计算公式分别为

$$\mu_x = \sqrt{\frac{\sum_{i=1}^{n}(\bar{x}_i - \bar{X})^2}{m}},\quad \mu_p = \sqrt{\frac{\sum_{i=1}^{n}(p_i - P)^2}{m}}$$

式中，m 为可能的样本数。

2. 抽样平均误差的应用公式

抽样平均误差的应用公式如表 7-2 所示。

表 7-2　抽样平均误差的应用公式

	重复抽样	不重复抽样
测定平均数时	$\mu_x = \sqrt{\frac{\sigma^2}{n}}$	$\mu_x = \sqrt{\frac{\sigma^2}{n}\left(\frac{N-n}{N-1}\right)}$
测定成数时	$\mu_p = \sqrt{\frac{p(1-p)}{n}}$	$\mu_p = \sqrt{\frac{p(1-p)}{n}\left(\frac{N-n}{N-1}\right)}$

（1）系数的处理问题：当 N 较大时，可用 $1-\frac{n}{N}$ 代替 $\frac{N-n}{N-1}$。

（2）重复抽样与不重复抽样误差的关系问题：在其他条件相同的情况下，不重复抽样的误差比重复抽样的误差小。

（3）总体方差未知的处理问题：当总体方差（σ^2）未知时，可用样本方差

(S^2)、历史方差或试验方差代替。

例 7-1　从某乡 1000 亩稻田中随机抽取 50 亩，经秤重量得平均亩产量为 560 千克，标准差为 50 千克。请根据抽样平均误差的应用公式计算抽样平均误差。

由于总体方差未知，故用样本方差代替。

重复抽样时，有

$$\mu_x=\sqrt{\frac{\sigma^2}{n}}=\sqrt{\frac{50^2}{50}}\text{ 千克}=7.07\text{ 千克}$$

即抽样平均误差为 7.07 千克。

不重复抽样时，有

$$\mu_x=\sqrt{\frac{\sigma^2}{n}\left(1-\frac{n}{N}\right)}=\sqrt{\frac{50^2}{50}\left(1-\frac{50}{1000}\right)}\text{ 千克}=6.89\text{ 千克}$$

即抽样平均误差为 6.89 千克。

例 7-2　某公司从购买的 1000 件产品中随机抽取 160 件进行检验，发现其中有 144 件合格。请根据抽样平均误差的应用公式计算合格产品成数的抽样平均误差。

因总体方差未知，故用样本方差代替。

$$p=\frac{n_1}{n}=\frac{144}{160}=90\%$$

重复抽样时，有

$$\mu_p=\sqrt{\frac{p(1-p)}{n}}=\sqrt{\frac{0.9\times(1-0.9)}{160}}=2.37\%$$

即合格品成数的抽样平均误差为 2.37%。

不重复抽样时，有

$$\mu_p=\sqrt{\frac{p(1-p)}{n}\left(1-\frac{n}{N}\right)}=\sqrt{\frac{0.9\times(1-0.9)}{160}\times\left(1-\frac{160}{1000}\right)}=2.17\%$$

即合格品成数的抽样平均误差为 2.17%。

例 7-1 和例 7-2 均表明：不重复抽样的抽样平均误差小于重复抽样的抽样平均误差。

（二）影响抽样误差大小的因素

(1) 总体标志变异程度的大小（总体标准差 σ 的大小）。它与抽样误差(μ)成正比例关系。

(2) 样本容量的大小。它与 μ 成反比例关系。例如，要使抽样误差减小为原来的 1/2,则样本容量将为原来的 4 倍。

(3) 抽样方法。重复抽样的 μ 总是大于不重复抽样的 μ。

(4) 抽样的组织形式。抽样的组织形式不同,抽样误差也不同。

四、抽样误差的分布

所谓抽样误差分布,是指总体全部可能样本的抽样误差的分布状况。数理统计证明:大样本($n\geqslant30$)的抽样误差分布为正态分布。这就为抽样极限误差的计算提供了理论上的依据。如果我们把全部可能样本的样本平均数编制成变量数列并绘制成图形,就可得到一个钟形的光滑曲线,即正态分布曲线,如图 7-1 所示。

从正态分布曲线图可总结出两点:一是样本指标高于或低于总体指标的概率分布是完全对称的;二是样本指标接近于总体指标的概率越大(或小),出现的可能性也就越大(或小)。在抽样中概率 $F(t)$是指抽样估计的可靠性,即把握程度。概率随概率度(t)的变化而变化,故概率是概率度的函数。为了便于实际使用,通常可按事先编制好的正态分布概率表来根据事先给定的 t 值查找出相应的概率 $F(t)$(见表 7-3)。

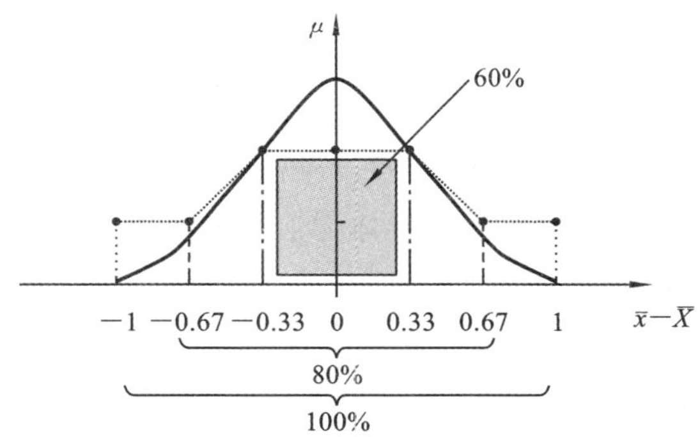

图 7-1　抽样误差分布图示

表 7-3　几个常用的正态分布概率

t	$F(t)$
1.96	0.95
2	0.9545
3	0.9973

第三节 抽样调查的组织形式

抽样调查按样本的抽取是一步确定还是分步确定,分为单阶段抽样和多阶段抽样;按抽取样本的基本组织形式不同,分为简单随机抽样、分层抽样、系统抽样和整群抽样。实施抽样调查时,这些组织形式既可单独使用,也可结合使用。抽样调查的组织形式不同,计算抽样平均误差等的方法也不一样。本节讨论几种常用的组织形式,如简单随机抽样、分层抽样、系统抽样、整群抽样等,并对不同抽样组织形式下的抽样平均误差的计算方法做逐一介绍。

一、简单随机抽样

(一) 简单随机抽样的概念

简单随机抽样也称纯随机抽样,是抽样中最基本的组织形式。它是对总体单位不做任何分类或排序,完全按随机原则逐个地抽取若干个单位作为样本的组织形式。简单随机抽样是抽样中最基本也是最简单的抽样组织形式,它适宜于总体单位数不多且各单位之间差异不大时使用。简单随机抽样的优点是最符合随机抽样原则;不足是编号、做签条的工作量较大,总体单位数较多时无法使用且误差往往较大。

(二) 简单随机抽样抽取样本的方法

简单随机抽样抽取样本单位的具体方法主要有以下几种。

1. 抽签法(抓阄法)

抽签法的具体做法是:当给总体各个单位编号后,把号码写在结构均匀的签(如同等大小的纸片等)上,将签混合均匀后即可以从中抽取。抽签法简便易行,然而对于较大的总体来说,编号、做签条的工作量很大,且不易做到混合均匀。因此,抽签法的应用有一定的局限性。

2. 机械摇号法

机械摇号法是先对全部总体单位编号,然后再利用某种特制的机械,通过机械震动产生需要抽取调查样本单位号码的方法。此法抽取的样本单位随机性大,但购置设备的费用较高,只适宜于经常开展抽样调查的单位使用。

3. 随机数字表法

所谓随机数字,就是指用某种机械方法或电子计算机产生的数字序列,0,

1,2,…,9 这 10 个数字出现的机会是等概率的,但排列顺序则是随机的。将随机产生的数字用表格的形式表现出来,就是随机数字表。

此外,还可以用计算机模拟法。在大型的计算机中,一般都有随机数字发生器,对于已经编号的总体单位,按计算机所产生的随机数字确定相应的样本单位。

简单随机抽样在实践中受到许多限制,当总体很大时,对每个单位编号和抽签等都会遇到困难,因此在实践中,我们常常采用分层抽样、系统抽样或整群抽样。

(三)抽样平均误差的计算

重复抽样时,有

$$\mu_x = \sqrt{\frac{\sigma^2}{n}},\quad \mu_p = \sqrt{\frac{p(1-p)}{n}}$$

不重复抽样时,有

$$\mu_x = \sqrt{\frac{\sigma^2}{n}\left(1-\frac{n}{N}\right)},\quad \mu_p = \sqrt{\frac{p(1-p)}{n}\left(1-\frac{n}{N}\right)}$$

具体计算参见例 7-1 和例 7-2。

二、分层抽样

(一) 分层抽样的概念

分层抽样也称类型抽样,它是先将总体中所有单位按照某个标志分成若干个类型组,然后从各类型组中采用简单随机抽样方式或其他方式抽取样本单位的组织形式。分层抽样适宜于总体单位多、情况复杂、差异较大时使用。其优点是样本代表性较好,误差较小;不足是误差的计算较麻烦。

各类型组中样本数的分配,通常有三种方法,即等额分配、等比例分配和最优分配。

1. 等额分配

等额分配即在各类型组中分配同等的单位数。

例 7-3　某市有民营企业 90 000 家,该市税务局计划抽取 900 家了解其营业额等项目,现按第一、第二、第三产业对其进行分组,如表 7-4 所示。

表 7-4　某市民营企业在等额分配下的抽样结果

产业类别	总体单位数	样本单位数
第一产业	10 000	300
第二产业	30 000	300
第三产业	50 000	300
合　　计	90 000	900

2. 等比例分配

等比例分配即按各类型组在总体中所占的比例分配样本单位数，使各类型组中抽取的单位数占各类型组单位数的比例相等。用表 7-4 中的数据对第一、第二、第三产业进行分组，采用等比例分配的方法抽样，其结果如表 7-5 所示。

表 7-5　某市民营企业在等比例分配下的抽样结果

产业类别	总体单位数	样本单位数
第一产业	10 000	100
第二产业	30 000	300
第三产业	50 000	500
合　　计	90 000	900

等比例分配法考虑了各类型组规模不等的因素.大的类型组多抽，小的类型组少抽，有利于减少人为的抽样偏差，且计算操作很方便。所以，在实际工作中等比例分配方法的应用很普遍。

3. 最优分配

最优分配就是把按各类型组规模大小的等比例抽样同按各类型组内部差异程度大小等比例抽样结合起来确定各类型组的样本单位数。

注意：这种方法实际上很少采用，因为除非有历史资料可以参考，在调查之前，一般不可能知道各类型组内部的差异到底有多大。

（二）抽样平均误差的计算

1. 分类等比例重复抽样

$$\mu_x = \sqrt{\frac{\overline{\sigma^2}}{n}},\quad \mu_p = \sqrt{\frac{\overline{p(1-p)}}{n}}$$

2. 分类等比例不重复抽样

$$\mu_x = \sqrt{\frac{\overline{\sigma^2}}{n}\left(1-\frac{n}{N}\right)},\quad \mu_p = \sqrt{\frac{\overline{p(1-p)}}{n}\left(1-\frac{n}{N}\right)}$$

当$\overline{\sigma_i^2}$未知时，可用各组样本方差的平均数$\overline{S^2}$代替，$\overline{S^2}=\dfrac{\sum S_i^2 n_i}{n}$；当$\overline{p(1-p)}$未知时，可用各组样本方差的平均数代替，$\overline{p(1-p)}=\dfrac{\sum p_i(1-p_i)n_i}{n}$。

例 7-4　某地种有早稻 5000 亩，其中平原地 4000 亩，丘陵地 1000 亩。现采用分类等比例重复抽样抽取 750 亩进行调查，得统计数据如表 7-6 所示，计算抽样平均误差。

表 7-6　抽样调查统计数据

按地势分类	全部面积 N_i/亩	抽样面积 n_i/亩	样本亩产标准差 S_i/千克
平原地	4000	600	110
丘陵地	1000	150	175
合　计	5000	750	—

分类等比例重复抽样：

$$\mu_x=\sqrt{\frac{\overline{\sigma^2}}{n}}=\sqrt{\frac{1}{n}\sum\frac{S_i^2 n_i}{n}}=\sqrt{\frac{1}{750}\times\left(\frac{110^2\times 600+175^2\times 150}{750}\right)}\text{ 千克}$$

$$=\sqrt{\frac{15\ 805}{750}}\text{ 千克}=4.59\text{ 千克}$$

分类等比例不重复抽样：

$$\mu_x=\sqrt{\frac{1}{n}\left[\sum\frac{S_i^2 n_i}{n}\left(1-\frac{n}{N}\right)\right]}$$

$$=\sqrt{\frac{1}{750}\times\left[\frac{110^2\times 600+175^2\times 150}{750}\times\left(1-\frac{750}{5000}\right)\right]}\text{ 千克}$$

$$=\sqrt{\frac{1}{750}\times(15\ 805\times 0.85)}\text{ 千克}=4.23\text{ 千克}$$

例 7-5　某地有 10 000 户家庭，按城市和农村分类，采用等比例重复抽样抽取 1000 户，进行电脑拥有量的调查，取得如下资料（见表 7-7），要求计算电脑的拥有量比重的抽样平均误差。

表 7-7　某地城乡家庭电脑拥有情况抽样资料

家庭户分类	抽样户数/户	拥有电脑户数所占比重/(%)
城市	300	90
农村	700	75

分类等比例重复抽样：

$$\mu_p=\sqrt{\frac{\overline{p(1-p)}}{n}}=\sqrt{\frac{1}{n}\frac{\sum p_i(1-p_i)n_i}{n}}$$

$$=\sqrt{\frac{1}{1000}\times\left[\frac{0.9\times(1-0.9)\times300+0.75\times(1-0.75)\times700}{1000}\right]}$$

$$=\sqrt{\frac{0.158\ 25}{1000}}=1.26\%$$

分类等比例不重复抽样：

$$\mu_p=\sqrt{\frac{\overline{p(1-p)}}{n}\left(1-\frac{n}{N}\right)}=\sqrt{\frac{0.158\ 25}{1000}\times\left(1-\frac{1000}{10\ 000}\right)}=1.19\%$$

三、系统抽样

（一）系统抽样的概念

系统抽样又称等距抽样或机械抽样，它是将总体各单位按某一标志顺序排列，先随机抽取一个单位作为起始单位，再按照某种确定的规则抽取其他样本单位的组织形式。

系统抽样的特点是抽取样本单位的方法简便易行，而且估计量的方差小，样本的代表性较好，适用面广，特别适宜于对连续、大批量生产的现象的调查。其优点是通常能保证样本均匀分布，减少误差，提高样本的代表性；不足是有时可能有系统（周期）性误差。

抽取样本单位的具体方法只有不重复抽样方法，关键是第一个样本单位的抽选。先按 $N/n=K$ 求出抽样间隔；再在第一组中按简单随机抽样的方法，抽出第一个样本单位；然后再按抽样间隔 K 随之确定其余样本单位。系统抽样具体又可分为两种，即按有关标志排队的等距抽样和按无关标志排队的等距抽样。

（二）系统抽样的分类

系统抽样按总体单位排队依据的标志不同分为无关标志排队和有关标志排队。所谓无关标志，是指用来排队的标志与调查研究的内容无关；所谓有关标志，是指用来排队的标志与调查研究的内容有关。

第一种：按与调查项目无关的标志排队。例如，调查学生的成绩按学生的准考证号码排队，检验产品质量按产品生产的时间顺序排队，农产量调查按农作物收获面积的地理顺序排队等，都是按无关标志排队的。

第二种：按与调查项目有关的标志排队。例如，调查学生的成绩按学生学习成绩高低顺序排队，调查职工的收入按职工的收入高低顺序排队，调查农产量按某种农作物去年亩产量的高低顺序排队等，都属于按有关标志排队。

（三）抽样平均误差的计算

1. 按无关标志排队时抽样平均误差的计算

等距抽样时，直接计算抽样平均误差，在实际中是不易实现的。一般认为，若按无关标志排队，等距抽样近似于不重复的简单随机抽样，故而可以按简单随机不重复抽样时计算误差的公式计算其抽样平均误差，即

$$\mu_x=\sqrt{\frac{\sigma^2}{n}\left(1-\frac{n}{N}\right)},\quad \mu_p=\sqrt{\frac{p(1-p)}{n}\left(1-\frac{n}{N}\right)}$$

例 7-6　某大学将考生按准考证号顺序排队，然后按相等距离，每 100 人中抽出一人登记会计学考试成绩，得到资料如表 7-8 所示，试计算平均成绩的抽样平均误差和及格率的抽样平均误差。

表 7-8　某大学学生会计学成绩抽样资料

成绩/分	60 以下	60～70	70～80	80～90	90 以上	合计
人数/人	25	30	20	15	10	100

根据表 7-8 的抽样统计数据，列计算表如表 7-9 所示。

表 7-9　会计学平均成绩与方差计算表

成绩/分	组中值 x/分	人数 f/人	xf	x^2f
60 以下	55	25	1375	75 625
60～70	65	30	1950	126 750
70～80	75	20	1500	112 500
80～90	85	15	1275	108 375
90 以上	95	10	950	90 250
合　　计	—	100	7050	513 500

$$\bar{x}=\frac{\sum xf}{\sum f}=\frac{7050}{100}\text{分}=70.5\text{ 分}$$

$$S^2=\frac{\sum x^2f}{\sum f}-\left(\frac{\sum xf}{\sum f}\right)^2=\frac{513\ 500}{100}-\left(\frac{7050}{100}\right)^2=164.75$$

$$\mu_x=\sqrt{\frac{S^2}{n}\left(1-\frac{n}{N}\right)}=\sqrt{\frac{164.75}{100}\times\left(1-\frac{100}{10\ 000}\right)}\text{分}=1.28\text{ 分}$$

即平均成绩的抽样平均误差为 1.28 分。

$$p=\frac{100-25}{100}=75\%$$

$$\mu_p=\sqrt{\frac{p(1-p)}{n}\left(1-\frac{n}{N}\right)}=\sqrt{\frac{0.75\times(1-0.75)}{100}\times\left(1-\frac{100}{10000}\right)}$$

$$=0.0431 \text{ 或 } 4.31\%$$

即及格率的抽样平均误差为 4.31%。

2. 按有关标志排队时抽样平均误差的计算

按有关标志排队进行等距抽样，实质上是一种特殊的类型抽样。理论上讲，应该按等比例不重复抽样计算误差的公式来计算其抽样平均误差，但由于等距抽样时每一等份中只抽取一个单位，各等份的组内方差 $\sigma_1^2,\sigma_2^2,\sigma_3^2,\cdots,\sigma_n^2$ 难以计算，往往用样本总方差 S_x^2 或 S_p^2 代替。此时，实际上也变通地采用了简单随机抽样的公式进行计算。实例从略。

用等距抽样法抽取样本时，第一个样本单位确定后，其余样本单位的位置也随之确定。因此，要避免抽样间隔和现象本身的周期、节奏重合而引起的系统性偏差。例如，工业产品质量检查时，抽样时间间隔就不宜与上下班或交接班时间一致。

四、整群抽样

（一）整群抽样的概念

整群抽样是先将总体全部单位划分为若干群（组），然后以群（组）为单位随机抽取若干群（组），对抽中群（组）内的所有单位全部进行调查的组织形式。整群抽样适宜于群内差异较大而群与群之间差异较小现象的调查。其优点是抽样组织工作较方便；不足是有时误差较大，样本代表性较差。在整群抽样中，为避免抽样误差过大，一般采用不重复抽样的方法。抽选群的方法与简单随机抽样相同。

（二）抽样平均误差的计算

整群抽样一般采用不重复抽样法，其抽样平均误差的计算公式为

$$\mu_x=\sqrt{\frac{\delta_x^2}{r}\left(1-\frac{r}{R}\right)},\quad \mu_p=\sqrt{\frac{\delta_p^2}{r}\left(1-\frac{r}{R}\right)}$$

式中：R 为全及总体的群数；r 为抽样总体的群数；δ_x^2 为平均数的群间方差；δ_p^2 为成数的群间方差。

群间方差的计算公式分别为

$$\delta_x^2 = \frac{\sum (\overline{x_i} - \overline{x})^2}{r}, \quad \delta_p^2 = \frac{\sum (p_i - p)^2}{r}$$

例 7-7　某商店购进 300 箱(100 个/箱)苹果,入库前随机抽取 1%,即抽 3 箱检查其质量。检验结果的统计数据如表 7-10 所示,计算抽样平均误差。

表 7-10　整群抽样群间方差计算表

抽样箱数	平均重量$\overline{x_i}$/斤	一级品率 p_i/(%)	$(\overline{x_i}-\overline{x})^2$	$(p_i-p)^2$
第一箱	48	85	1	0.0001
第二箱	49	84	0	0
第三箱	50	83	1	0.0001
合　计	—	—	2	0.0002

(1 斤=0.5 千克。)

首先,分别计算样本群的平均数和成数:

$$\overline{x} = \frac{\sum \overline{x_i}}{r} = \frac{48+49+50}{3} \text{斤} = 49 \text{ 斤}$$

$$p = \frac{\sum p_i}{r} = \frac{0.85+0.84+0.83}{3} = 0.84 \text{ 或 } 84\%$$

然后分别计算样本群的平均数和成数的群间方差:

$$\delta_x^2 = \frac{\sum (\overline{x_i} - \overline{x})^2}{r} = \frac{2}{3} = 0.667$$

$$\delta_p^2 = \frac{\sum (p_i - p)^2}{r} = \frac{0.0002}{3} = 0.000\,067 = 0.0067\%$$

最后计算抽样平均误差:

$$\mu_x = \sqrt{\frac{\delta_x^2}{r}\left(1-\frac{r}{R}\right)} = \sqrt{\frac{0.667}{3} \times \left(1-\frac{3}{300}\right)} \text{斤} = 0.469 \text{ 斤}$$

$$\mu_p = \sqrt{\frac{\delta_p^2}{r}\left(1-\frac{r}{R}\right)} = \sqrt{\frac{0.000\,067}{3} \times \left(1-\frac{3}{300}\right)} = 0.0047 \text{ 或 } 0.47\%$$

在抽样实践中,整群抽样的各群所包含的单位可以相等,也可以不相等。当各群包含的单位不相等时,计算 δ_x^2、δ_p^2、$\overline{x}$、p 应采用加权的形式。

抽样调查的组织形式有简单随机抽样、分层抽样、系统抽样、整群抽样。抽样调查的组织形式的选择完全取决于调查研究的目的要求、调查对象的特点和客观的条件。凡是能够最经济、最省时而又能够满足预期精确度和可靠性要求的组织形式,便是一种好的组织形式,这也是抽样设计的最根本原则。

第四节　抽样估计方法

一、抽样估计的优良标准

当用样本去估计总体时，我们必须明白在什么情况下，估计量才能称为总体指标的最优估计量。一般认为，判断估计量优良性的标准有无偏性、有效性和一致性。

（一）无偏性

用样本指标估计总体指标时，要求样本指标的平均数等于被估计总体指标的平均数，此即为无偏性。估计量（样本指标）的数学期望等于被估计的总体指标（$\hat{\theta}$为估计量，θ 为总体指标），即 $E(\hat{\theta})=\theta$。

（二）有效性

有效性就是用样本指标估计总体指标时，要求样本指标的方差最小，故有效性亦称最小方差。方差较小的无偏估计量称为更有效的估计量。如，与其他估计量相比，样本均值是总体均值的一个更有效的估计量。

（三）一致性

用样本指标估计总体指标，当样本容量（n）增大时，样本指标越来越接近总体指标，则称样本指标为总体指标的一致估计量。随着样本容量（n）的不断增大，估计量越来越接近被估计的总体指标，即 $\lim P(|\hat{\theta}-\theta|<\varepsilon)=1$。

二、抽样估计的方法

样本估计从形式上看有点估计和区间估计两种。

（一）点估计

点估计，就是从总体中抽取一个样本，根据该样本的统计量对总体的未知参数做出一个数值点的估计。例如，用样本均值作为总体未知均值的估计值，用样本成数直接作为总体成数的估计值，用样本方差直接作为总体方差的估计值，等等。例如，我们要估计一个班学生某学科考试的平均成绩，根据随机原则抽出 10 名学生的考试成绩计算的平均成绩为 78 分，我们就直接用 78 分作为全班平均成绩的一个估计值，这就是点估计。再如，我们要估计某电子元件厂某一批电子元件的合格率，随机抽检的结果为合格率 94.5%，我们就直接用

94.5%作为这批电子元件合格率的一个估计值，这也是点估计。

点估计的优点是计算简便，容易理解，不需要对抽样理论有深入的了解。然而，点估计没有给出估计值接近总体未知参数程度的信息，而且通常是在大样本的情况下采用此方法对总体进行推断，即直接用样本平均数和成数推断全及总体的平均数和成数，而不考虑任何的抽样误差。为了解决上述问题，就必须研究区间估计。

（二）区间估计

1. 区间估计的概念

区间估计，就是根据样本指标和抽样误差以及估计可靠程度的要求，选定概率度 t 值，估计总体指标所在范围的方法。这个范围往往是由一个上限和一个下限构成的一个区间，故称区间估计，下限与上限构成的区间 $(\bar{x}-\Delta,\bar{x}+\Delta)$ 称为置信区间。

2. 抽样估计的置信度

抽样估计的置信度就是表明抽样指标和总体指标的误差不超过一定范围的概率保证程度，记作 $F(t)$。

抽样误差范围和估计置信度是密不可分的。抽样误差范围愈小，则估计置信度也愈小；反之，抽样误差范围愈大，则估计置信度也愈大。

理论已经证明，在样本单位足够多($n\geqslant30$)的条件下，抽样平均数的分布接近正态分布。正态分布的特点是，抽样平均数以总体平均数为中心，两边对称分布。其图形如图 7-2 所示。

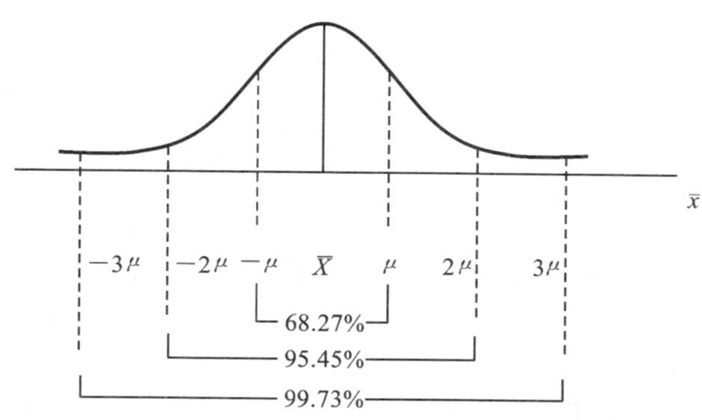

图 7-2 正态分布曲线

图 7-2 中的正态分布曲线与横轴围成的面积等于 1。抽样平均数落在某一区间的概率 P，就可以用曲线在这一区间所包围的面积来表示。经计算，结果

如下：

$$P(\overline{X}-\mu \leqslant \overline{x} \leqslant \overline{X}+\mu)=P(|\overline{x}-\overline{X}| \leqslant \mu)=68.27\%;$$
$$P(\overline{X}-2\mu \leqslant \overline{x} \leqslant \overline{X}+2\mu)=P(|\overline{x}-\overline{X}| \leqslant 2\mu)=95.45\%;$$
$$P(\overline{X}-3\mu \leqslant \overline{x} \leqslant \overline{X}+3\mu)=P(|\overline{x}-\overline{X}| \leqslant 3\mu)=99.73\%。$$

这说明抽样平均数与总体平均数误差范围不超过 μ、2μ、3μ 的概率，分别为68.27%、95.45%、99.73%。

t 为概率度，由于 $t=|\overline{x}-\overline{X}|/\mu$，所以抽样误差概率就是概率度 t 的函数，即 $P(|\overline{x}-\overline{X}|\leqslant t\mu)=F(t)$。对上述关系式，可做如下表述：

当 $t=1$ 时，$F(t)=68.27\%$；

当 $t=2$ 时，$F(t)=95.45\%$；

当 $t=3$ 时，$F(t)=99.73\%$。

3. 区间估计方法

当总体是正态分布或非正态分布但为大样本（$n\geqslant 30$）时，可以用正态分布来近似，使用 T 分布的统计量 $T=\dfrac{\overline{x}-\mu}{\sigma/\sqrt{n}}\sim N(0,1)$。此时总体均值 μ 在 $1-\alpha$ 即 $F(t)$ 的置信水平下的置信区间为 $\left(\overline{x}-t\dfrac{\sigma}{\sqrt{n}},\overline{x}+t\dfrac{\sigma}{\sqrt{n}}\right)$，总体比例 P 的置信区间为 $(\hat{p}-t\sqrt{\dfrac{p(1-p)}{n}},\hat{p}+t\sqrt{\dfrac{p(1-p)}{n}})$。

总体平均指标的估计区间：

$$\overline{x}-\Delta_x \leqslant \overline{X} \leqslant \overline{x}+\Delta_x$$
$$\overline{x}-t\mu_x \leqslant \overline{X} \leqslant \overline{x}+t\mu_x$$

总体成数的估计区间：

$$p-\Delta_p \leqslant P \leqslant p+\Delta_p$$
$$p-t\mu_p \leqslant P \leqslant p+t\mu_p$$

三、不同抽样组织形式下区间估计的估计实例

（一）简单随机抽样

例 7-8 某麦当劳餐馆在 7 个星期内抽查了 49 位顾客的消费情况，得到消费额（单位：元）如下。求在概率 90%的保证下，顾客平均消费额的估计区间。

15	24	38	26	30	42	18
30	25	26	34	44	20	35

24	26	34	48	18	28	46
19	30	36	42	24	32	45
36	21	47	26	28	31	42
45	36	24	28	27	32	36
47	53	22	24	32	46	26

第一步：通过 Excel 进行统计计算可得到

$$\bar{x}=\frac{\sum x}{n}=32, S=\sqrt{\frac{\sum(x-\bar{x})^2}{n-1}}=9.45, \mu_x=\frac{S}{\sqrt{n}}=\frac{9.45}{\sqrt{49}}=1.35$$

点估计：该麦当劳餐馆总体顾客平均消费额为 32 元。

第二步：根据给定的置信度 $F(t)=90\%$，查概率表得 $t=1.64$。

第三步：计算 $\Delta=t\mu_x=1.64\times1.35$ 元 $=2.2$ 元。

据此估计：

总体平均消费额下限 $=\bar{x}-\Delta=32$ 元 -2.2 元 $=29.8$ 元

总体平均消费额上限 $=\bar{x}+\Delta=32$ 元 $+2.2$ 元 $=34.2$ 元

区间估计：以 90%的概率保证，该麦当劳餐馆的顾客消费额在 29.8～34.2 元之间。

例 7-9　某企业在一项关于职工流动原因的研究中，从该企业前职工的总体中随机选取了 200 人组成一个样本。在对其进行访问时，有 40 人说他们离开该企业是由于同管理人员不能融洽相处。试对由于这种原因而离开该企业的人员的真正比例构造 95%的置信区间。

$n=200, F(t)=95\%$，查概率表得 $t=1.96$。

样本比例：$$p=\frac{40}{200}=0.2$$

抽样平均误差：$$\mu_p=\sqrt{\frac{p(1-p)}{n}}=\sqrt{\frac{0.2\times(1-0.2)}{200}}=0.028$$

抽样极限误差：$$\Delta_p=t\mu_p=1.96\times0.028=0.055$$

置信区间为

$$p\pm\Delta_p=(0.2-0.055, 0.2+0.055)=(0.145, 0.255)$$

这表明，该企业职工由于同管理人员不能融洽相处而离开的比例在 14.5%～25.5%之间，做这种估计的可信度为 95%。

（二）分层抽样

例 7-10　对某地区甲、乙、丙三个社区进行人口文化程度的调查，现按

10%的比例不重复地从各社区抽取人口，调查得出有关资料如下（见表 7-11）。试在 95.45%的概率保证程度下估计：

（1）该地区人口平均受教育年数的可能范围；

（2）该地区人口文盲率的可能范围。

表 7-11　某地区甲、乙、丙三个社区的人口文化程度

社区	抽样人数/人	平均受教育年数/年	文盲率/(%)	受教育年数标准差/年
甲	5000	10.0	12.4	2.0
乙	3000	9.5	13.2	1.8
丙	2000	10.5	11.3	2.1
合计	10 000	—	—	—

已知 $N=10\ 000\div 10\%=100\ 000, n=10\ 000, F(t)=95.45\%, t=2$。

（1）该地区人口平均受教育年数的估计区间：

$$\bar{x}=\frac{\sum \overline{x_i}}{n}=\frac{10\times 5000+9.5\times 3000+10.5\times 2000}{10\ 000}\text{年}$$

$$=\frac{99\ 500}{10\ 000}\text{年}=9.95\text{年}$$

$$\overline{S^2}=\frac{\sum S_i^2 n_i}{n}=\frac{2^2\times 5000+1.8^2\times 3000+2.1^2\times 2000}{10\ 000}$$

$$=\frac{38\ 540}{10\ 000}=3.85$$

$$\mu_x=\sqrt{\frac{\overline{S^2}}{n}\left(1-\frac{n}{N}\right)}=\sqrt{\frac{3.85}{10\ 000}\left(1-\frac{10\ 000}{100\ 000}\right)}\text{年}=0.019\text{年}$$

$$\bar{x}-t\mu_x\leqslant \overline{X}\leqslant \bar{x}+t\mu_x$$

$$(9.95-2\times 0.019)\text{年}\leqslant \overline{X}\leqslant (9.95+2\times 0.019)\text{年}$$

$$9.91\text{年}\leqslant \overline{X}\leqslant 9.99\text{年}$$

这表明，有 95.45%的把握程度认为该地区人口平均受教育年数在 9.91～9.99 年的范围内。

（2）该地区人口文盲率的估计区间：

$$p=\frac{\sum p_i n_i}{n}=\frac{0.124\times 5000+0.132\times 3000+0.113\times 2000}{10\ 000}$$

$$=\frac{1242}{10\ 000}=0.1242\text{ 或 }12.42\%$$

$$\overline{p(1-p)}=\frac{\sum p_i(1-p_i)n_i}{n}$$

$$=\frac{0.124\times(1-0.124)\times5000+0.132\times(1-0.132)\times3000+0.113\times(1-0.113)\times2000}{10\ 000}$$

$$=\frac{1087.31}{10\ 000}=0.1087$$

$$\mu_p=\sqrt{\frac{\overline{p(1-p)}}{n}\left(1-\frac{n}{N}\right)}=\sqrt{\frac{0.1087}{10\ 000}\times\left(1-\frac{10\ 000}{100\ 000}\right)}$$

$$=0.003\ 13\quad 或\quad 0.313\%$$

$$0.1242-2\times0.003\ 13\leqslant P\leqslant0.1242+2\times0.003\ 13$$

$$11.79\%\leqslant P\leqslant13.05\%$$

这表明，有 95.45%的把握程度认为该地区人口文盲率在 11.79%～13.05%的范围内。

（三）系统抽样

1. 按无关标志排队的等距抽样

例 7-11　某储蓄所 2009 年年末按定期存款账号进行等距抽样，每 10 户抽 1 户进行调查，获得如下统计数据（见表 7-12）。试以 95%的把握程度估计：

（1）每户平均存款额的可能范围；

（2）存款额在 1 万元以上的户数所占比重的可能范围。

表 7-12　某储蓄所 2009 年年末定期存款额和方差计算表

存款金额/元	组中值 x/元	户数 f/户	xf	x^2f
5000 以下	2500	20	50 000	125 000 000
5000～8000	6500	300	1 950 000	12 675 000 000
8000～10 000	9000	100	900 000	8 100 000 000
10 000～30 000	20 000	50	1 000 000	20 000 000 000
30 000～50 000	40 000	20	800 000	32 000 000 000
50 000 以上	60 000	10	600 000	36 000 000 000
合　计	—	500	5 300 000	108 900 000 000

（1）每户平均存款额的可能范围：

$$\bar{x}=\frac{\sum xf}{\sum f}=\frac{5\ 300\ 000}{500}元=10\ 600元$$

$$\overline{S^2}=\frac{\sum x^2 f}{\sum f}-\left(\frac{\sum xf}{\sum f}\right)^2=\frac{108\ 900\ 000\ 000}{500}-(10\ 600)^2$$

$$=217\ 800\ 000-112\ 360\ 000=105\ 440\ 000$$

$$\mu_x=\sqrt{\frac{\overline{S^2}}{n}\left(1-\frac{n}{N}\right)}=\sqrt{\frac{105\ 440\ 000}{500}\times(1-0.1)}\ 元=435.65\ 元$$

$$\bar{x}-t\mu_x\leqslant\overline{X}\leqslant\bar{x}+t\mu_x$$

$$(10\ 600-1.96\times 435.65)\ 元\leqslant\overline{X}\leqslant(10\ 600+1.96\times 435.65)\ 元$$

$$9746\ 元\leqslant\overline{X}\leqslant 11\ 454\ 元$$

（2）存款额在 1 万元以上的户数所占比重的可能范围：

$$p=\frac{50+20+10}{500}=0.16\ 或\ 16\%$$

$$p(1-p)=0.16\times(1-0.16)=0.1344$$

$$\mu_p=\sqrt{\frac{p(1-p)}{n}\left(1-\frac{n}{N}\right)}=\sqrt{\frac{0.1344}{500}\times(1-0.1)}=0.0156$$

$$0.16-1.96\times 0.0156\leqslant P\leqslant 0.16+1.96\times 0.0156$$

$$12.94\%\leqslant P\leqslant 19.06\%$$

以上结果表明，有 95%的可靠性估计全部储户平均存款额在 9746～11 454 元之间，存款额在 1 万元以上的户数所占比重在 12.94%～19.06%之间。

2. 按有关标志排队的等距抽样

例 7-12 假如有 12 块小麦地，每块 1 亩，如先按去年亩产量高低排队，它们分别为 300 千克、330 千克、330 千克、340 千克、370 千克、370 千克、420 千克、420 千克、450 千克、460 千克、490 千克、520 千克。若从 12 块小麦地中抽选出 4 块地进行调查，抽选间隔为$\frac{12}{4}=3$，也就是每隔 3 块地为一组别。在每一组别中抽一块地。试根据调查结果用概率 95.45%保证，估计小麦亩产量的可能范围（计算见表 7-13）。

表 7-13 有关标志排队等距抽样误差计算表

组别	排队序号	亩产量 x/千克	组平均亩产$\overline{x_i}$/千克	离差平方$(x-\overline{x_i})^2$
I	(1)	300	320	400
	(2)	*330		100
	(3)	330		100
	小计	960	—	600

续表

组别	排队序号	亩产量 x/千克	组平均亩产$\overline{x_i}$/千克	离差平方$(x-\overline{x_i})^2$
Ⅱ	(4)	340	360	400
	(5)	*370		100
	(6)	370		100
	小计	1080	—	600
Ⅲ	(7)	420	430	100
	(8)	*420		100
	(9)	450		400
	小计	1290	—	600
Ⅳ	(10)	460	490	900
	(11)	*490		0
	(12)	520		900
	小计	1470	—	1800

抽样间隔为3，若在第Ⅰ组别内抽中(2)号田块，然后每隔3号田块抽1块，即分别抽选(5)号、(8)号和(11)号田块。

$$\bar{x}=\frac{\sum\overline{x_i}}{n}=\frac{320+360+430+490}{4}\text{千克}=400\text{千克}$$

各组内方差　$$\sigma^2=\frac{\sum(x_i-\bar{x})^2}{N_i}$$

第Ⅰ组别的方差　$$\sigma_1^2=\frac{600}{3}=200$$

第Ⅱ组别的方差　$$\sigma_2^2=\frac{600}{3}=200$$

第Ⅲ组别的方差　$$\sigma_3^2=\frac{600}{3}=200$$

第Ⅳ组别的方差　$$\sigma_4^2=\frac{1800}{3}=600$$

平均组内方差

$$\overline{\sigma^2}=\frac{\sum\sigma_i^2N_i}{N}=\frac{200+200+200+600}{4}=\frac{1200}{4}=300$$

$$\mu_x=\sqrt{\frac{\overline{\sigma^2}}{n}\left(1-\frac{n}{N}\right)}=\sqrt{\frac{300}{4}\times\left(1-\frac{4}{12}\right)}\text{千克}=7.07\text{千克}$$

$$\bar{x} - t\mu_x \leqslant \bar{X} \leqslant \bar{x} + t\mu_x$$

$$(400 - 2 \times 7.07)\text{千克} \leqslant \bar{X} \leqslant (400 + 2 \times 7.07)\text{千克}$$

$$385.86\text{千克} \leqslant \bar{X} \leqslant 414.14\text{千克}$$

这表明，有95.45%的可靠性估计全部田块小麦平均亩产量在385.86～414.14千克之间。

(四) 整群抽样

例 7-13 某化肥厂昼夜连续生产，平均每分钟生产100袋化肥。现采用整群抽样方法，检查一昼夜每袋化肥重量和包装情况，每隔144分钟抽1分钟的袋装化肥进行检查，共抽10分钟的袋装化肥。检查完毕，样本群的统计数据如表7-14所示。试用概率为95.45%保证，推断所产全部化肥平均袋重和一等包装所占比重的可能范围。

表 7-14 整群抽样群间方差计算表

样本群序号	每群平均袋重$\overline{x_i}$/千克	$\overline{x_i^2}$	每群一等包装袋比重 p_i	p_i^2
1	48	2304	0.65	0.4225
2	50	2500	0.70	0.4900
3	51	2601	0.72	0.5184
4	52	2704	0.73	0.5329
5	49	2401	0.71	0.5041
6	48	2304	0.72	0.5184
7	49	2401	0.70	0.4900
8	47	2209	0.68	0.4624
9	49	2401	0.69	0.4761
10	52	2704	0.70	0.4900
合计	495	24 529	7.00	4.9048

(1) 平均袋重的可能范围：

$$\bar{x} = \frac{\sum \overline{x_i}}{r} = \frac{495}{10}\text{千克} = 49.5\text{千克}$$

$$\delta_x^2 = \frac{\sum \overline{x_i^2}}{r} - \left(\frac{\sum \overline{x_i}}{r}\right)^2 = \frac{24\ 529}{10} - \left(\frac{495}{10}\right)^2 = 2.65$$

$$\mu_x = \sqrt{\frac{\delta_x^2}{r}\left(1 - \frac{r}{R}\right)} = \sqrt{\frac{2.65}{10} \times \left(1 - \frac{10}{1440}\right)}\text{千克} = 0.513\text{千克}$$

$$\bar{x}-t\mu_x \leqslant \bar{X} \leqslant \bar{x}+t\mu_x$$

$$(49.5-2\times 0.513)\text{千克} \leqslant \bar{X} \leqslant (49.5+2\times 0.513)\text{千克}$$

$$48.47\text{千克} \leqslant \bar{X} \leqslant 50.53\text{千克}$$

（2）一等包装所占比重的可能范围：

$$p=\frac{\sum p_i}{r}=\frac{7.00}{10}=0.7\text{或}70\%$$

$$\delta_p^2=\frac{\sum p_i^2}{r}-\left(\frac{\sum p_i}{r}\right)^2=\frac{4.9048}{10}-\left(\frac{7.00}{10}\right)^2=0.000\,48$$

$$\mu_p=\sqrt{\frac{\delta_p^2}{r}\left(1-\frac{r}{R}\right)}=\sqrt{\frac{0.000\,48}{10}\times\left(1-\frac{10}{1440}\right)}=0.0069$$

$$p-t\mu_p \leqslant P \leqslant p+t\mu_p$$

$$0.7-2\times 0.0069 \leqslant P \leqslant 0.7+2\times 0.0069$$

$$68.62\% \leqslant P \leqslant 71.38\%$$

以上抽样调查结果表明，全部化肥平均每袋的重量在48.47～50.53千克之间，一等包装所占比重在68.62%～71.38%之间。做这种估计的可靠程度为95.45%。

总体平均数（或者成数）的区间估计的计算步骤如下：

（1）抽取样本后，计算样本平均数 $\bar{x}$（或者样本成数 p）；

（2）搜集总体方差 σ^2 的数据或计算样本方差 S^2 代替总体方差 σ^2；

（3）计算抽样平均误差 μ_x（或者 μ_p）；

（4）根据概率 $F(t)$ 确定 t，计算极限误差 Δ_x（或者 Δ_p）；

（5）确定总体平均数（或总体成数）的置信区间（$\bar{x}-\Delta$，$\bar{x}+\Delta$）。

一般说来，在样本容量一定时，精确度和可靠程度是相互矛盾的。可靠程度增加，置信区间必然增大，精确度就降低；若精确度提高，则置信区间缩小，可靠程度必然减小。要同时提高可靠程度和精确度，可以通过增加样本容量实现。

第五节　必要样本容量的确定

一、抽样数目确定的必要性

样本容量是指样本中含有的总体单位数。样本容量的多少，与抽样误差的大小及调查费用的多少都有直接的关系。如果样本容量过大，虽然抽样误差很小，但调查工作量增大，耗费的时间和经费太多，体现不出抽样调查的优越性。反之，如果样本容量太小，虽然耗费少，但抽样误差太大，抽样推断就会失去价值。因此，必要样本容量的确定在抽样设计中十分重要。

1. 样本容量影响抽样估计的精确度

抽样估计的精确度是指样本的统计量与其所代表的总体值的接近程度。调查结果相对于总体真实值的精确度与样本容量直接相关。若样本容量增大，抽样误差相对就会减小，估计精度就会提高；若样本容量太小，抽样误差就会增大，从而影响抽样估计的精确度。

2. 样本容量影响抽样调查的成本和效益

样本容量的设计通常受到研究经费及调查时间的限制。根据数理统计规律，样本容量呈直线递增（样本容量增加一倍，成本也增加一倍）的情况下，抽样误差只是呈样本容量相对增长速度的平方根递减。样本容量若过大，调查单位太多，不仅会增加人力、财力和物力的耗费，增加调查费用，而且还影响到抽样调查的时效性，从而不能充分发挥抽样调查的优越性。

因此，为节省调查费用，体现出抽样调查的优越性，在确定样本容量时，应在满足抽样调查对估计数据的精确度的前提下，尽量减少调查单位数，确保必要的抽样数目。

二、影响必要样本容量的主要因素

影响样本容量的因素是多方面的，在抽样调查总体、调查费用和调查时间既定的情况下，为确定最佳的样本容量，应首先分析影响样本容量的因素。从理论上说，影响样本容量的因素有以下几个方面。

1. 总体单位标志变异程度

总体单位标志变异程度一般用方差 σ^2 或成数方差 $P(1-P)$ 的大小来表示。在其他条件不变的情况下，为了达到同样的研究目的，总体单位标志值的变异程度越大，样本容量就应越大；反之，总体单位标志值的变异程度越小，则样本容量就应越小。二者成正比关系。

2. 抽样极限误差

抽样极限误差又叫允许误差，是指在一定的把握程度下保证样本指标与总体指标之间的抽样误差不超过某一给定的最大可能范围。在抽样推断中，需要把这个误差控制在一定的范围之内。抽样平均数极限误差一般用 $\Delta_{\bar{x}}$ 表示，抽

样成数极限误差用 Δ_p 表示。在其他条件不变的前提下，所允许的抽样极限误差越小，即抽样估计的精确度要求越高，样本容量应越大；所允许的抽样极限误差越大，所需的样本容量就越小。二者成反比关系。

3. 抽样推断的可靠度

抽样推断的可靠度是指总体所有可能样本的指标落在一定区间的概率度，即允许误差范围的概率保证程度。概率度用 $Z_{\alpha/2}$ 表示，即置信水平 $1-\alpha$ 的统计量，一般简写为 t。在其他条件不变的情况下，抽样估计所要求的可靠程度越高，即概率保证程度越高，要求样本含有的总体信息就越多，只有增加样本容量才能满足高精确度的要求；反之，概率保证程度越低，所需的样本容量就越小。二者成正比关系。

4. 抽样类型和方法

概率抽样的主要类型有简单随机抽样、系统随机抽样、分层随机抽样、整群随机抽样、多阶段随机抽样等。在简单随机抽样中，根据同一单位是否允许重复抽取方式的不同，抽样方法可分为重复抽样和不重复抽样。由于在同样的条件下，不同的抽样方式会产生不同的抽样误差，因此，样本容量也应有所不同。

一般来说，分层随机抽样和系统随机抽样的样本容量可定得小些，若用简单随机抽样和整群随机抽样方式，抽样的样本容量就要定得大些。至于抽样方法，由于不重复抽样的误差小于重复抽样的误差，因此，不重复抽样的样本容量可比重复抽样的样本容量小些。

三、不同抽样组织形式下的样本容量确定

从上述分析中可以看出，影响样本容量的因素是多方面的，但必要样本容量是根据抽样误差、抽样极限误差和概率度推算出来的，在不同抽样方式下，计算公式有所差异。

（一）简单随机抽样

简单随机抽样分为重复简单抽样和不重复简单抽样，因此，简单随机抽样的样本容量计算公式包括以下两种。

1. 重复抽样条件下

推断总体平均数所需要的抽样数目：

$$n_x = \frac{t^2\sigma^2}{\Delta_x^2}$$

推断总体成数所需要的抽样数目：

$$n_p = \frac{t^2 P(1-P)}{\Delta_p^2}$$

2. 不重复抽样条件下

推断总体平均数所需要的抽样数目：

$$n_x = \frac{Nt^2\sigma^2}{N\Delta_x^2 + t^2\sigma^2}$$

推断总体成数所需要的抽样数目：

$$n_p = \frac{Nt^2 P(1-P)}{N\Delta_p^2 + t^2 P(1-P)}$$

（二）分层抽样

对于分层抽样，在总的样本量一定时，一个重要的问题是各层应该分配多少样本量。在实际工作中有不同的分配方法，可以对各层进行常数分配，也可以按各层单位数占总体单位数的比例分配，还可以采用在总费用一定条件下使估计量方差达到最小的最优分配等，其中等比例分配是较为常用的方法。

分层抽样是对每一组抽样，不存在样本组间误差，抽样平均误差取决于各组内方差的平均水平，即以各组样本单位数为权数，计算各组内方差的平均数。

1. 重复抽样条件下

推断总体平均数所需要的抽样数目：

$$n_x = \frac{t^2\,\overline{\sigma^2}}{\Delta_x^2}$$

推断总体成数所需要的抽样数目：

$$n_p = \frac{t^2\,\overline{P(1-P)}}{\Delta_p^2}$$

2. 不重复抽样条件下

推断总体平均数所需要的抽样数目：

$$n_x = \frac{Nt^2\,\overline{\sigma^2}}{N\Delta_x^2 + t^2\,\overline{\sigma^2}}$$

推断总体成数所需要的抽样数目：

$$n_p = \frac{Nt^2\,\overline{P(1-P)}}{N\Delta_p^2 + t^2\,\overline{P(1-P)}}$$

3. 各层样本量的确定

当样本容量 n 确定之后，各层应抽取的样本单位数可采用等比例法进行分配，计算公式为 $n_i = \dfrac{nN_i}{N}$。

（三）系统抽样

如果对总体采用按无关标志排队的等距抽样，则可采用简单随机抽样的公式计算等距抽样的样本容量。等距抽样一般都是不重复抽样，应采用在不重复抽样条件下的样本容量的计算公式，即

$$n_x = \frac{Nt^2\sigma^2}{N\Delta_x^2 + t^2\sigma^2}, \quad n_p = \frac{Nt^2P(1-P)}{N\Delta_p^2 + t^2P(1-P)}$$

如果对总体采用按有关标志排队的等距抽样，则可采用分层不重复抽样的样本容量公式计算样本容量，计算公式为

$$n_x = \frac{Nt^2\ \overline{\sigma^2}}{N\Delta_x^2 + t^2\ \overline{\sigma^2}}, \quad n_p = \frac{Nt^2\ \overline{P(1-P)}}{N\Delta_p^2 + t^2\ \overline{P(1-P)}}$$

（四）整群抽样

整群抽样一般是不重复抽样，故应按不重复抽样计算必要的抽样数目。其样本容量计算公式为

$$r_x = \frac{Rt^2\delta_x^2}{R\Delta_x^2 + t^2\delta_x^2}, \quad r_p = \frac{Rt^2\delta_p^2}{R\Delta_p^2 + t^2\delta_p^2}$$

四、必要抽样数目的计算实例

（一）简单随机抽样

例 7-14　一家广告公司想估计某类商店去年所花的平均广告费用有多少。经验表明，总体方差约为 1 800 000 元。如果置信度取 95%，并要使估计处在总体平均值附近 500 元的范围内，这家广告公司应抽多大的样本？

已知 $\sigma^2 = 1\ 800\ 000$ 元，$F(t) = 0.95$，$t = 1.96$，$\Delta = 500$ 元。

应抽取的样本容量为

$$n = \frac{t^2\sigma^2}{\Delta^2} = \frac{(1.96)^2 \times (1\ 800\ 000)}{500^2} = 27.66 \approx 28$$

例 7-15　一家市场调研公司想估计某地区有电脑的家庭所占的比例。该公司希望对比例 P 的估计误差不超过 0.05，要求的可靠程度为 95%，应抽多大容量的样本（没有可利用的 P 估计值）？

已知 $\Delta = 0.05$，$F(t) = 0.95$，$t = 1.96$，当 P 未知时用 0.5 代替。

应抽取的样本容量为

$$n = \frac{t^2P(1-P)}{\Delta^2} = \frac{(1.96)^2 \times (0.5) \times (1-0.5)}{(0.05)^2} \approx 385$$

（二）分层抽样

例 7-16　对某地已经成熟即将收获的粮食，按类型等比例重复和不重复抽样方法，要求在 95.45%的保证下，粮食单产的允许误差不超过 5 千克，受灾面积所占比重的允许误差不超过 1%，抽取必要的抽样数目。有关的历史统计数据如表 7-15 所示。

表 7-15　某地粮食的播种面积和相关资料

按地势分类	播种面积/亩	标准差/克	受灾面积/亩
山地	2400	60	120
平原	1600	36	40
合计	4000	—	160

重复抽样条件下，有

$$n_x = \frac{t^2\ \overline{\sigma^2}}{\Delta_x^2} = \frac{2^2 \times 2678.4}{5^2}\text{ 亩} = 429\text{ 亩}$$

其中，

$$\overline{\sigma^2} = \frac{60^2 \times 2400 + 36^2 \times 1600}{4000} = \frac{10\ 713\ 600}{4000} = 2678.4$$

$$n_p = \frac{t^2\ \overline{P(1-P)}}{\Delta_p^2} = \frac{2^2 \times 0.03825}{0.01^2}\text{ 亩} = \frac{0.153}{0.0001}\text{ 亩} = 1530\text{ 亩}$$

其中，

$$\overline{P(1-P)} = \frac{\frac{120}{2400}\times\left(1-\frac{120}{2400}\right)\times 2400 + \frac{40}{1600}\left(1-\frac{40}{1600}\right)\times 1600}{4000}$$

$$= \frac{114+39}{4000} = 0.038\ 25$$

不重复抽样条件下，有

$$n_x = \frac{Nt^2\ \overline{\sigma^2}}{N\Delta_x^2 + t^2\ \overline{\sigma^2}} = \frac{4000 \times 2^2 \times 2678.4}{4000 \times 5^2 + 2^2 \times 2678.4}\text{ 亩} = \frac{42\ 854\ 400}{110\ 713.6}\text{ 亩} = 388\text{ 亩}$$

$$n_p = \frac{Nt^2\ \overline{P(1-P)}}{N\Delta_p^2 + t^2\ \overline{P(1-P)}} = \frac{4000 \times 2^2 \times 0.038\ 25}{4000 \times 0.01^2 + 2^2 \times 0.038\ 25}\text{ 亩}$$

$$= \frac{612}{0.553}\text{ 亩} = 1107\text{ 亩}$$

（三）系统抽样

例 7-17　某市自学考生 1 万人，要按准考证号码的顺序随机抽取一部分考生调查统计学考试的平均成绩和及格率。若保证概率为 99.73%，平均成绩的标准差为 10 分，允许误差不超过 3 分；及格率的方差为 22.75%，允许误差不超过 10%。请问用等距抽样分布应抽多少考生调查比较合适?

此题为无关标志排队的系统抽样。

$$n_x = \frac{Nt^2\sigma^2}{N\Delta_x^2 + t^2\sigma^2} = \frac{10000 \times 3^2 \times 10^2}{10000 \times 3^2 + 3^2 \times 10^2}\text{人} = \frac{9\ 000\ 000}{90\ 900}\text{人} = 99\text{ 人}$$

$$n_p = \frac{Nt^2P(1-P)}{N\Delta_p^2 + t^2P(1-P)} = \frac{10000 \times 3^2 \times 0.2275}{10000 \times 0.10^2 + 3^2 \times 0.2275}\text{人}$$

$$= \frac{20475}{102.0475}\text{人} = 201\text{ 人}$$

(四)整群抽样

例 7-18　某公司库存 1000 箱苹果(每箱数量基本相同),现决定采用整群抽样方式对苹果的完好率和平均每箱重量进行调查。完好率的群间方差为 5%,允许误差不超过 10%,平均箱重的群间方差为 0.5 千克,允许误差不超过 0.5 千克,试按 95.45%的概率计算应抽取多少箱苹果进行开箱检验才能满足需要。

已知 $R=1000$ 箱,$\delta_p^2=5\%$,$\Delta_p=10\%$,$\delta_x^2=0.5$ 千克,$\Delta_x=0.5$ 千克,$F(t)=95.45\%$,$t=2$。

$$r_x = \frac{Rt^2\delta_x^2}{R\Delta_x^2 + t^2\delta_x^2} = \frac{1000 \times 2^2 \times 0.5}{1000 \times 0.5^2 + 2^2 \times 0.5}\text{箱} = \frac{2000}{252}\text{箱} = 8\text{ 箱}$$

$$r_p = \frac{Rt^2\delta_p^2}{R\Delta_p^2 + t^2\delta_p^2} = \frac{1000 \times 2^2 \times 0.05}{1000 \times 0.1^2 + 2^2 \times 0.05}\text{箱} = \frac{200}{10.2}\text{箱} = 20\text{ 箱}$$

五、确定样本容量的相关问题

1. 有关总体方差的问题

样本容量的确定是在调查之前进行的,这样总体方差(或样本方差)一般是未知的,在实际工作中往往利用有关资料代替。如果在本次调查之前,曾搞过同类问题的全面调查,可用全面调查的有关资料代替;在进行正式调查之前,组织两次或两次以上试验性抽样,用试验样本的方差来代替;成数方差在完全缺乏资料的情况下,可用成数方差的极大值 0.25($P=0.5$)来代替。

2. 一次调查满足多项需要

应用公式计算的样本容量是最小的,也是最必要的样本容量。有时在进行抽样调查时,一次调查要同时满足平均数和成数两个方面的需要,然而根据样本容量计算公式得出的必要样本容量可能不相等。为了同时满足两个推断的要求,一般应选用其中较大的样本单位数作为样本容量。

3. 确定样本容量的经验法则

在抽样调查中，除利用公式来计算样本容量外，还有一种常用的方法，即采用经验法则。经验法则是建立在过去抽取满足统计方法要求的样本量所累积下来的经验。使用这个方法时很少需要统计方法知识，但是得出的样本大小很接近统计方法计算出的结果。在采用经验法则时，有关样本量大小的一项原则是：总体越小，要得到精确样本，即有较高概率得出与总体相同结果的样本，抽样比率就要越大。较大的总体能够使较小的抽样得出同样好的样本。这是因为随着总体单位个数的增多，样本大小的精确性会随之提高。

对于规模较小的总体（1000 个单位以下），为有较高的精确度，研究者需要比较大的抽样比率（大约 30%），这时需要大约 300 个样本；对于中等规模的总体（如 10 000 个单位），要达到同样的精确度，抽样比率为 10%或大约 1000 个样本量就可以了；就大规模的总体（超过 150 000 个单位）而言，抽样比率为 1%或大约 1500 个样本量就能得出正确的结果。如果是非常大的总体（超过 1000 万个单位），研究者可以使用 0.025%抽样比率或者大约 2500 个样本量，就能够得出精确的结果。当抽样比率非常小时，总体大小的影响力就不那么重要了。从 2 亿总体中抽取一个 2500 左右的样本，与从 1000 万总体中抽出同样规模的样本，它们的精确程度是完全相同的。

(1) 当成数有多个时，用接近 0.5 的成数。

(2) 当重复抽样和不重复抽样的抽样数目不相等时，选较大的抽样数目。

(3) 当用平均数和成数得到的抽样数目不相等时，选较大的抽样数目。

(4) 用上面公式计算的样本容量是最小的，也是最必要的样本容量。

思考与练习

一、思考题

1. 何谓抽样调查？与其他调查方式相比，它有什么特点？
2. 抽样调查有些什么作用？
3. 简述抽样推断的理论基础。
4. 统计误差有哪些？抽样误差属于统计误差的哪一种？
5. 简述抽样平均误差的概念。
6. 怎样理解抽样极限误差的概念？

7. 简述影响抽样平均误差大小的主要因素。

8. 简述抽样估计的优良标准。

9. 影响必要抽样数目多少的主要因素有哪些?

二、练习题

1. 从某地稻田中随机抽取 30 亩,测得亩产的标准差为 25 千克,试计算亩产的抽样平均误差。

2. 在 500 个抽样产品中,有 95%的一级品,试计算抽样平均误差。

3. 一批产品共有 60 000 件,随机不重复抽查 300 件,发现 6 件不合格,试计算该批产品合格率的抽样平均误差。

4. 某大学有 8500 名学生,采用简单随机重复和不重复抽样方法从中抽取 10%的学生,调查其每月生活费用支出情况。抽样结果显示:学生平均每人每月生活费用支出 480 元,标准差为 80 元,生活费用支出在 700 元以上的学生占全部学生的 20%。试求抽样平均误差 μ_x 和 μ_p。

5. 从某县农民家庭中随机抽取 100 户调查其年收入情况。农民家庭按年人均纯收入额分组资料如下所示。

按人均收入分组/元	农户数/户
9000 以下	3
9000～10 000	7
10 000～11 000	28
11 000～12 000	32
12 000～13 000	20
13 000 以上	10
合　　计	100

计算农民家庭户的人均收入和人均收入在 12 000 元以上户数所占比重的抽样平均误差。

6. 某县对本县某种农作物的产量做了一次类型等比例抽样调查。调查资料整理结果如下表所示。

按地势分组	播种面积/公顷	抽样面积/公顷	单位面积产量/(千克/公顷)	标准差/千克	良种面积所占比重/(%)
平原	2400	24	6000	60	92
山区	1600	16	2400	120	65

续表

按地势分组	播种面积/公顷	抽样面积/公顷	单位面积产量/(千克/公顷)	标准差/千克	良种面积所占比重/(%)
丘陵	800	8	3600	95	80
合　计	4800	48	—	—	—

(1) 计算抽样平均亩产量、良种面积所占的平均比重。

(2) 计算平均亩产量和良种面积所占比重的抽样平均误差。

7. 某流水线生产一种零件毛坯，为了随时了解产品质量，进行质量控制，确定每天需抽取 40 件进行检验。该生产线每天运行 8 小时，即 480 分钟，平均每分钟生产一件。为了使样本均匀分布，确定每 12 分钟抽取 1 件。如第一件产品在第 6 分钟抽取，则第二件产品在第 18 分钟抽取，以此类推，所得样本资料如下表所示。

零件长度/厘米	44.8	44.9	45.0	45.1	45.2	合计
抽检单位数/件	2	5	28	4	1	40

计算：

(1) 样本平均长度；

(2) 零件平均长度的抽样平均误差。

8. 调查某社区居民住户电脑拥有量的情况。如果该社区共有 95 幢楼，按随机原则抽出 20 幢楼，对全部住户进行调查得知，平均每户居民拥有电脑0.4 台，拥有电脑住户的比率为 12%，每户拥有电脑的群间方差为 0.06 台，拥有电脑住户比率的群间方差为 2%。计算抽样平均误差 μ_x 和 μ_p。

9. 某公司生产一种茶叶，规定每包的规格重量不得低于 150 克，现在从其产品中随机不重复抽取 1%进行检验，获资料如下所示。

每包重量/克	包数/包
148～149	10
149～150	20
150～151	50
151～152	20
合　计	100

以 99.73%的概率估计：

(1) 这批茶叶平均每包重量的可能范围；

(2) 这批茶叶包装的合格率的可能范围。

10. 随机抽取某地 400 户家庭作为样本进行调查,80 户有一台及一台以上彩色电视机,试以 99.73%的概率估计该地有一台及一台以上彩色电视机的家庭所占比重的可能范围。

11. 某企业有职工 10 万人,其中工人 6 万人,其他人员 4 万人,现从中抽取 500 人调查收入的有关情况,得资料如下:

年收入/万元	工人数/人	其他人员数/人
4.20 以下	55	30
4.20～4.50	160	100
4.50～4.80	85	70
合　计	300	200

要求在 95.45%的概率保证下估计:

(1) 全体职工年平均收入的范围;

(2) 全体职工中年收入在 45 000 元以上的职工所占比重的范围。

12. 对某煤球厂生产的蜂窝煤 1800 箱(每箱 24 块)按出产顺序每 50 箱抽 1 箱产品做重量检验,所得资料如下:

平均每块重量/克	抽样箱数/箱
500～540	3
540～580	5
580～620	6
620～660	10
660～700	7
700～740	5
合　计	36

若蜂窝煤平均每块重 600 克以上才符合规定标准,试根据资料,按 95%的概率判定这批蜂窝煤是否达到规定标准。

13. 对某机床加工的零件,在一天 24 小时内,每小时检查最后 10 分钟生产的全部产品,检查结果合格率为 90%,已知群间方差为 0.05。试以 95.45%的把握程度推断全天加工的零件合格率的范围。

14. 某灯泡厂产品合格率通常为 95%～98%,现对该厂生产的 60 000 只灯泡做质量检测,若给定概率为 95.45%,允许误差不超过 2%,在不重复抽样的条件下，应该抽取多少只灯泡进行检测？

15. 某高校有学生 10 000 人，按性别分组，男生 4800 人，女生 5200 人，然后按等比例抽取学生调查学生平均每月支出情况。调查的有关统计数据如下所示。

按性别分组	抽样平均支出额 $\bar{x}_i$/元	平均支出额标准差 S_i/元	支出额超过 500 元以上所占比重/(%)
男生	610	130	12
女生	580	160	8

如果以 95.45% 的概率保证允许误差 $\Delta_x \leqslant 20$ 元，$\Delta_p \leqslant 4\%$，应抽多少学生调查比较合适？如果按 48∶52 的比例，男、女生各抽多少比较合适？

16. 某林区划分为 1000 群区，各群区面积相同，按估计该林区木材蓄积量的群间方差为 10.2 m^3，现在在允许误差为 1.05 m^3、概率保证程度为 95.45% 的条件下，确定抽样的样本群数。

17. 一家广告公司想估计某类商店去年所花的平均广告费有多少。经验表明，总体方差约为 180 万元，如保证概率为 95%，并要使估计值处在总体均值附近 500 元的范围内，这家广告公司应抽取多少单位组成样本？

18. 电视广告称某种新药的总有效率达 99%，今要检验该广告的可靠性，在给定概率为 99.73%、允许误差不超过 1% 的条件下，应选取多少个患者使用该种新药？

19. 在简单随机抽样的条件下，如果允许误差减少到原来的 1/2，其他条件不变，抽样单位数将如何变化？

20. 在简单随机抽样的条件下，若抽样单位数增加 3 倍或减少 50%，抽样平均误差将怎样变化？

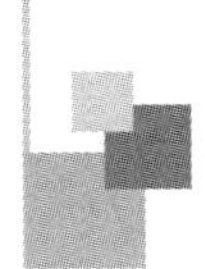

第八章　相关与回归预测

[案例]

某工业部门进行一项研究，分析该部门的产品产量与生产费用之间的关系，现从该工业部门内随机抽选了10个企业作为样本，调查数据如表8-1所示。

表8-1　10个企业产品产量与生产费用表

企业编号	产量/万件	生产费用/万元
1	40	150
2	42	140
3	48	160
4	55	170
5	65	150
6	79	162
7	88	185
8	100	165
9	120	190
10	140	185

根据以上资料回答以下问题。

(1) 产品产量与生产费用之间显然存在一定的关系，那么两者之间是什么依存关系，密切程度如何？

(2) 如何建立数学模型来描述产品产量与生产费用之间的关系？

(3) 根据表8-1提供的样本数据所建立的模型是否有效？

(4) 假定产品产量为160万件，如何预测其生产费用？

本章将围绕上述问题讨论相关与回归预测的基本原理和方法。

相关与回归分析是研究事物的相互关系，测定它们联系的密切程度，揭示其变化的具体形式和规律性的一种统计分析方法，是构造各种经济模型，进行结构分析、政策评价、预测和控制的重要工具。

第一节　相关分析的一般问题

一、相关关系的概念与特点

（一）相关关系的概念

客观世界中的许多事物之间都存在着相互影响、相互制约、相互关联的关系。客观现象尤其是经济现象之间的这种联系，都可以通过一定的数量形式反映出来。通过对各种联系进一步分析，可发现变量之间的关系分为两大类，即函数关系和相关关系。

1. 函数关系

函数关系是指现象之间存在的确定性的数量依存关系。在这种关系中，当某一变量或某些变量取任意一个值时，另一变量都会有一个确定值与之相对应，并且这种对应关系一般可用一个数学表达式 $y=f(x)$ 来反映。现实世界中，这样的函数关系是普遍存在的。例如，圆的面积 S 与半径 R 之间的关系可用公式 $S=\pi R^2$ 来表示。又如，对于商品销售额，当商品价格 p 不变时，销售额 y 与销售量 x 之间具有一一对应的确定关系 $y=px$。以上这些都是函数关系。

2. 相关关系

相关关系是指现象之间客观存在的、关系不确定的相互依存关系，即在两个变量（或多个变量）之间，虽不存在严格的数量关系，但彼此存在着相互伴随的变动关系，并且在数量上表现为非确定性的对应关系。例如，商品销售额与商品流通费之间的关系。一般来说，商品销售额增加，商品流通费便要相应增加；反之，就要相应减少。但是，商品销售额与商品流通费之间不存在一一对应的确定性关系。因为商品流通费的支付不仅与商品销售数量有关，而且与商品性质、运价、运输里程、运输方式、广告宣传、经营管理等诸多因素有关。在商品销售额相同的情况下，各企业支付的流通费用有高有低。再如，子女的身高同父母的身高有很大关系，但父母的身高并不能唯一确定子女的身高，还有其他偶然因素也会影响子女的身高。案例中产品产量与生产费用之间也是一种相关关系，生产费用除了受产品产量影响之外，还与企业的管理水平、原材料的市场价格等因素有关，在产品产量相同的情况下，生产费用也可能不同。

（二）相关关系的特点

1. 现象之间确实存在着数量上的依存关系

如果一个现象发生数量上的变化，则另一个现象也会相应发生数量上的变化。例如：身高较高的人，一般体重也较重；当产品产量增加时，一般生产费用也会相应增加。在相互依存的两个变量中，作为根据的变量叫自变量，一般用 x 表示；发生对应变化的变量叫因变量，一般用 y 表示。例如，在分析商品销售额与商品流通费之间的关系时，一般将商品销售额作为自变量，商品流通费作为因变量。又如，研究产品产量和生产费用之间的关系时，将产品产量作为自变量，生产费用作为因变量。有时候，两个变量是可以互为根据的。例如，身高是体重的依据，反过来也可以说体重是身高的依据。在这种情况下，要根据研究目的来确定谁是自变量，谁是因变量。

2. 现象之间数量上的关系不是完全确定的

相关关系属于变量之间的一种不完全确定关系，即一个变量虽然受另一个变量的影响，但并不完全由这一个变量决定。例如，商品价格与商品需求量之间存在着数量变动关系，价格升高，需求量一般会减少，但在价格相同的情况下未必有相同的商品需求量，一般会有多个不同的需求量数值。这是因为商品价格不是决定商品需求量的唯一因素，商品需求量还受消费者收入状况、消费习惯、地区差异、替代品和互补品的价格变化、季节变化等众多因素的影响。

尽管对于同一个自变量值，因变量的取值不确定，但这些取值会在一定范围内波动，通过大量观察，仍然可以掌握现象之间的内在变化规律。因此，统计研究必须探寻客观现象之间是否存在这种依存关系，关系的密切程度如何，是什么样的变化规律。

二、相关关系的种类

现象之间的相关关系多种多样，根据相关关系涉及变量的多少、表现形式、变化的方向及相关的程度，相关关系分为以下几类。

（一）单相关和复相关

相关关系按其所涉及变量的多少，可分为单相关和复相关。

两个变量之间的相关关系称作单相关（也叫一元相关），它是最简单、最基本的相关关系，所以又称简单相关。例如，身高与体重、施肥量与亩产量、生产费用与产品产量之间的关系都是单相关。

两个以上变量之间的相关关系称作复相关(也叫多元相关),它是研究一个变量与两个或两个以上变量之间的相关关系。例如,储蓄存款与居民货币收入及储蓄利率之间的关系,资金周转速度、流通费用、销售量、销售价格与销售利润之间的关系都是复相关。

（二）线性相关和非线性相关

相关关系按其表现形式不同,可分为线性相关和非线性相关。

在直角坐标系中,如果相关关系近似地表现为一条直线,则称作线性相关,也叫直线相关,如图 8-1 和图 8-2 所示。

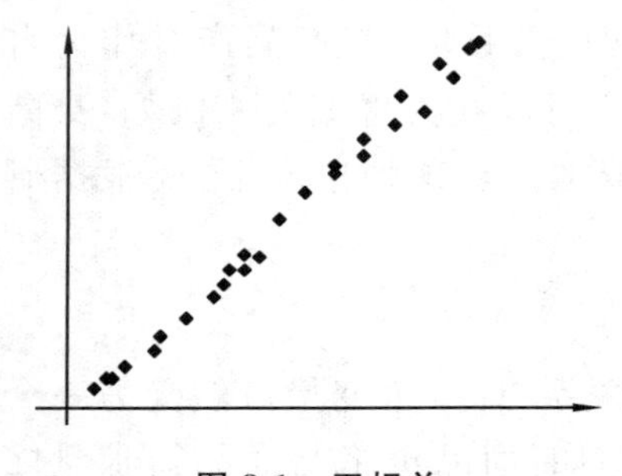

图 8-1 正相关

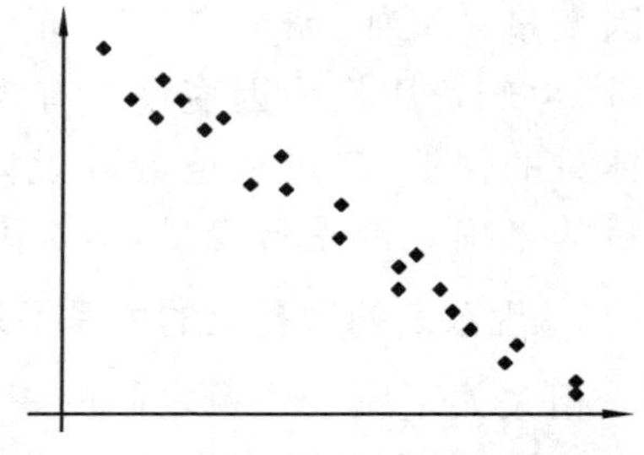

图 8-2 负相关

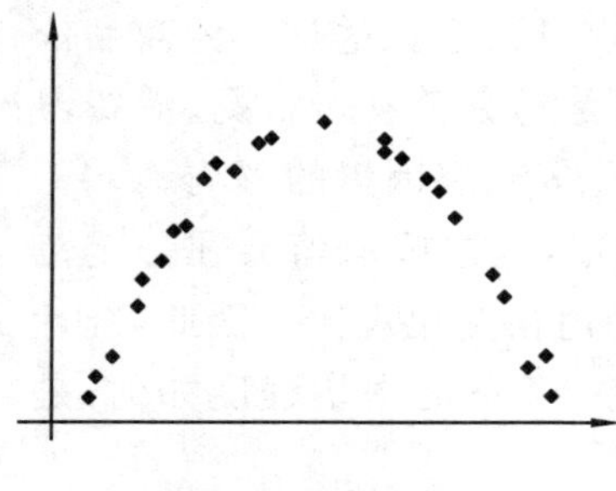

图 8-3 曲线相关

如果相关关系近似地表现为一条曲线,则称作非线性相关,也叫曲线相关,如图 8-3 所示。

（三）正相关和负相关

相关关系按其变化的方向,可分为正相关和负相关。

在线性相关中,如果两个变量呈同向变化,即当一个变量增大(或减小)时,另一个变量也随之增大(或减小),则称作正相关,如图 8-1 所示。

如果两个变量呈反向变化,即当一个变量增大(或减小)时,另一个变量随之减小(或增大),则称作负相关,如图 8-2 所示。

（四）完全相关、不完全相关和不相关

相关关系按其相关的程度,可分为完全相关、不完全相关和不相关。

如果一个变量的取值完全依赖于另一个变量,各散点落在一条线上,则称作完全相关,实际上就是函数关系。

如果两个变量之间彼此互不影响，其数量变化各自独立，两个变量的散点很分散，无任何规律，则称作不相关，如图 8-4 所示。

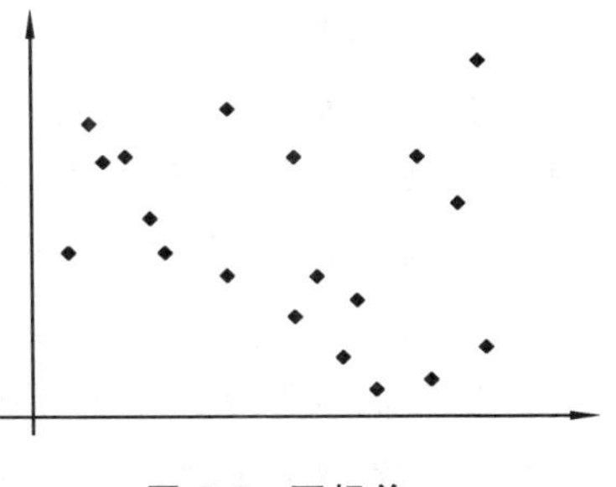

图 8-4　不相关

如果两个变量的关系介于完全相关和不相关之间，则称作不完全相关。

完全相关和不相关的数量关系是确定的或是相互独立的，因此，统计学中相关分析的研究对象主要是不完全相关。

三、相关分析的内容

相关分析是对客观现象之间存在的相关关系进行分析研究的一种统计方法。其主要目的是对现象间的相关关系的密切程度和变化规律进行定量和定性分析，为进一步回归分析提供依据。相关分析的主要内容如下。

(1) 判定现象之间有无相关关系。只有确定现象之间存在相关关系，才有必要采用相关分析的方法去研究。否则就会得出错误的分析结论。

(2) 判定相关关系的表现形式。只有确定了变量之间相关关系的具体表现形式，才能运用相关分析的方法进一步研究相关的密切程度。

(3) 判定相关关系的密切程度和方向。变量之间的相关关系是一种不严格的数量关系，相关分析就是要从这种松散的数量关系中，判定其相关关系的密切程度和方向。

第二节　相关关系的判断与分析

要进行相关分析，首先要判断现象之间有没有相关关系和具有什么样的相关关系。相关分析是定性分析和定量分析的结合，一般先对现象之间的关系做直观判断，然后再进行相应的定量分析。直观判断的方法主要有两种：一是运用理论知识、专业知识及实际经验对现象之间存在的关系做定性的判断；二是利用相关表和相关图对现象之间存在的相关关系的方向、形式及密切程度做出大致的判断。定量分析则主要是计算相关系数。

一、相关表和相关图

进行相关分析，首先要判断现象之间是否存在相关关系。通过制作相关表和相关图，我们可以初步直观地判断现象之间有无相关关系及相关关系的类型。

（一）相关表

相关表是一种统计表。它是直接根据现象之间的原始材料，将被研究现象的观察值对应排列形成的统计表。

在相关表中，如果观测值的分布呈现出一定的规律性，则表明现象之间存在相关关系。如随着一个变量的增加或减小，另一个变量大致以某一固定速率或数量增加或减小，就可以初步判断现象之间存在相关关系。如果两个变量的观测值不表现任何规律性，就可以判断现象之间不存在相关关系。

相关表分为简单相关表和分组相关表。

1. 简单相关表

将某一变量按其取值的大小排列，然后再将与其相关的另一变量的对应值平行排列，便可得到简单相关表。

例 8-1　为研究分析某企业生产甲产品的产量与单位成本的关系，现统计 2011 年 1 月份至 12 月份生产甲产品的产量与单位成本的原始数据，如表 8-2 所示。

表 8-2　某企业生产甲产品的产量与单位成本

月份	产量/吨	单位成本/元
1	610	380
2	350	550
3	700	370
4	320	650
5	340	580
6	560	390
7	650	380
8	490	420
9	400	490
10	500	425
11	450	440
12	660	365

根据表 8-2，将产量与单位成本的数据按产量从小到大的顺序对应排列，形成的简单相关表如表 8-3 所示。

表 8-3　产量与单位成本的简单相关表

编号	产量/吨	单位成本/元
1	320	650
2	340	580
3	350	550
4	400	490
5	450	440
6	490	420
7	500	425
8	560	390
9	610	380
10	650	380
11	660	365
12	700	370

从表 8-3 可以直观地看出，随着产量的提高，单位成本有降低的趋势，两者之间存在一定的相关关系。

2. 分组相关表

分组相关表是把简单相关表中的资料进行分组而编制的相关表。分组相关表按分组的情况不同可分为单变量分组相关表与双变量分组相关表。

单变量分组相关表是在具有相关关系的两个变量中，只对自变量进行分组的相关表，如表 8-4 所示。

双变量分组相关表就是对自变量和因变量都进行分组的相关表，例子从略。

表 8-4　某企业广告费与销售额单变量分组相关表

广告费/万元	销售额/万元
10 以下	190
10～15	265
15～20	340
20～25	470
25～30	510
30～35	570

续表

广告费/万元	销售额/万元
35～40	635
40～45	700

从表 8-4 也可以直观地看出，当企业广告费增加时，销售额也随之增加。由此，可以判断企业广告费与销售额之间呈现正相关关系。

（二）相关图

相关图又称散点图。它是将相关表中的观察值在平面直角坐标系中用坐标点描绘出来，通常用横坐标代表自变量 x，纵坐标代表因变量 y，每组数据(x, y)在坐标系中用一个点表示，这样，n 组数据就形成一个散点图。据此可直观地看出变量间相关关系的情况。如根据表 8-1 的数据绘制相关图，如图 8-5 所示，根据表 8-2 的数据绘制相关图，如图 8-6 所示。

从图 8-5 可以看出，产品产量与生产费用之间大致呈现正相关关系，即随着产量的增加，生产费用也随之增加。

从图 8-6 可以看出，随着产量的增加，单位成本有降低的趋势，但随着产量的增加，单位成本降低的程度逐渐下降，由此可以判断产量与单位成本之间大致呈曲线相关的关系。

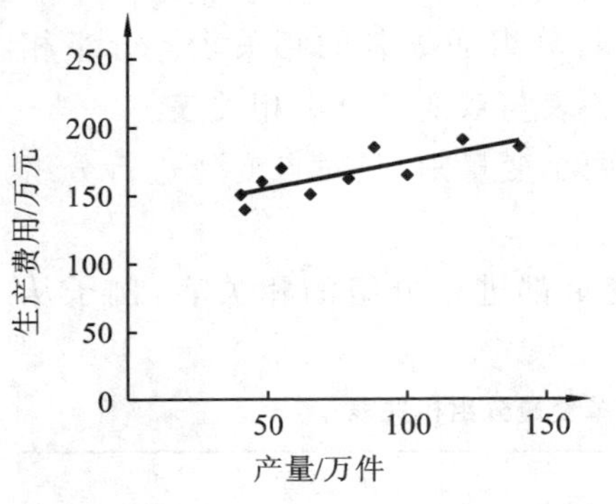

图 8-5　产量与生产费用相关图

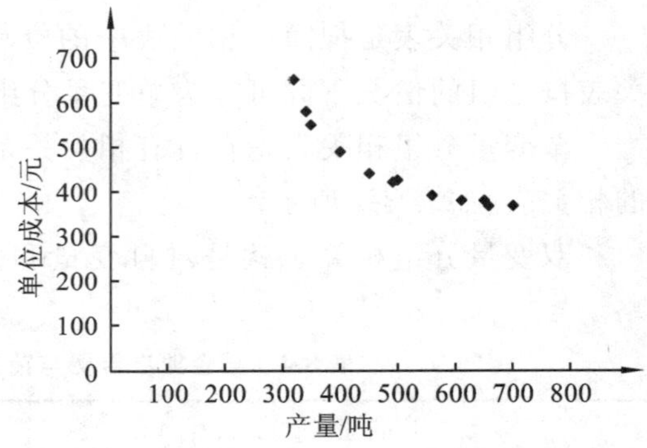

图 8-6　产量与单位成本相关图

二、相关系数

通过相关表和相关图可以初步判断两个现象是否相关以及相关关系的类型，但是不能准确判断相关关系的密切程度和方向，为此，需要计算相关系数 r。

（一）相关系数的定义

相关系数是反映变量之间相关关系密切程度的统计指标。

根据相关变量的多少和分析问题的角度不同，相关系数分为简单相关系数、等级相关系数、复相关系数等。

反映两个变量之间直线相关密切程度的相关系数称为简单相关系数。如不做说明，相关系数往往指简单相关系数。

（二）相关系数的计算

简单相关系数的定义公式：

$$r = \frac{\sigma_{xy}^2}{\sigma_x \sigma_y}$$

其中：$\sigma_{xy}^2 = \dfrac{\sum (x-\bar{x})(y-\bar{y})}{n}$，为 x 与 y 的协方差；$\sigma_x = \sqrt{\dfrac{\sum (x-\bar{x})^2}{n}}$，为自变量 x 的标准差；$\sigma_y = \sqrt{\dfrac{\sum (y-\bar{y})^2}{n}}$，为因变量 y 的标准差。

（三）相关系数的分析

根据简单相关系数的定义公式，可知相关系数有以下性质。

(1) 相关系数的正负取决于协方差。相关系数的正负说明现象之间的相关关系，当 $r>0$ 时，表示两变量为正相关，当 $r<0$ 时，表示两变量为负相关。

(2) 相关系数的值介于 -1 与 $+1$ 之间，即 $-1 \leqslant r \leqslant +1$。其绝对值的大小说明两现象之间线性相关的密切程度。

① 当 $|r|=1$ 时，表示两变量为完全线性相关，即为直线函数关系。

② 当 $r=0$ 时，表示两变量间无线性相关关系。无线性相关关系不等于说现象之间没有相关关系。现象之间不具有线性相关关系，可能具有曲线相关关系。

③ 当 $0<|r|<1$ 时，表示两变量之间存在一定程度的线性相关关系。$|r|$ 越接近 1，表示两变量间的线性相关越强；$|r|$ 越接近 0，表示两变量间的线性相关越弱。

④ 一般将相关程度设为以下几个强弱不同的等级：当 $|r|<0.3$ 时，视为不相关，$0.3 \leqslant |r| < 0.5$ 视为低度相关，$0.5 \leqslant |r| < 0.8$ 视为中度相关，$0.8 \leqslant |r| < 1$ 视为高度相关。但这个标准并非是一成不变的，与样本量有很大的关系，只有当样本量较大（如大样本情况）时，这一判断才成立，因此在实践中需要根据具体情况来判断。

例 8-2 根据表 8-1 计算产品产量与生产费用之间的相关系数。

将表 8-1 中的数据整理、加工得表 8-5。

表 8-5 简单相关系数计算表(定义公式)

企业编号	产量 x /万件	生产费用 y /万元	$x-\bar{x}$	$y-\bar{y}$	$(x-\bar{x})(y-\bar{y})$	$(x-\bar{x})^2$	$(y-\bar{y})^2$
1	40	150	−37.7	−15.7	591.89	1421.29	246.49
2	42	140	−35.7	−25.7	917.49	1274.49	660.49
3	48	160	−29.7	−5.7	169.29	882.09	32.49
4	55	170	−22.7	4.3	−97.61	515.29	18.49
5	65	150	−12.7	−15.7	199.39	161.29	246.49
6	79	162	1.3	−3.7	−4.81	1.69	13.69
7	88	185	10.3	19.3	198.79	106.09	372.49
8	100	165	22.3	−0.7	−15.61	497.29	0.49
9	120	190	42.3	24.3	1027.89	1789.29	590.49
10	140	185	62.3	19.3	1202.39	3881.29	372.49
合计	777	1657	—	—	4189.1	10 530.1	2554.1

将表 8-5 中的数据代入公式,得

$$\bar{x}=\frac{\sum x}{n}=\frac{777}{10}=77.7\text{ 万件 / 个},$$

$$\bar{y}=\frac{\sum y}{n}=\frac{1657}{10}\text{ 万元 / 个}=165.7\text{ 万元 / 个}$$

$$\sigma_{xy}^2=\frac{\sum(x-\bar{x})(y-\bar{y})}{n}=\frac{4189.1}{10}=418.91$$

$$\sigma_x=\sqrt{\frac{\sum(x-\bar{x})^2}{n}}=\sqrt{\frac{10\,530.1}{10}}=32.45$$

$$\sigma_y=\sqrt{\frac{\sum(y-\bar{y})^2}{n}}=\sqrt{\frac{2554.1}{10}}=15.98$$

$$r=\frac{\sigma_{xy}^2}{\sigma_x\sigma_y}=\frac{418.91}{32.45\times15.98}=0.8078$$

以上计算结果说明,该工业部门产品产量与生产费用之间有着高度的正相关关系。

为计算的简便，实践中多采用以下简捷公式：

$$r=\frac{n\sum xy-\sum x\sum y}{\sqrt{n\sum x^{2}-\left(\sum x\right)^{2}}\sqrt{n\sum y^{2}-\left(\sum y\right)^{2}}}$$

下面仍用表 8-1 的数据，用简捷公式计算产品产量与生产费用之间的简单相关系数，列表如表 8-6 所示。

表 8-6　简单相关系数计算表（简捷公式）

企业编号	产量 x/万件	生产费用 y/万元	xy	x^2	y^2
1	40	150	6000	1600	22 500
2	42	140	5880	1764	19 600
3	48	160	7680	2304	25 600
4	55	170	9350	3025	28 900
5	65	150	9750	4225	22 500
6	79	162	12 798	6241	26 244
7	88	185	16 280	7744	34 225
8	100	165	16 500	10 000	27 225
9	120	190	22 800	14 400	36 100
10	140	185	25 900	19 600	34 225
合计	777	1657	132 938	70 903	277 119

将表 8-6 中的数据代入公式，得

$$\begin{aligned}r&=\frac{n\sum xy-\sum x\sum y}{\sqrt{n\sum x^{2}-\left(\sum x\right)^{2}}\sqrt{n\sum y^{2}-\left(\sum y\right)^{2}}}\\&=\frac{10\times 132\ 938-777\times 1657}{\sqrt{10\times 70\ 903-777^{2}}\sqrt{10\times 277\ 119-1657^{2}}}\\&=0.8078\end{aligned}$$

可以看出，两种计算方法的结果是相同的，但简捷公式计算量要小很多。

需要说明的是，例 8-2 计算的相关系数是用样本数据计算的，用它对总体相关系数进行判断，还需要对样本相关系数进行检验，具体检验方法，请参考有关书籍，这里检验从略。

第三节　回归分析与预测

一、回归分析的概念

相关系数可以用来说明在直线相关条件下两个变量相关关系的方向和密切程度，但它不能说明两个变量之间相关的数量关系。当给出自变量某一数值时，不能根据相关系数来估计和预测因变量可能发生的数值。因此，这种变量间数量上的推算与预测需使用回归分析的方法来解决。

最早提出“回归”这个概念的是英国生物学家葛尔顿。葛尔顿在研究父母亲的身高和子女身高的关系时，发现了一个规律。身高特别高的父母所生的孩子一般身高也高一些，但并不特别高，而身高特别高的孩子，其父母常常是中等偏高的人。同时，身高矮的父母所生的孩子一般也矮些，但并不特别矮，身高特别矮的孩子，其父母常常是中等偏矮的人。葛尔顿把这种现象叫作“身高数值从一极端至另一极端的回归”。葛尔顿的学生皮尔逊继续研究，把回归的概念和数学方法联系起来，把代表现象之间一般数量关系的直线或曲线叫作回归直线或回归曲线。后来，“回归”一词被用来泛指变量之间的一般数量关系。

回归分析就是对具有相关关系的两个或两个以上变量之间数量变化的一般关系进行测定，确定因变量和自变量之间数量变动关系的数学表达式，以便对因变量进行估计或预测的统计分析方法。

回归分析按自变量的多少可分为一元回归分析和多元回归分析，按变量间相互关系的形态可分为线性回归分析和非线性回归分析。

本节主要介绍一元线性回归分析与预测。

二、一元线性回归分析

在社会经济现象中，许多相互关联的两个变量之间存在着线性关系。例如，家庭消费支出（记作 y）与家庭收入（记作 x）之间基本上是一种线性相关关系。虽然在很多情况下，影响因变量的因素不止一个，但在实际工作中，往往因客观条件的限制，或者出于研究的目的，需要突出其中某一个重要因素，即只研究某一个自变量对因变量的影响。一元线性回归分析是所有回归分析的基础，多元回归分析和非线性回归分析都是从一元回归分析的基本理论延伸发展起来的。

在相关分析中，通过计算相关系数，可以判断两个变量之间直线相关的紧密程度，但不能说明它们之间因果的数量关系。一元线性回归就是对具有显著线性相关的两个变量间数量变化的一般关系进行测定，拟合一个直线回归方程，以便于估计或预测的统计方法。

（一）一元线性回归模型的建立

一元线性回归模型只涉及一个因变量和一个自变量，是线性方程中变量最少、最简单的一种。它在平面坐标图上表现为一条直线，所以也称为简单直线回归方程。一元线性回归方程的理论模型和估计模型分别为

$$y = \alpha + \beta x + \varepsilon$$
$$\hat{y}_c = a + bx$$

式中：α,β 为回归参数或待定参数；a,b 为 α,β 相应的估计值；ε 为随机干扰项，它是由各种偶然因素、观测误差及被忽略的其他影响因素所带来的随机误差。

一元线性回归分析的前提条件是，两个变量之间确实存在直线相关关系，而且其相关的密切程度必须是显著的。如果变量之间不存在直线相关关系，一元回归分析就毫无意义。相关程度高，回归预测的准确性才会高。

（二）一元线性回归模型参数的估计

在 $\hat{y}_c = a + bx$ 中，参数 a,b 通常用最小二乘法求得，就是使得

$$\sum (y - \hat{y}_c)^2 = \sum (y - a - bx)^2 = \text{最小值}$$

来确定 a,b 的方法。

令 $G(a,b) = \sum (y - a - bx)^2$，根据微积分的极值定理，对 G 求相应于 a 和 b 的偏导数，并令其等于 0，即可求出 a,b，即

$$\begin{cases} \dfrac{\partial G}{\partial a} = \sum 2(y - a - bx)(-1) = 0 \\ \dfrac{\partial G}{\partial b} = \sum 2(y - a - bx)(-x) = 0 \end{cases}$$

整理上述方程得

$$\begin{cases} \sum y = na + b\sum x \\ \sum xy = a\sum x + b\sum x^2 \end{cases}$$

解得

$$\begin{cases} b = \dfrac{n\sum xy - \sum x \cdot \sum y}{n\sum x^2 - (\sum x)^2} \\ a = \dfrac{\sum y - b\sum x}{n} = \bar{y} - b\bar{x} \end{cases}$$

这里，b 为回归系数，其符号与相关系数 r 的符号一致。$b>0$，表示自变量 x 与因变量 y 呈正相关；$b<0$，表示自变量 x 与因变量 y 呈负相关。b 的值表示每增加（或减少）一个单位，因变量 y 将平均增加（或减少）b 个单位。

例 8-3 根据表 8-6 的数据试建立产品产量（x）与生产费用（y）之间的一元线性回归模型。

$$b=\frac{n\sum xy-\sum x\cdot\sum y}{n\sum x^2-(\sum x)^2}=\frac{10\times 132\,938-777\times 1657}{10\times 70\,903-777^2}=0.3978$$

$$a=\frac{\sum y-b\sum x}{n}=\frac{1657-0.3978\times 777}{10}=134.79$$

得回归模型为 $\hat{y}_c=134.79+0.3978x$。该方程说明产量每增加 1 万件，生产费用平均增加 0.3978 万元。

三、一元线性回归模型的检验

求得一元线性回归模型 $\hat{y}_c=a+bx$ 之后，不能立即就用它去做分析和预测，因为 $\hat{y}_c=a+bx$ 是否真正描述了 y 与 x 的统计规律，还需通过统计检验。一元线性回归模型的检验包括拟合优度的度量和模型的显著性检验。

（一）一元线性回归模型拟合优度的度量

根据一元线性回归模型 $\hat{y}_c=a+bx$ 可由自变量的值估计因变量的取值，但估计的精度如何取决于回归直线对各个观测值的拟合程度。我们把回归直线与各观测值的距离作为评价回归方程拟合精度的测度，称为拟合优度（也称拟合程度）。拟合优度有不同的测度方法，这里介绍如何根据判定系数和估计标准误差来度量拟合优度。

1. 判定系数

判定回归模型拟合优度的最常用的指标是判定系数，它是建立在对总离差平方和分解的基础上的。

在回归分析中，将因变量的观察值之间的变异称为总离差，它反映了因变量的观察值与其均值的离差的距离。我们将观测值 y_i 与其平均值的离差平方和称为总离差平方和，记为 SST。

$$\text{SST}=\sum(y-\overline{y})^2$$

下面将 SST 分解为

$$\text{SST}=\sum[(y-\hat{y}_c)+(\hat{y}_c-\overline{y})]^2$$

$$= \sum (y-\hat{y}_c)^2 + \sum (\hat{y}_c-\overline{y})^2 + 2\sum (y-\hat{y}_c)(\hat{y}_c-\overline{y})$$

可以证明 $\sum (y-\hat{y}_c)(\hat{y}_c-\overline{y})=0$，记 $\text{SSE}=\sum (y-\hat{y}_c)^2$，$\text{SSR}=\sum (\hat{y}_c-\overline{y})^2$，则 SST=SSR+SSE。

这里，SSR 反映了 y 的取值中由于 x 与 y 的线性关系引起的 y 变化的部分，它可由回归直线来解释，称为回归平方和；SSE 反映了随机因素对 y 的取值的影响，它不能由回归直线解释，称为残差平方和。

因此，回归直线拟合的好坏取决于 SSR 及 SSE 的大小，或取决于 SSR 在总离差平方和中的比例 SSR/SST 的大小。SSR/SST 越大，直线拟合得越好。将这一比例定义为判定系数，记为 r^2，即

$$r^2=\frac{\text{SSR}}{\text{SST}}=\frac{\sum (\hat{y}_c-\overline{y})^2}{\sum (y-\overline{y})^2}$$

可以证明，判定系数 r^2 是相关系数 r 的平方，因此可由相关系数 r 直接计算判定系数 r^2。判定系数 r^2 反映了回归方程的拟合程度，r^2 越接近于 1，回归模型的拟合程度越好；反之，拟合程度就越差。

例 8-4　根据表 8-1 计算产品产量与生产费用的判定系数。

表 8-7　判定系数计算表

企业编号	产量 x /万件	生产费用 y /万元	$\hat{y}_c$	$(\hat{y}_c-\overline{y})^2$	$(y-\overline{y})^2$
1	40	150	150.702	224.94	246.49
2	42	140	151.4976	201.7082	660.49
3	48	160	153.8844	139.6084	32.49
4	55	170	156.669	81.558 96	18.49
5	65	150	160.647	25.532 81	246.49
6	79	162	166.2162	0.266 462	13.69
7	88	185	169.7964	16.780 49	372.49
8	100	165	174.57	78.6769	0.49
9	120	190	182.526	283.1143	590.49
10	140	185	190.482	614.1475	372.49
合计	777	1657	—	1666.334	2554.1

$$r^2 = \frac{\text{SSR}}{\text{SST}} = \frac{\sum(\hat{y}_c - \bar{y})^2}{\sum(y - \bar{y})^2} = \frac{1666.334}{2554.1} = 0.6524$$

该结果说明，在生产费用的总变差中，有65.24%可以由产品产量与生产费用之间的线性关系来解释，说明两者之间有较强的线性关系。

2. 一元线性回归模型的估计标准误差

实际观测值 y 与回归估计值 $\hat{y}_c$ 的误差 $y-\hat{y}_c$ 反映了线性回归模型的拟合精度。因此，也可通过计算估计标准误差来衡量回归估计精确度。

估计标准误差通常用 S_y 表示，计算公式如下：

$$S_y = \sqrt{\frac{\sum(y - \hat{y}_c)^2}{n-2}}$$

例 8-5 根据例8-3得到的回归模型试计算其估计标准误差。

表8-8所示为估计标准误差计算表。

表 8-8 估计标准误差计算表

企业编号	产量 x /万件	生产费用 y /万元	$\hat{y}_c$	$(y-\hat{y}_c)^2$
1	40	150	150.702	0.492 804
2	42	140	151.4976	132.1948
3	48	160	153.8844	37.400 56
4	55	170	156.669	177.7156
5	65	150	160.647	113.3586
6	79	162	166.2162	17.776 34
7	88	185	169.7964	231.1495
8	100	165	174.57	91.5849
9	120	190	182.526	55.860 68
10	140	185	190.482	30.052 32
合计	777	1657	—	887.586

根据表8-8的数据计算，得

$$S_y = \sqrt{\frac{\sum(y - \hat{y}_c)^2}{n-2}} = \sqrt{\frac{887.586}{8}}\text{ 万元} = 10.53\text{ 万元}$$

估计标准误差在实际中经常采用以下的简捷计算式：

$$S_y = \sqrt{\frac{\sum y^2 - a\sum y - b\sum xy}{n-2}}$$

根据表 8-6 的数据计算，得

$$S_y = \sqrt{\frac{\sum y^2 - a\sum y - b\sum xy}{n-2}}$$

$$= \sqrt{\frac{277\ 119 - 134.79 \times 1657 - 0.3978 \times 132\ 938}{8}} \text{万元}$$

$$= 10.54 \text{万元}$$

可以看出，两种方法在不计小数点误差的情况下，得到的结果基本相同。

（二）一元线性回归模型的显著性检验

在用最小二乘法确定一元回归直线模型时，并不需要预先假设 y 与 x 之间一定存在线性关系。但这种假设是否成立必须通过检验才能证实。回归模型的检验一般包括两个方面的内容：一是对整个回归模型的检验，采用 F 检验法；二是回归系数的检验，采用 t 检验法。可以证明，对于一元线性回归模型，F 检验法和 t 检验法是等价的。

1. F 检验法

F 检验法的步骤如下。

第一步：提出假设，H_0：线性关系不显著。

第二步：计算检验统计量 F，即

$$F = \frac{\text{SSR}/1}{\text{SSE}/(n-2)}$$

可以证明，当 H_0 成立时，$F \sim F(1,n-2)$。

第三步：确定显著性水平 α，并根据两个自由度查 F 分布表，找到相应的临界值 $F_{1-\alpha}(1,n-2)$。

第四步：做出决策。若 $F > F_{1-\alpha}(1,n-2)$，则拒绝 H_0，说明两个变量之间的线性关系是显著的；若 $F \leqslant F_{1-\alpha}(1,n-2)$，则不能拒绝 H_0，说明两个变量之间的线性关系不显著。

例 8-6 根据例 8-3 得到的一元线性回归模型，在 $\alpha = 0.05$ 的显著性水平下采用 F 检验法检验其线性关系是否显著。

$$F = \frac{\text{SSR}/1}{\text{SSE}/(n-2)} = \frac{1666.334}{887.586/8} = 15.02$$

查 F 分布表得，临界值 $F_{0.05}(1,8) = 4.96$，$F = 15.02 > F_{0.05}(1,8) = 4.96$，

拒绝 H_0，线性关系显著。

2. t 检验法

回归系数的显著性检验就是要检验自变量对因变量的影响程度是否显著的问题。如果回归系数 $\beta=0$，回归方程就是一条水平线，表明两个变量之间没有线性关系。因此，t 检验法的步骤如下。

第一步：提出假设。

$$H_0:\beta=0, \quad H_1:\beta\neq 0$$

第二步：计算检验统计量 t 的值，即

$$t=\frac{b}{S_b}$$

其中，S_b 是回归系数 b 的标准差，其计算公式为

$$S_b=\sqrt{\frac{S_y^2}{\sum(x-\overline{x})^2}}$$

可以证明，当 H_0 成立时，$t\sim t(n-2)$。

第三步：确定显著性水平 α，并根据自由度查 t 分布表，找到相应的临界值 $t_{1-\alpha/2}(n-2)$。

第四步：做出决策。若 $|t|>t_{1-\alpha/2}(n-2)$，则拒绝 H_0，说明自变量对因变量的线性关系是显著的；若 $|t|\leqslant t_{\alpha/2}(n-2)$，则接受 H_0，说明自变量对因变量的线性关系是不显著的。

例 8-7 根据例 8-3 得到的一元线性回归模型，在 $\alpha=0.05$ 的显著性水平下采用 t 检验法检验其线性关系是否显著。

$$S_y=10.54, \quad \sum(x-\overline{x})^2=10\,530.1$$

$$S_b=\sqrt{\frac{S_y^2}{\sum(x-\overline{x})^2}}=\sqrt{\frac{10.54^2}{10\,530.1}}=0.1027$$

$$t=\frac{b}{S_b}=\frac{0.3978}{0.1027}=3.87$$

查 t 分布表，得 $t_{0.025}(8)=2.306$，$t=3.87>2.306$，拒绝 H_0，说明线性关系显著。

四、一元线性回归模型的预测

回归模型确立并通过显著性检验以后，就可以用来进行预测。回归模型预测法有点预测和区间预测两种。

点预测是给定自变量 x 的值 x_0，根据回归方程得到因变量 y 的估计值：$\hat{y}_0=a+bx_0$。一般来说，这种预测方式比较简单，但估计值 $\hat{y}_0$ 与 y_0 的实际值是有误差的。因此，在对 y_0 的实际值进行预测时，通常在一定的置信水平 $1-\alpha$ 下，给出 y_0 的预测区间或称置信区间。

在小样本情况下，通常用 t 分布建立 y_0 的预测区间。y_0 在 $1-\alpha$ 的置信水平下的预测区间为

$$\hat{y}_0-t_{\alpha/2}(n-2)S_y\sqrt{1+\frac{1}{n}+\frac{(x_0-\bar{x})^2}{\sum(x-\bar{x})^2}}\leqslant y_0$$

$$\leqslant \hat{y}_0+t_{\alpha/2}(n-2)S_y\sqrt{1+\frac{1}{n}+\frac{(x_0-\bar{x})^2}{\sum(x-\bar{x})^2}}$$

当 n 很大时，$\sqrt{1+\frac{1}{n}+\frac{(x_0-\bar{x})^2}{\sum(x-\bar{x})^2}}\approx 1$，所以在大样本情况下，根据正态分布原理建立 y_0 的预测区间为

$$\hat{y}_0-Z_{\alpha/2}(n-2)S_y\leqslant y_0\leqslant \hat{y}_0+Z_{\alpha/2}(n-2)S_y$$

其中，$Z_{\alpha/2}$ 为正态分布的概率密度。

例 8-8　假定产品产量为 160 万件，根据表 8-1 试对生产费用做点估计，并在 95%的置信水平下给出生产费用的预测区间。

由例 8-7 知，$S_y=10.54$，$\sum(x-\bar{x})^2=10\ 530.1$。

$$\sqrt{1+\frac{1}{n}+\frac{(x_0-\bar{x})^2}{\sum(x-\bar{x})^2}}=\sqrt{1+\frac{1}{10}+\frac{(160-77.7)^2}{10\ 530.1}}=1.32$$

$$S_y\sqrt{1+\frac{1}{n}+\frac{(x_0-\bar{x})^2}{\sum(x-\bar{x})^2}}=10.54\times 1.32=13.91$$

$n=10$，查 t 分布表得，$t_{0.025}(8)=2.306$，所以当 $x_0=160$ 万件时，点预测为 $\hat{y}_0=198.44$ 万元，预测区间为

198.44 万元 $-\ 2.306\times 13.91$ 万元 $\leqslant \hat{y}_0\leqslant$ 198.44 万元 $+\ 2.306\times 13.91$ 万元

即 166.36 万元 $\leqslant \hat{y}_0\leqslant$ 230.52 万元，则当产量为 160 万件时，生产费用有 95%的可靠性落在 166.36 万元～230.52 万元这一区间内。

五、多元线性回归简介

前面介绍的简单线性回归，是指一个自变量 x 与一个因变量 y 之间的线性回归。实际上，在复杂的经济现象中，对因变量产生影响的自变量往往不止一

个，而是有多个。因此，仅仅以一个自变量来解释因变量往往是不全面的，需要建立一个因变量与多个自变量的联系模型来进行分析，才能获得较全面、较准确的分析结果。例如：企业的获利能力，不仅取决于生产技术水平，还取决于企业管理水平及市场需求总量；一个国家的GDP水平，不仅受该国的投资总量影响，还受该国的消费总量、进出口差额等因素的影响。所以，在对一些复杂经济现象进行分析时，就涉及比简单线性回归更为复杂的多元回归问题。

在线性相关条件下研究两个或两个以上自变量对一个因变量的数量变动关系，称为多元线性回归，表现这个数量关系的数学公式，称为多元线性回归模型。多元线性回归分析是对一元线性回归分析的拓展，其步骤、方法和一元线性回归分析基本上相类似，只是在计算上相对比较复杂些。

假定因变量 y 与自变量 $x_1, x_2, \cdots, x_m$ 之间存在线性回归关系，其理论模型与估计模型分别为

$$y = \beta_0 + \beta_1 x_1 + \beta_2 x_2 + \cdots + \beta_m x_m + \varepsilon$$

$$\hat{y}_c = b_0 + b_1 x_1 + b_2 x_2 + \cdots + b_m x_m$$

式中：$\beta_0, \beta_1, \beta_2, \cdots, \beta_m$ 是 $m+1$ 个待估参数；$b_0, b_1, b_2, \cdots, b_m$ 为 $\beta_0, \beta_1, \beta_2, \cdots, \beta_m$ 的估计值。

模型中 $b_0, b_1, b_2, \cdots, b_m$ 的估计仍然用最小二乘法，使实际观测值 y 与回归估计值 $\hat{y}_c$ 的偏差平方和

$$Q = \sum (y - \hat{y}_c)^2 = \sum (y - b_0 - b_1 x_1 - b_2 x_2 - \cdots - b_m x_m)^2 = \text{最小值}$$

根据微分学中多元函数求极值的方法，可得求解 $b_0, b_1, b_2, \cdots, b_m$ 的方程组：

$$\begin{cases} \dfrac{\partial Q}{\partial b_0} = -2\sum (y - b_0 - b_1 x_1 - b_2 x_2 - \cdots - b_m x_m) = 0 \\ \dfrac{\partial Q}{\partial b_i} = -2\sum x_i (y - b_0 - b_1 x_1 - b_2 x_2 - \cdots - b_m x_m) = 0 \quad (i = 1, 2, \cdots, m) \end{cases}$$

当自变量只有两个即 x_1, x_2 时，称为二元线性回归。求解 b_0, b_1, b_2 的方程为

$$\begin{cases} \dfrac{\partial Q}{\partial b_0} = -2\sum (y - b_0 - b_1 x_1 - b_2 x_2) = 0 \\ \dfrac{\partial Q}{\partial b_1} = -2\sum x_1 (y - b_0 - b_1 x_1 - b_2 x_2) = 0 \\ \dfrac{\partial Q}{\partial b_2} = -2\sum x_2 (y - b_0 - b_1 x_1 - b_2 x_2) = 0 \end{cases}$$

整理上述方程，得

$$\begin{cases}\sum y = nb_0 + b_1\sum x_1 + b_2\sum x_2\\ \sum x_1 y = b_0\sum x_1 + b_1\sum x_1^2 + b_2\sum x_1x_2\\ \sum x_2 y = b_0\sum x_2 + b_1\sum x_1x_2 + b_2\sum x_2^2\end{cases}$$

给定自变量 x_1, x_2 的值，根据二元回归方程可得到因变量 y 的估计值为

$$\hat{y}_c = b_0 + b_1x_1 + b_2x_2$$

例 8-9　武汉市 2000—2012 年的国内生产总值、固定资产投资和消费品零售总额的同比价格数据（消除物价影响后的可比数据）如表 8-9 所示，试据此建立国内生产总值对固定资产投资和消费品零售总额的二元线性回归模型。

表 8-9　武汉市的 GDP、投资和消费年度数据　　单位：亿元

年份	国内生产总值 y	固定资产投资 x_1	消费品零售总额 x_2	x_1y	x_2y	x_1x_2	x_1^2	x_2^2
2000	1207	462	606	557 634	731 442	279 972	213 444	367 236
2001	1348	508.44	685	685 377.12	923 380	348 281.4	258 511.2	469 225
2002	1493.09	570.43	770.08	851 703.3287	1 149 799	439 276.7	325 390.4	593 023.2
2003	1662.40	645.06	853.99	1 072 347.744	1 419 673	550 874.8	416 102.4	729 298.9
2004	1956	822.20	960.58	1 608 223.2	1 878 894	789 788.9	676 012.8	922 713.9
2005	2238	1055.18	1128.64	2 361 492.84	2 525 896	1 190 918	1 113 405	1 273 828
2006	2590	1325.29	1293.33	3 432 501.1	3 349 725	1 714 037	1 756 394	1 672 702
2007	3141.5	1732.79	1518.3	5 443 559.785	4 769 739	2 630 895	300 2561	2 305 235
2008	3960.08	2252.05	1850.05	8 918 298.164	7 326 346	4 166 405	5 071 729	3 422 685
2009	4560.62	3001.10	2164.09	13 686 876.68	9 869 592	6 494 650	9 006 601	4 683 286
2010	5515.76	3753.17	2523.20	20 701 584.96	13 917 366	9 469 999	14 086 285	6 366 538
2011	6756.20	4255.16	2959.04	28 748 711.99	19 991 866	12 591 189	18 106 387	8 755 918
2012	8003.82	5031.25	3432.43	40 269 219.38	27 472 552	17 269 413	25 313 477	11 781 576
合计	44 432.47	25 414.12	20 744.73	128 337 530.29	95 326 270	57 935 701	79 346 299	43 343 265

资料来源：湖北统计局网。

根据表 8-9 的数据，用最小二乘法求解参数 b_0, b_1, b_2 的标准方程组如下：

$$\begin{cases}13b_0 + 25\ 414.12b_1 + 20\ 744.73b_2 = 44\ 432.47\\ 25\ 414.12b_0 + 79\ 346\ 299b_1 + 57\ 935\ 701b_2 = 128\ 337\ 530.29\\ 20\ 744.73b_0 + 57\ 935\ 701b_1 + 43\ 343\ 265b_2 = 95\ 326\ 270\end{cases}$$

解方程组,得

$$b_0 = -298.25, \quad b_1 = 0.12, \quad b_2 = 2.18$$

$$\hat{y}_c = -298.25 + 0.12x_1 + 2.18x_2$$

对于多元线性回归,也需要度量方程的拟合优度、检验回归方程和回归系数的显著性,方法与一元回归类似,这里从略。

六、运用相关分析与回归分析时应注意的问题

相关与回归分析是重要的统计分析方法,在统计学知识体系中占有重要的地位。它对于我们加深现象间相互依存关系的认识,促使这种认识由定性阶段进入定量阶段都具有重要意义。但是应该看到,相关与回归分析和其他统计方法一样,也有自己的局限性。

(一) 注意定性分析与定量分析的结合

相关与回归分析是分析社会经济现象之间相关关系的,相关系数的计算和回归方程的建立都是基于现象间所固有的客观联系之上的。而现象之间是否一定存在相关关系,首先是靠定性分析,即依据社会经济理论、专业知识、实际经验对事物进行分析来判定的。不通过定性分析,直接根据样本观测数据进行量化分析,建构模型,有时可能得出错误的结论。所以,相关与回归分析中的一切量化分析都应建立在定性分析的基础上。

(二) 注意客观现象质的规定性

现象间所存在的相关关系都是有一定数量界限的。例如,一般来说,施肥量越多,粮食产量越高,但是超过一定的限度,施肥量增加,粮食产量反而下降。同样地,固定资产投资与国民经济发展速度的关系也是有数量界限的。也就是说,某些现象之间的相关关系在一定的限度内是正相关,而超过某一界限,则可能是负相关,在一定限度内是直线相关,而在另一界限内可能是曲线相关。所以,如果进行统计分析时不加区别,不注意现象间质的数量界限,就可能影响统计分析结论的可信度。

(三) 注意社会经济现象的复杂性

客观社会经济现象间有着千丝万缕的联系,某一现象发生的原因,有可能是另一现象出现的结果。而且,有时某一事件的出现可能导致诸多事件的发生,产生一系列的连锁反应。因此,进行统计分析时,要充分考虑现象间的复杂性,注意偶然性和个别因素的影响,这样才能保证统计分析的质量。

（四）注意相关分析与回归分析的结合

回归分析和相关分析都是对客观事物相关关系的分析。两者既有区别又有联系。在相关分析中，涉及的变量不存在自变量和因变量的划分问题，变量之间的关系是对等的；而在回归分析中，则必须根据对象的性质和分析研究的目的，确定自变量和因变量。因此，在回归分析中，变量之间的关系是不对等的。在相关分析中，所涉及的变量都是随机变量；而在回归分析中，自变量是给定的，因变量才是随机的。

相关分析旨在测定变量之间相关关系的表现形式和密切程度，而回归分析则侧重于考察变量之间相关关系的数量变化规律。两者虽有区别，但在理论和方法上又存在着密切的联系。只有存在相关关系的变量才能进行回归分析，相关程度越高，回归测定的结果越可靠。

思考与练习

一、思考题

1. 简述相关关系及其特点。

2. 相关关系与函数关系有什么区别？

3. 简述相关分析的作用及其主要内容。

4. 判断相关关系的方法有哪些？

5. 什么是相关系数？试写出其定义公式。

6. 简述回归分析与相关分析的区别与联系。

7. 简述判定系数的含义和作用。

8. 什么叫估计标准误差？它有什么作用？

9. 回归分析中，F 检验和 t 检验各有什么作用？

10. 应用相关分析与回归分析应注意哪些问题？

二、练习题

1. 有 10 个同类企业的生产性固定资产年平均价值和工业总产值资料如下表所示。

企业编号	生产性固定资产年平均价值/万元	工业总产值/万元
1	318	524
2	910	1019
3	200	632

续表

企业编号	生产性固定资产年平均价值/万元	工业总产值/万元
4	409	815
5	415	913
6	502	928
7	314	605
8	1210	1516
9	1022	1219
10	1025	1624
合计	6325	9795

试据此：

(1) 绘制生产性固定资产年平均价值和工业总产值散点图；

(2) 计算相关系数；

(3) 建立回归直线方程；

(4) 计算估计标准误差；

(5) 估计生产性固定资产(自变量)为 1100 万元时的工业总产值。

2. 某企业上半年产品产量与单位成本资料如下所示。

月份	产量/万件	单位成本/(元/件)
1	2	73
2	3	72
3	4	71
4	3	73
5	4	69
6	5	68

试据此：

(1) 建立直线回归方程，指出产量每增加 10 000 件时，单位成本平均下降多少？

(2) 假定产量为 60 000 件时，单位成本为多少元？

3. 为研究家庭收入和食品支出的关系，随机抽取了 10 个家庭的样本，得到数据如下所示。

家　　庭	1	2	3	4	5	6	7	8	9	10
家庭收入/万元	0.20	0.30	0.33	0.40	0.15	0.13	0.26	0.38	0.35	0.43
食品支出/万元	0.07	0.09	0.09	0.11	0.05	0.04	0.08	0.10	0.09	0.10

试根据上述数据：

（1）计算家庭收入与食品支出之间的简单相关系数；

（2）建立家庭收入和食品支出之间的回归方程；

（3）检验家庭收入与食品支出是否具有线性相关关系？

（4）计算估计标准误差；

（5）当家庭收入为5000元时，预测相应的食品支出。

4. 某地区1997—2009年粮食产量、牲畜头数和有机肥量有关资料如下表所示。

年　　份	粮食产量/亿千克	有机肥量 x_1/万吨	牲畜头数 x_2/万头
1997	25	44	15
1998	23	42	15
1999	24	45	14
2000	23	45	16
2001	24	46	15
2002	25	44	17
2003	26	46	16
2004	26	46	15
2005	25	44	15
2006	27	46	16
2007	28	45	18
2008	30	48	20
2009	31	50	19

根据上表资料，建立多元线性回归方程。

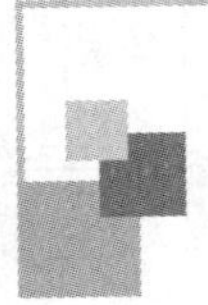

附录　标准正态分布表

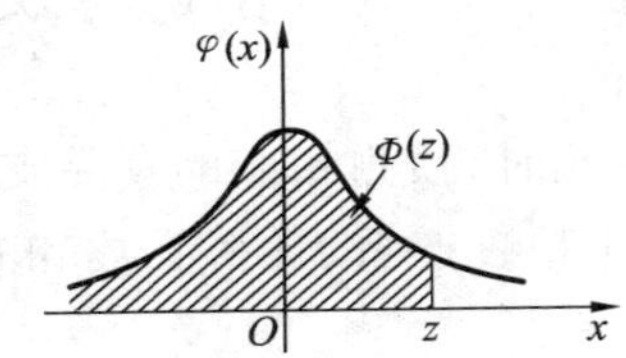

$$\Phi(z)=\int_{-\infty}^{z}\varphi(x)\mathrm{d}x=P\{X\leqslant z\}$$

z	0.00	0.01	0.02	0.03	0.04	0.05	0.06	0.07	0.08	0.09
0.0	0.500 0	0.504 0	0.508 0	0.512 0	0.516 0	0.519 9	0.523 9	0.527 9	0.531 9	0.535 9
0.1	0.539 8	0.543 8	0.547 8	0.551 7	0.555 7	0.559 6	0.563 6	0.567 5	0.571 4	0.575 3
0.2	0.579 3	0.583 2	0.587 1	0.591 0	0.594 8	0.598 7	0.602 6	0.606 4	0.610 3	0.614 1
0.3	0.617 9	0.621 7	0.625 5	0.629 3	0.633 1	0.636 8	0.640 6	0.644 3	0.648 0	0.651 7
0.4	0.655 4	0.659 1	0.662 8	0.666 4	0.670 0	0.673 6	0.677 2	0.680 8	0.684 4	0.687 9
0.5	0.691 5	0.695 0	0.698 5	0.701 9	0.705 4	0.708 8	0.712 3	0.715 7	0.719 0	0.722 4
0.6	0.725 7	0.729 1	0.732 4	0.735 7	0.738 9	0.742 2	0.745 4	0.748 6	0.751 7	0.754 9
0.7	0.758 0	0.761 1	0.764 2	0.767 3	0.770 4	0.773 4	0.776 4	0.779 4	0.782 3	0.785 2
0.8	0.788 1	0.791 0	0.793 9	0.796 7	0.799 5	0.802 3	0.805 1	0.807 8	0.810 6	0.813 3
0.9	0.815 9	0.818 6	0.821 2	0.823 8	0.826 4	0.828 9	0.831 5	0.834 0	0.836 5	0.838 9
1.0	0.841 3	0.843 8	0.846 1	0.848 5	0.850 8	0.853 1	0.855 4	0.857 7	0.859 9	0.862 1
1.1	0.864 3	0.866 5	0.868 6	0.870 8	0.872 9	0.874 9	0.877 0	0.879 0	0.881 0	0.883 0
1.2	0.884 9	0.886 9	0.888 8	0.890 7	0.892 5	0.894 4	0.896 2	0.898 0	0.899 7	0.901 5
1.3	0.903 2	0.904 9	0.906 6	0.908 2	0.909 9	0.911 5	0.913 1	0.914 7	0.916 2	0.917 7
1.4	0.919 2	0.920 7	0.922 2	0.923 6	0.925 1	0.926 5	0.927 9	0.929 2	0.930 6	0.931 9
1.5	0.933 2	0.934 5	0.935 7	0.937 0	0.938 2	0.939 4	0.940 6	0.941 8	0.942 9	0.944 1
1.6	0.945 2	0.946 3	0.947 4	0.948 4	0.949 5	0.950 5	0.951 5	0.952 5	0.953 5	0.954 5

续表

z	0.00	0.01	0.02	0.03	0.04	0.05	0.06	0.07	0.08	0.09
1.7	0.955 4	0.956 4	0.957 3	0.958 2	0.959 1	0.959 9	0.960 8	0.961 6	0.962 5	0.963 3
1.8	0.964 1	0.964 9	0.965 6	0.966 4	0.967 1	0.967 8	0.968 6	0.969 3	0.969 9	0.970 6
1.9	0.971 3	0.971 9	0.972 6	0.973 2	0.973 8	0.974 4	0.975 0	0.975 6	0.976 1	0.976 7
2.0	0.977 2	0.977 8	0.978 3	0.978 8	0.979 3	0.979 8	0.980 3	0.980 8	0.981 2	0.981 7
2.1	0.982 1	0.982 6	0.983 0	0.983 4	0.983 8	0.984 2	0.984 6	0.985 0	0.985 4	0.985 7
2.2	0.986 1	0.986 4	0.986 8	0.987 1	0.987 5	0.987 8	0.988 1	0.988 4	0.988 7	0.989 0
2.3	0.989 3	0.989 6	0.989 8	0.990 1	0.990 4	0.990 6	0.990 9	0.991 1	0.991 3	0.991 6
2.4	0.991 8	0.992 0	0.992 2	0.992 5	0.992 7	0.992 9	0.993 1	0.993 2	0.993 4	0.993 6
2.5	0.993 8	0.994 0	0.994 1	0.994 3	0.994 5	0.994 6	0.994 8	0.994 9	0.995 1	0.995 2
2.6	0.995 3	0.995 5	0.995 6	0.995 7	0.995 9	0.996 0	0.996 1	0.996 2	0.996 3	0.996 4
2.7	0.996 5	0.996 6	0.996 7	0.996 8	0.996 9	0.997 0	0.997 1	0.997 2	0.997 3	0.997 4
2.8	0.997 4	0.997 5	0.997 6	0.997 7	0.997 7	0.997 8	0.997 9	0.997 9	0.998 0	0.998 1
2.9	0.998 1	0.998 2	0.998 2	0.998 3	0.998 4	0.998 4	0.998 5	0.998 5	0.998 6	0.998 6
3.0	0.998 7	0.998 7	0.998 7	0.998 8	0.998 8	0.998 9	0.998 9	0.998 9	0.999 0	0.999 0
3.1	0.999 0	0.999 1	0.999 1	0.999 1	0.999 2	0.999 2	0.999 2	0.999 2	0.999 3	0.999 3
3.2	0.999 3	0.999 3	0.999 4	0.999 4	0.999 4	0.999 4	0.999 4	0.999 5	0.999 5	0.999 5
3.3	0.999 5	0.999 5	0.999 5	0.999 6	0.999 6	0.999 6	0.999 6	0.999 6	0.999 6	0.999 7
3.4	0.999 7	0.999 7	0.999 7	0.999 7	0.999 7	0.999 7	0.999 7	0.999 7	0.999 7	0.999 8
3.5	0.999 8	0.999 8	0.999 8	0.999 8	0.999 8	0.999 8	0.999 8	0.999 8	0.999 8	0.999 8
3.6	0.999 8	0.999 8	0.999 9	0.999 9	0.999 9	0.999 9	0.999 9	0.999 9	0.999 9	0.999 9
3.7	0.999 9	0.999 9	0.999 9	0.999 9	0.999 9	0.999 9	0.999 9	0.999 9	0.999 9	0.999 9
3.8	0.999 9	0.999 9	0.999 9	0.999 9	0.999 9	0.999 9	0.999 9	0.999 9	0.999 9	0.999 9
3.9	1.000 0	1.000 0	1.000 0	1.000 0	1.000 0	1.000 0	1.000 0	1.000 0	1.000 0	1.000 0
4.0	1.000 0	1.000 0	1.000 0	1.000 0	1.000 0	1.000 0	1.000 0	1.000 0	1.000 0	1.000 0

参 考 文 献

[1] 邹顺华.社会经济统计学[M].修订版.北京:中国财政经济出版社,2010.
[2] 吴喜之.统计学:从数据到结论[M].3版.北京:中国统计出版社,2010.
[3] 金勇进,蒋妍.抽样技术[M].北京:中国人民大学出版社,2012.
[4] 李洁明,祈新娥.统计学原理[M].上海:复旦大学出版社,2010.
[5] 向书坚,张学毅.统计学[M].北京:北京大学出版社,2007.
[6] 黄书田,刘娟.国民经济统计概论[M].北京:中国人民大学出版社,2007.
[7] 陆小广.统计学教程[M].3版.北京:清华大学出版社,2009.
[8] 贾俊平.统计学[M].5版.北京:中国人民大学出版社,2012.
[9] 吕怀珍.统计学原理与实务[M].成都:西南交通大学出版社,2013.
[10] 熊俊顺.统计学教程[M].2版.杭州:浙江大学出版社,2011.
[11] 钟新联.统计学原理[M].9版.上海:立信会计出版社,2011.